中国史学名著选 | 郑天挺◎主编

三国志选

本册编注者◎缪　钺

中华书局

图书在版编目(CIP)数据

三国志选/缪钺编注.—北京:中华书局,2009.4
(中国史学名著选/郑天挺主编)
ISBN 978-7-101-06557-2

Ⅰ.三… Ⅱ.缪… Ⅲ.①中国—古代史—三国时
代—纪传体②三国志—注释 Ⅳ.K236.042

中国版本图书馆 CIP 数据核字(2009)第 022689 号

书　　　名　三国志选
编 注 者　缪　钺
丛 书 名　中国史学名著选
丛 书 主 编　郑天挺
责 任 编 辑　张荣国
出 版 发 行　中华书局
　　　　　　（北京市丰台区太平桥西里 38 号　100073）
　　　　　　http://www.zhbc.com.cn
　　　　　　E-mail:zhbc@zhbc.com.cn
印　　　刷　北京未来科学技术研究所有限责任公司印刷厂
版　　　次　2009 年 4 月北京第 1 版
　　　　　　2009 年 4 月北京第 1 次印刷
规　　　格　开本/700×1000 毫米　1/16
　　　　　　印张 14½　插页 2　字数 191 千字
印　　　数　1—6000 册
国 际 书 号　ISBN 978-7-101-06557-2
定　　　价　26.00 元

《中国史学名著选》出版说明

20 世纪 60 至 90 年代,中华书局陆续出版了郑天挺先生主编的《中国史学名著选》丛书,包括《汉书选》、《三国志选》、《左传选》、《资治通鉴选》、《后汉书选》、《史记选》,共六种。对于丛书的基本情况,郑天挺先生在丛书《前言》中有简要说明。

丛书出版后,受到高等学校历史专业师生以及其他读者的欢迎,先后多次再版、重印。直至今天,这些选本仍不失为很好的选本。鉴于此,我们将这套丛书予以重版。

为方便阅读,此次重版,我们将上述六个选本由直排改为横排,由繁体改为简体;选注者所作注释,改为页下注;个别因改简体而不再需要的注释,则予删除。

《左传选》出版后,徐中舒先生曾进行修订。不久前,徐亮工先生找到了这个修订本,并提供给我们,此次重版,我们据此对《左传选》进行了订正。

上列各书中含有大量的地名注释和字词注音。几十年来,许多地名发生了变化,古今读音也多有歧异,为保持作品原貌,我们对这些古今地名和注音的差异,一般不作改动,敬请读者注意。

中华书局编辑部

2009 年 1 月

《中国史学名著选》前言

　　《中国史学名著选》是为高等学校历史专业课程史学名著选读编选的。目的在通过选本训练学生阅读古典历史文献的能力,并略知我国古代著名历史著作的各种体裁和基本内容。

　　本书先编选《左传》、《史记》、《汉书》、《后汉书》、《三国志》、《资治通鉴》六种选本,分册印行。体例不要求一致。或按年代先后,或按原著卷帙次第,或按问题性质分类,编次成书。

　　选本重点选录名著的代表作品,包括它所反映的这一特定时期的主要典章制度、重大历史事件、杰出人物的活动、科学技术的发明与发现、文化思想的流派和民族关系等内容,以及著者的历史观点。

　　选本作了必要的简单注释,旧注可用的尽量采用。《三国志》裴松之注全录,《通鉴》胡三省注除反切外全录。

　　选本尽可能采用最新整理出版的标点本,没有新标点本的选用较好版本,必要时附加校勘记。

　　选本对于选录的名著都作了说明,简单介绍它的内容、体例、写作经过和通行版本,以及著者的生平、重要著述和学术影响,并说明选本的选录原则。

郑天挺　一九六二年八月

目　　录

说　明

一

　　《三国志》的作者陈寿,字承祚,巴西郡安汉县(四川南充市)人。生于蜀汉后主建兴十一年癸丑(二三三),卒于晋惠帝元康七年丁巳(二九七),年六十五岁。

　　陈寿少时受学于同郡史学家谯周,"聪警敏识,属文富艳。"(《华阳国志》卷十一《陈寿传》)在蜀汉王朝,陈寿出仕为东观秘书郎、散骑黄门侍郎。① 当时宦官黄皓专权,许多朝臣都谄附他,陈寿独不然,所以屡被遣黜。

　　二六三年,蜀汉为曹魏所灭,这时陈寿三十一岁。两年之后,司马炎夺取曹魏政权,建立晋王朝,是为晋武帝。陈寿居父丧时,有病,使侍婢调治药丸,当时人认为这件事情触犯封建礼教,加以贬责,沉废累年。后来张华欣赏陈寿的才学,加以揄扬,于是陈寿被举为孝廉,作佐著作郎,出补平阳侯相。② 陈寿为佐著作郎时,曾受中书监荀勖、中书令和峤的委托,定诸葛亮故事。晋武帝泰始十年(二七四),陈寿在平阳侯相任上,撰成《诸葛亮集》二十四篇,奏于朝廷。不久,即迁著作郎。陈寿为佐著作郎及著作郎时,都兼领

---

① 按《华阳国志·陈寿传》谓陈寿在蜀汉时,"初应州命,卫将军主簿,东观秘书郎、散骑黄门侍郎"。《晋书·陈寿传》谓寿"仕蜀为观阁令史"。观阁大概即指东观,可能陈寿先为令史,后升秘书郎,故从《华阳国志》。

② 《晋书·陈寿传》:"除佐著作郎,出补阳平令,撰蜀相《诸葛亮集》,奏之。"钱大昕《廿二史考异》卷六《晋书·陈寿传》条:"按泰始十年寿上表称'平阳侯相',此云'阳平令',恐误。"钱氏之说甚是。《华阳国志·陈寿传》正作"出为平阳侯相",今从之。不过,《华阳国志·陈寿传》将陈寿出为平阳侯相叙于晋武帝平吴之后,则是错的。

本郡中正。①

　　二八〇年,晋灭吴。自汉末以来,分崩离析,三国鼎峙,前后约九十年,至此复归统一。这时陈寿四十八岁,他开始整理三国史事,著《魏书》、《蜀书》、《吴书》共六十五篇,称为《三国志》。张华看到这部书,很欣赏,荐举陈寿为中书郎。权臣荀勖嫉妒张华,因此也不喜欢陈寿,授意吏部迁陈寿为长广太守。陈寿以母老为借口,辞官不就。镇南大将军杜预表荐陈寿为散骑侍郎,朝廷任命他为治书侍御史,后来因母死丁忧去职。他母亲临死时,遗言葬于洛阳,陈寿遵照办理。当时清议认为陈寿不以母丧归葬于蜀中故乡是不对的,于是又受到贬责。数年之后,起为太子中庶子。还没有就职,就病死了。西晋时代,朝政腐败,权贵恣肆,陈寿终身仕宦是不得志的,所以《华阳国志·陈寿传》说:"位望不充其才,当时冤之。"

<h1 style="text-align:center">二</h1>

　　陈寿在谯周的影响之下,从少年时代起,就喜欢读古代历史名著如《尚书》、《春秋三传》、《史记》、《汉书》等,研究撰写史书的方法、义例、别裁、通识。后来他自己写史书,先从地方史做起。自东汉初以来,蜀郡郑伯邑、赵彦信、汉中陈申伯、祝元灵、广汉王文表等,都留心乡邦人物,作《巴蜀耆旧传》。陈寿认为他们的著作还有不足之处,于是撰《益部耆旧传》②十篇。此外,他又撰《古国志》五十篇,而最精心结撰的则是《三国志》。《益部耆旧传》

---

①　陈寿领本郡中正事,《晋书·陈寿传》叙于编辑《诸葛亮集》迁著作郎之后。按陈寿编辑《诸葛亮集》在泰始十年,则领本郡中正似亦应在泰始十年之后;但是《三国志·谯周传》又说:"(泰始)五年,予尝为本郡中正,清定事讫,求休还家,往与周别。"这是陈寿自叙之词,是最可靠的,可见他在泰始五年已为本郡中正了。大概陈寿在为佐著作郎时已兼领本郡中正,并非只在为著作郎时,《晋书·陈寿传》可能是概括言之。

②　《晋书·陈寿传》谓:寿撰"《益都耆旧传》十篇"。按《华阳国志·陈寿传》作"《益部耆旧传》",《隋书·经籍志》、《旧唐书·经籍志》、《新唐书·艺文志》均同。西汉武帝分全国为十三部,部置刺史,督察郡国,后亦称州,所以"益部"即是益州,《晋书·陈寿传》作"益都",是错误的。

与《古国志》都亡佚了,只有《三国志》流传下来。

在陈寿撰著《三国志》之前,魏、吴两国都有官修的史书,如王沈《魏书》、韦昭《吴书》,又有鱼豢《魏略》,是私家撰述,这些都是陈寿所参考、依据的资料。当然,除此之外,陈寿还可能多方采访。至于蜀汉,因为未置史官,无有撰述,①所以蜀汉史事,更有赖于陈寿的殷勤搜集。陈寿原是蜀人,对于故国文献,向来留意,在撰著《三国志》之前,曾奉命定诸葛亮故事,所以是具备其有利条件的。《三国志》撰成后,当时见到稿本的人都很赞赏,"称其善叙事,有良史之才"。张华比之于司马迁、班固,并且对陈寿说:"当以《晋书》相付耳。"夏侯湛正在撰《魏书》,"见寿所作,便坏己书而罢"。陈寿死后,梁州大中正尚书郎范頵等上表说:"臣等按,故治书侍御史陈寿作《三国志》,辞多劝诫,明乎得失,有益风化,虽文艳不若相如,而质直过之。愿垂采录。"于是朝廷命令河南尹、洛阳令派人到陈寿家中抄写这部书,藏于政府(以上引文均见《晋书·陈寿传》)。

陈寿的《三国志》,就大体说来,超出于其他诸家关于魏、蜀、吴三国史事的撰著,后人对它评价颇高。刘勰《文心雕龙·史传篇》说:"及魏代三雄,记传互出,《阳秋》、《魏略》之属,《江表》、《吴录》之类,或激抗难征,或疏阔寡要,唯陈寿《三志》,文质辨洽,荀、张比之迁、固,非妄誉也。"但是其中也有一些问题,引起后人的批评与责难。

第一个是关于陈寿修史态度的问题。《晋书·陈寿传》在肯定《三国志》

---

① 《三国志·蜀后主传评》:"国不置史,注记无官,是以行事多遗,灾异靡书。"刘知幾不同意这个意见,他说:"案《蜀志》称王崇补东观,许盖掌礼仪,又郤正为秘书郎,广求益部书籍,斯则典校无阙,属辞有所矣,而陈寿评云,蜀不置史官者,得非厚诬诸葛乎?"(《史通》卷十一《史官》)按刘知幾所举之例,并不足以驳倒陈寿的说法。蜀汉时虽有东观郎、秘书郎等官,可能只典校书籍,而并未修史,所以陈寿说:"注记无官,行事多遗。"蜀汉有没有史官修书,这是一件重要的事情,当时许多人都知道的,陈寿不至于为此事说假话以"厚诬诸葛"。《华阳国志》卷十一《王化传》说,王化之弟王崇,"蜀时东观郎",西晋时为尚书郎,曾著《蜀书》,并且说,"其书与陈寿颇不同"。王崇所著《蜀书》,亦是蜀汉亡后的私家撰述,其撰作大概与陈寿同时,并不是他为蜀汉东观郎时官修之史。

的价值之后，又记载了两件事，说明陈寿修史态度有时不公平：

　　　　或云：丁仪、丁廙有盛名于魏，寿谓其子曰："可觅千斛米见与，当为
　　尊公作佳传。"丁不与之，竟不为立传。寿父为马谡参军，谡为诸葛亮所
　　诛，寿父亦坐被髡，诸葛瞻又轻寿；寿为亮立传，谓亮将略非长，无应敌
　　之才，言瞻惟工书，名过其实。议者以此少之。

封建史家由于阶级立场和时代的限制，对于历史人物的评价，历史事件的分
析，当然不可能做到真正公允。但是这两件事是否可靠呢？古代学者中是
有人相信这个说法的。宋陈振孙《直斋书录解题》卷四《三国志》条，评价《三
国志》时，就这样说："乞米作佳传，以私憾毁诸葛亮父子，难乎免物议矣。"但
是也有一些学者，如清代的朱彝尊、杭世骏、王鸣盛、赵翼等，为陈寿辩护。
王鸣盛综合朱彝尊、杭世骏二人的意见，认为陈寿对于魏朝文士，只为王粲、
卫觊等五人立传，至于徐幹、陈琳、阮瑀、应场、刘桢，仅于《王粲传》中附书；
今《王粲传》附书云："沛国丁仪、丁廙、弘农杨修、河内荀纬等，亦有文采。"又
于《刘廙传》附见云："与丁仪共论刑礼。"这样已经够了，何必还要更立专传
呢？况且丁仪、丁廙兄弟并非好人，王沈《魏书》、鱼豢《魏略》都记载他们的
坏事，这种人当然不能再立佳传，并不是陈寿因索米不得而故意抑之。关于
街亭之败，陈寿直书马谡违背诸葛亮的节度，为张郃所破，并未尝以私怨而
归咎于诸葛亮；至于论诸葛亮将略非其所长，则张俨、袁准都曾这样说过，也
不是陈寿一人之私言。王鸣盛同意朱、杭二人之说，又补充说：陈寿入晋之
后，撰次《诸葛亮集》，作表奏上，推许甚至，在《诸葛亮传》中，特附《亮集》目
录，并所上书表，以表示尊崇，传后评语反复称赞他的刑赏之当，都足以说明
陈寿在论述诸葛亮时是很推崇的，并没有因为其父坐罪怀私怨而贬抑诸葛
亮之处（《十七史商榷》卷三十九陈寿史皆实录条）。赵翼《廿二史劄记》卷六
陈寿论诸葛亮条，也举出许多例证，说明陈寿对诸葛亮推崇备至，所谓因父
被髡而于诸葛亮有贬词者，乃无识之论。以上这些辨析，都很明确，可见《晋
书·陈寿传》所记的这两件事都是不足信的。

　　其次，后人对于《三国志》责难最多者，是以魏为正统一事。陈寿修《三

国志》，是以魏为正统的。书中对于魏国的君主如曹操（曹丕建立魏朝后，追尊曹操为武皇帝）、曹丕、曹叡等，都列为《武帝》、《文帝》、《明帝》诸纪，而对于蜀汉与吴的君主如刘备、孙权等，则立为传。在《魏书》中，对于刘备称帝、孙权称帝之事皆不书；而在《蜀书》、《吴书》中，于君主即位，必记明魏之年号，以见正统之在魏。东晋习凿齿作《汉晋春秋》，开始提出异议，主张以蜀汉为正统。南宋朱熹以后，都赞同习凿齿而非难陈寿。关于此问题，《四库全书总目提要·三国志》条有一段解释：

> 以理而论，寿之谬万万无辞；以势而论，则凿齿帝汉顺而易，寿欲帝汉逆而难。盖凿齿时晋已南渡，其事有类乎蜀，为偏安者争正统，此孚于当代之论者也；寿则身为晋武之臣，而晋武承魏之统，伪魏是伪晋矣，其能行于当代哉！此犹宋太祖篡立近于魏，而北汉、南唐迹近于蜀，故北宋诸儒皆有所避而不伪魏；高宗以后，偏安江左，近于蜀，而中原魏地全入于金，故南宋诸儒乃纷纷起而帝蜀。此皆当论其世，未可以一格绳也。

这个解释相当明白。所谓"正统"之说，完全是为封建统治服务的，其是非标准，以对当时的封建统治是否有利为权衡。西晋承魏，北宋承周，建都于中原，所以当时封建史家都以魏为正统；东晋与南宋都是偏安江南，情况与蜀汉相似，所以当时封建史家又都以蜀汉为正统。陈寿修《三国志》，以魏为正统，这正是封建史家照例的作法。这种是非的争论，在我们今日看来，是毫无意义的。

　　另一种对《三国志》的批评，是说书中时有曲笔，多所回护，换句话说，就是替封建统治者（尤其是西晋的统治者）隐恶溢美。《史通》卷七《直书篇》："当宣、景开基之始，曹、马构纷之际，或列营渭曲，见屈武侯，或发仗云台，取伤成济，陈寿、王隐，咸杜口而无言。"赵翼《廿二史劄记》卷六《三国志》多回护条举出许多例证。譬如魏齐王芳之被废，是司马师的主张，事前太后并不知道，而《齐王芳纪》反载太后之令，极言齐王芳无道不孝，以见其当废；高贵乡公亲自率兵讨司马昭，为司马昭之党成济所杀，乃《高贵乡公纪》但书"高贵乡公卒",绝不见被杀之迹,反载太后之令,言高贵乡公悖逆不道,自陷大祸,欲以庶人礼葬之;叙魏与蜀战争,常是讳败夸胜;刘放、孙资本是奸邪之人,而陈寿作二人合传,说他们身在近密,每因群臣谏诤,多扶赞其义,并时陈损益,不专导谀言,大概因为孙、刘二人有功于西晋统治者司马氏,司马氏感激他们,所以陈寿为二人作佳传。由刘知幾、赵翼所举的例证,可以看出陈寿为西晋统治者回护是很明显的。本来封建史书都是为封建统治服务的,不过,封建史家的思想有进步与落后的不同,因此对封建统治者的态度也不完全一样。有进步性思想的封建史家,能在一定的程度上揭露封建统治的黑暗,或据事直书,或微辞讽刺,司马迁《史记》之所以比较高明,这也是很重要的一点。陈寿《三国志》在这方面是有逊色的。

以上所举,是历来学者对于《三国志》几点重要的批评。其中索米不遂而不为丁仪兄弟立传及因父受刑而贬抑诸葛亮的两种传说,都是不可靠的。至于以魏为正统,乃是西晋封建史家所不得不如此做的,而且所谓"正统"的是非,我们今日也不必去管它。惟独书中时有曲笔,替西晋统治者隐恶溢美,多所回护,这的确是《三国志》的缺点。

陈寿修《三国志》,为了维护当时统治者司马氏的利益,作了不少的曲笔,但是对于曹魏与孙吴刑政的苛虐、徭役的繁重,却没有什么掩饰;同时,其他许多史事的叙述,也都是"翦裁斟酌处,亦自有下笔不苟者,参订他书,而后知其矜慎"(赵翼《廿二史劄记》卷六《三国志》书事得实条)。兹以《诸葛亮传》为例,加以说明。关于诸葛亮的史料,文献记载与口头传说都相当的丰富。陈寿作《诸葛亮传》时,在史料的取舍上,是经过审慎斟酌的。关于刘备与诸葛亮最初相识的经过,《魏略》与《九州春秋》都说是诸葛亮自己去见刘备的(《三国志·诸葛亮传》裴注引),陈寿不取此说,而根据诸葛亮《出师表》中的自述:"先帝不以臣卑鄙,猥自枉屈,三顾臣于草庐之中。"所以记此事时说:"由是先主遂诣亮,凡三往,乃见。"诸葛亮征南中事,当时传说不免有夸大溢美之处,譬如对于孟获的七擒七纵,是不合情理的,所谓"南人不复反",也是不合事实的(后来东晋习凿齿作《汉晋春秋》,采录了这些事)。陈寿一概不取,只说:"其秋悉平,军资所出,国以富饶。"当时又有一种传说:诸葛亮于建兴五年北伐时屯于阳平,遣大军东出,司马懿率二十万人径至城下,城中兵少力弱,将士失色,莫知所出。诸葛亮意气自若,敕军中卧旗息鼓,大开城门。司马懿疑有伏兵,引军北去。西晋人郭冲说诸葛亮五事,此为其一(见裴注引王隐《蜀记》)。这个传说既不合事实,也不合情理。蜀汉后主建兴五年即是魏明帝太和元年,这时司马懿为荆州都督,镇宛城,并未在关中抗御诸葛亮;况且司马懿也是对于军事很有经验的人,不至于这样幼稚可欺。所以陈寿对此事屏弃不取。诸葛亮《后出师表》载于吴人张俨《默记》中,就这篇文中的思想与所叙事实看来,都不像是诸葛亮的作品,可能是张俨拟作的(清人袁枚、黄以周都曾作文辨析)。陈寿作《诸葛亮》传,不录此篇,是有道理的。从以上所举诸事例,都足以看出陈寿对于史料的取舍选择,比较谨严矜慎。他虽然崇拜诸葛亮,但是对于有些传说将诸葛亮夸饰得过于神奇者,他都不采用。

陈寿所作诸传,照顾的方面很广。凡是三国时期在政治、经济、军事上有关系的人物,以及在学术思想、文学、艺术、科学技术上有贡献者,都根据具体情况,或立专传,或用附见。不过,也不免偶有遗漏。譬如华佗与张仲景都是建安中的名医,陈寿为华佗立传而忽略了张仲景,《史通·人物篇》已指出这一点,认为是陈寿的"网漏吞舟"。又如马钧是当时"天下之名巧",陈寿也没有给他立传。

《三国志》只有纪、传而没有志,似乎也是一个缺陷。志是比较难作的,江淹认为:"史之所难,无出于志。"(《史通·正史篇》)陈寿大概是因为资料搜集的不够,所以没有作志。

《三国志》通体简约爽洁,无繁冗芜杂之弊,各传中所选录的文章,也都能择取最重要者,大都有历史意义,或兼有文学价值,不像王沈《魏书》、鱼豢《魏略》选录文章过多,有"秽累"之弊(《史通·载文篇》)。至于陈寿的文章,亦以简洁见长,而对于历史人物的描写,在生动传神方面,则不如司马迁的《史记》,亦不如班固的《汉书》。叶适说:"陈寿笔高处逼司马迁,方之班固,但少文义缘饰尔,要终胜固也。"(《文献通考》卷一百九十一《经籍考·三国志》条引)未免称赞过高。李慈铭说:"承祚固称良史,然其意务简洁,故裁制有余,文采不足;当时人物,不减秦汉之际,乃子长作《史记》,声色百倍,承祚此书,阒然无华,范蔚宗《后汉书》较为胜矣。"(《越缦堂日记》咸丰己未二月初三日)这个衡量是分寸恰当的。

三

在陈寿作《三国志》后约一百三十余年,刘宋文帝命裴松之为《三国志》作注。

裴松之(三七二—四五一)字世期,河东闻喜(今山西闻喜县)人,他的祖父裴昧已经迁居江南。裴松之"博览坟籍,立身简素"。宋初,官中书侍郎。他奉命作《三国志》注,即"鸠集传记,增广异闻",书成,于元嘉六年(四二九)奏上。宋文帝很欣赏,说:"此为不朽矣。"(以上引文均见《宋书·裴松之传》)

裴松之《上三国志注表》中说:

> 寿书铨叙可观,事多审正。……然失在于略,时有所脱漏。臣奉旨寻详,务在周悉,上搜旧闻,傍摭遗逸。……其寿所不载,事宜存录者,则罔不毕取以补其阙;或同说一事,而辞有乖杂;或出事本异,疑不能判;并皆抄内,以备异闻。若乃纰谬显然,言不附理,则随违矫正,以惩其妄;其时事当否,及寿之小失,颇以愚意有所论辩。

可见裴注体例,不在于训诂、名物、制度的解释,而在于史料的补阙与纠谬。虽然后来有些学者认为裴注失于繁芜,譬如刘知幾说:裴注"喜聚异同,不加刊定,恣其击难,坐长烦芜"(《史通·补注篇》)。陈振孙也说:《三国志》"本书固率略,而注又繁芜"(《直斋书录解题》卷四《三国志》条)。叶适认为:"注之所载,皆寿书之弃余。"(《文献通考》卷一百九十一《经籍考·三国志》条引)但是这些批评并不全都恰当,尤其叶适的说法更是错的。裴注所引史料,其中大部分是陈寿同时或以后的人的著作,从各方面搜得的史料,并非都是陈寿所能见到的,怎么能说是"皆寿书之弃余"呢?

　　裴注搜采广博,引书一百四十余种,其与史家无涉者尚不在数内(据钱大昕的统计,见《廿二史考异》卷十五)。其中有百分之九十几早已亡佚了,赖裴注征引,尚可见其崖略;并且裴注引书,首尾完具,不加以剪裁割裂,尤便于读者参考。所以《四库全书总目提要·三国志》条说:"考证之家,取材不竭,转相引据者,反多于陈寿本书焉。"我们今天读《三国志》,必须读裴注,研究三国时期的历史,裴注应是很重要的参考资料。

四

　　本书作为高等学校历史系"中国史学名著选"教材的一种。选录标准,注重下列几方面:一、三国时最重要的历史人物,选《武帝纪》、《诸葛亮传》、《吴主传》等。二、《毛泽东选集》第一卷《中国革命战争的战略问题》一文中,谈到以弱胜强,"弱者先让一步,后发制人,因而战胜",以中国历史中有名的战役为证,曾举出袁曹官渡之战、吴魏赤壁之战、吴蜀彝陵之战等。为了帮助高等学校历史系学生深入学习《毛泽东选集》,明了此三次战役的详细情况,所以需要选入记载此三次战役的有关传记。官渡之战,《武帝纪》中记载较详,而叙述赤壁、彝陵两次战役较详者,则有《周瑜传》与《陆逊传》,所以也都选入。三、有关曹魏境内施行屯田、兴修水利、发展生产者,选《任峻传》、《郑浑传》、《仓慈传》,裴注中引《魏略》所记皇甫隆、颜斐事,亦属此类史料。四、在学术思想、文学、科学技术各方面有贡献之人物,选《陈思王植传》、《王粲传》(附徐干等)、《钟会传》(附王弼,裴注引何劭《王弼传》)、《华佗传》、《杜夔传》(裴注引傅玄《马钧传》)。五、记载少数民族事迹者,选《乌丸鲜卑传》、《李恢传》、《张嶷传》(李、张两传均记南中少数民族事)、《诸葛恪传》(记山越事)。

　　所选各传,都是全篇,亦偶有节录者,如《陆逊传》只选到彝陵战役事,以后则删去,《诸葛恪传》只选到用兵山越事,以后则删去。

　　本书版本,根据一九六二年中华书局出版的《三国志》。这个本子根据百衲影宋本、清武英殿本（据明北监本校刻）、金陵活字本（据明南监本校印）、江南书局本（据毛氏汲古阁本校刻）四种本子互相勘对，择善而从，是比较妥善适用的。

中华书局版《三国志》，总结了清初顾炎武、何焯一直到近代学者对于《三国志》校勘的成果，并作进一步的整理。处理办法，分为两类。甲、属于编排上的错误，依前人校语径改。乙、本书中可疑及难解的字句，经前人校改者，择其较重要的就在本书上改了，用圆括弧表示删的，用方括弧表示增的。校改的根据，书后另有"校记"说明。本书完全采用了这些校改，有关"校记"亦照抄于书末。

本书所选各篇，分段及标点符号亦依据中华书局版《三国志》。原本中断句及所用符号偶有不妥之处，则酌加改正。所选诸篇，均加注释。注释标准，考虑高等学校历史系学生的需要，凡关键性的、必要的字音、字义、人名、地名、书名、名物、制度、典故等都加注，个别难解的句子，亦酌加诠释。注释力求简要，避免繁芜，不详征博引，不多作考证。有的字音、字义或典故，裴注中有解释者，不再注。凡是已经注过的，再出现时，除必要者外，一般都不重注（譬如"赤壁"，在《武帝纪》中注过，以后《诸葛亮传》、《吴主传》、《周瑜传》中的"赤壁"，即不再注。又譬如《武帝纪》兴平元年"先以骑犯青州兵"，注："骑，读去声，音寄，作名词用，指骑兵。"以后各传中"骑"字如此用者甚多，都不再注）。有许多是采用古人或近人注释中的意见（如《文选》李善注、《通鉴》胡三省注、卢弼《三国志集解》等），非必要时，亦不尽一一标明。解放后，全国各县市行政区划变动甚多，注释中在用今地名注古地名时，凡是一九六一年以前已撤销合并的县市，均加"旧"字以区别之。

缪钺写于四川大学历史系　一九六二年三月

武帝纪

太祖武皇帝，①沛国谯②人也，姓曹，讳操，字孟德，汉相国参之后。〔一〕桓帝世，曹腾为中常侍大长秋，封费亭侯。〔二〕养子嵩嗣，官至太尉，莫能审其生出本末。〔三〕嵩生太祖。

〔一〕《曹瞒传》曰：太祖一名吉利，小字阿瞒。

王沈《魏书》曰：其先出于黄帝。当高阳世，陆终之子曰安，是为曹姓。周武王克殷，存先世之后，封曹侠于邾。春秋之世，与于盟会，逮至战国，为楚所灭。子孙分流，或家于沛。汉高祖之起，曹参以功封平阳侯，世袭爵土，绝而复绍，至今適嗣国于容城。

〔二〕司马彪《续汉书》曰：腾父节，字元伟，素以仁厚称。邻人有亡豕者，与节豕相类，诣门认之，节不与争；后所亡豕自还其家，豕主人大惭，送所认豕，并辞谢节，节笑而受之。由是乡党贵叹焉。长子伯兴，次子仲兴，次子叔兴。腾字季兴，少除黄门从官。永宁元年，邓太后诏黄门令选中黄门从官年少温谨者配皇太子书，腾应其选。太子特亲爱腾，饮食赏赐与众有异。顺帝即位，为小黄门，迁至中常侍大长秋。在省闼三十余年，历事四帝，未尝有过。好进达贤能，终无所毁伤。其所称荐，若陈留虞放、边韶、南阳延固、张温、弘农张奂、颍川堂谿典等，皆致位公卿，而不伐其善。蜀郡太守因计吏修敬于腾，益州刺史种暠于函谷关搜得其笺，上太守，并奏腾内臣外交，所不当为，请免官治罪。帝曰："笺自外来，腾书不出，非其罪也。"乃寝暠奏。腾不以介意，常称叹暠，以为暠得事上之节。暠后为司徒，语人曰："今日为公，乃曹常侍恩也。"腾之行事，皆此类也。桓帝即位，以腾先帝旧臣，忠孝彰著，封费亭侯，加位特进。太和三年，追尊腾曰高皇帝。

---

① 曹操自己并没有做皇帝，曹丕代汉，建立魏朝，追尊曹操为太祖武皇帝。

② 谯县故城址在今安徽亳县。本篇中地名很多，凡是与曹操的政治或军事活动有关的地名则加注，否则不注。

〔三〕《续汉书》曰：嵩字巨高。质性敦慎，所在忠孝。为司隶校尉，灵帝擢拜大司农、
　　大鸿胪，代崔烈为太尉。黄初元年，追尊嵩曰太皇帝。
　　吴人作《曹瞒传》及郭颁《世语》并云：嵩，夏侯氏之子，夏侯惇之叔父。太祖于惇
　　为从父兄弟。

　　太祖少机警，有权数，而任侠放荡，不治行业，故世人未之奇也；〔一〕惟梁
国桥玄、南阳何颙异焉。玄谓太祖曰："天下将乱，非命世之才不能济也，能
安之者，其在君乎！"〔二〕年二十，举孝廉为郎，除洛阳北部尉，①迁顿丘
令，〔三〕②征拜议郎。〔四〕③

〔一〕《曹瞒传》云：太祖少好飞鹰走狗，游荡无度，其叔父数言之于嵩。太祖患之，后
　　逢叔父于路，乃阳败面喝口；叔父怪而问其故，太祖曰："卒中恶风。"叔父以告
　　嵩。嵩惊愕，呼太祖，太祖口貌如故。嵩问曰："叔父言汝中风，已差乎？"太祖
　　曰："初不中风，但失爱于叔父，故见罔耳。"嵩乃疑焉。自后叔父有所告，嵩终不
　　复信，太祖于是益得肆意矣。

〔二〕《魏书》曰：太尉桥玄，世名知人，睹太祖而异之，曰："吾见天下名士多矣，未有若
　　君者也！君善自持！吾老矣！愿以妻子为托。"由是声名益重。
　　《续汉书》曰：玄字公祖，严明有才略，长于人物。
　　张璠《汉纪》曰：玄历位中外，以刚断称，谦俭下士，不以王爵私亲。光和中为太
　　尉，以久病策罢，拜太中大夫，卒，家贫乏产业，柩无所殡。当世以此称为名臣。
　　《世语》曰：玄谓太祖曰："君未有名，可交许子将。"太祖乃造子将，子将纳焉，由
　　是知名。
　　孙盛《异同杂语》云：太祖尝私入中常侍张让室，让觉之；乃舞手戟于庭，逾垣而
　　出。才武绝人，莫之能害。博览群书，特好兵法，抄集诸家兵法，名曰《接要》，又
　　注孙武《十三篇》，皆传于世。尝问许子将："我何如人？"子将不答。固问之，子

----

①　汉制，县令之下，有丞，有尉。尉负责察禁盗贼，维持治安。洛阳乃东汉京都所在（东
　　汉洛阳故址在今洛阳市白马寺东三里），是大县，尉不止一人，有孝廉左尉、孝廉右
　　尉，秩四百石（《续汉书·百官志》刘昭注引《汉官》）。曹操以孝廉为郎，故得迁为洛
　　阳尉。
②　顿丘故城址在今河南清丰县西南。
③　议郎，秩六百石，属光禄勋，是冗官，参与论议，无有一定的职务。

将曰："子治世之能臣,乱世之奸雄。"太祖大笑。

〔三〕《曹瞒传》曰:太祖初入尉廨,缮治四门。造五色棒,县门左右各十余枚,有犯禁者,不避豪强,皆棒杀之。后数月,灵帝爱幸小黄门蹇硕叔父夜行,即杀之。京师敛迹,莫敢犯者。近习宠臣咸疾之,然不能伤,于是共称荐之,故迁为顿丘令。

〔四〕《魏书》曰:太祖从妹夫㶏强侯宋奇被诛,从坐免官。后以能明古学,复征拜议郎。先是大将军窦武、太傅陈蕃谋诛阉官,反为所害。太祖上书陈武等正直而见陷害,奸邪盈朝,善人壅塞,其言甚切;灵帝不能用。是后诏书敕三府:举奏州县政理无效,民为作谣言者免罢之。三公倾邪,皆希世见用,货赂并行,强者为怨,不见举奏,弱者守道,多被陷毁。太祖疾之。是岁以灾异博问得失,因此复上书切谏,说三公所举奏专回避贵戚之意。奏上,天子感悟,以示三府责让之,诸以谣言征者皆拜议郎。是后政教日乱,豪猾益炽,多所摧毁;太祖知不可匡正,遂不复献言。

光和末,①黄巾起。拜骑都尉,②讨颍川贼。迁为济南相,③国有十余县,④长吏⑤多阿附贵戚,赃污狼藉,于是奏免其八;⑥禁断淫祀,⑦奸宄逃窜,郡界肃然。〔一〕久之,征还为东郡太守;不就,称疾归乡里。〔二〕

〔一〕《魏书》曰:长吏受取贪饕,依倚贵势,历前相不见举;闻太祖至,咸皆举免,小大震怖,奸宄遁逃,窜入他郡。政教大行,一郡清平。初,城阳景王刘章以有功于

---

①　光和是汉灵帝的年号。光和七年(一八四),改元中平。通常说,黄巾起义在中平元年二月;实际上,这一年十二月才改元,当黄巾起义时,还是光和七年,所以这里说:"光和末,黄巾起。"

②　骑都尉是统率羽林骑的兵官,秩比二千石。

③　汉末济南国治东平陵,在今山东济南市东七十五里。王国之相,秩二千石,管理王国的政治,等于郡太守。

④　潘眉曰:"'余'字乃衍文。《御览》九十三引《魏志》云:'国有十县',无'余'字。知宋本作'国有十县',今本妄增'余'字。"(《三国志考证》卷一)

⑤　长吏,长读上声,尊大之意。汉人称吏六百石以上者为长吏,又称各县丞、尉秩四百石至二百石者为长吏。汉代县令、长,秩千石至三百石。此处所谓"长吏",即指各县令、长。

⑥　潘眉曰:"《御览》九十三引《魏志》作'奏免其八九'。今本脱'九'字。"(《三国志考证》卷一)

⑦　淫,过。不合祀典,不应祭祀者,谓之淫祀。

汉,故其国为立嗣,青州诸郡转相仿效,济南尤盛,至六百余嗣。贾人或假二千石舆服导从作倡乐,奢侈日甚,民坐贫穷,历世长吏无敢禁绝者。太祖到,皆毁坏祠屋;止绝官吏民不得祠祀。及至秉政,遂除奸邪鬼神之事,世之淫祀由此遂绝。

〔二〕《魏书》曰:于是权臣专朝,贵戚横恣。太祖不能违道取容,数数干忤,恐为家祸,遂乞留宿卫。拜议郎,常托疾病,辄告归乡里;筑室城外,春夏习读书传,秋冬弋猎,以自娱乐。

顷之,冀州刺史王芬、南阳许攸、沛国周旌等连结豪杰,谋废灵帝,立合肥侯,以告太祖。太祖拒之,芬等遂败。〔一〕

〔一〕司马彪《九州春秋》曰:于是陈蕃子逸与术士平原襄楷会于芬坐,楷曰:“天文不利宦者,黄门、常侍(贵)〔真〕族灭矣。”逸喜。芬曰:“若然者,芬愿驱除。”于是与攸结谋。灵帝欲北巡河间旧宅,芬等谋因此作难,上书言黑山贼攻劫郡县,求得起兵。会北方有赤气,东西竟天,太史上言“当有阴谋,不宜北行”,帝乃止。敕芬罢兵,俄而征之。芬惧,自杀。

《魏书》载太祖拒芬辞曰:“夫废立之事,天下之至不祥也。古人有权成败、计轻重而行之者,伊尹、霍光是也。伊尹怀至忠之诚,据宰臣之势,处官司之上,故进退废置,计从事立。及至霍光受托国之任,藉宗臣之位,内因太后秉政之重,外有群卿同欲之势,昌邑即位日浅,未有贵宠,朝乏谠臣,议出密近,故计行如转圜,事成如摧朽。今诸君徒见曩者之易,未睹当今之难。诸君自度,结众连党,何若七国? 合肥之贵,孰若吴、楚? 而造作非常,欲望必克,不亦危乎!”

金城边章、韩遂杀刺史郡守以叛,众十余万,天下骚动。征太祖为典军校尉。① 会灵帝崩,太子即位。太后临朝。大将军何进与袁绍谋诛宦官,太后不听。进乃召董卓,欲以胁太后,〔一〕卓未至而进见杀。卓到,废帝为弘农王而立献帝,京都大乱。卓表太祖为骁骑校尉,欲与计事。太祖乃变易姓名,间行东归。〔二〕出关,过中牟,②为亭长所疑,执诣县,邑中或窃识之,为请

---

① 汉灵帝中平五年(公元一八八年),置西园八校尉,典军校尉是其中之一。

② 曹操自洛阳东归,出虎牢关,过中牟。汉中牟在今河南中牟县。

得解。〔三〕卓遂杀太后及弘农王。太祖至陈留，①散家财，合义兵，将以诛卓。冬十二月，始起兵于己吾，〔四〕②是岁中平六年也。

〔一〕《魏书》曰：太祖闻而笑之曰："阉竖之官，古今宜有，但世主不当假之权宠，使至于此。既治其罪，当诛元恶，一狱吏足矣，何必纷纷召外将乎？欲尽诛之，事必宣露，吾见其败也。"

〔二〕《魏书》曰：太祖以卓终必覆败，遂不就拜，逃还乡里。从数骑过故人成皋吕伯奢；伯奢不在，其子与宾客共劫太祖，取马及物，太祖手刃击杀数人。

《世语》曰：太祖过伯奢。伯奢出行，五子皆在，备宾主礼。太祖自以背卓命，疑其图己，手剑夜杀八人而去。

孙盛《杂记》曰：太祖闻其食器声，以为图己，遂夜杀之。既而凄怆曰："宁我负人，毋人负我！"遂行。

〔三〕《世语》曰：中牟疑是亡人，见拘于县。时掾亦已被卓书；唯功曹心知是太祖，以世方乱，不宜拘天下雄俊，因白令释之。

〔四〕《世语》曰：陈留孝廉卫兹以家财资太祖，使起兵，众有五千人。

初平元年春正月，后将军袁术、冀州牧韩馥、〔一〕豫州刺史孔伷〔二〕兖州刺史刘岱、〔三〕河内太守王匡、〔四〕勃海太守袁绍、陈留太守张邈、东郡太守桥瑁、〔五〕山阳太守袁遗、〔六〕济北相鲍信〔七〕同时俱起兵，众各数万，推绍为盟主。太祖行奋武将军。

〔一〕《英雄记》曰：馥字文节，颍川人。为御史中丞。董卓举为冀州牧。于时冀州民人殷盛，兵粮优足。袁绍之在勃海，馥恐其兴兵，遣数部从事守之，不得动摇。东郡太守桥瑁诈作京师三公移书与州郡，陈卓罪恶，云"见逼迫，无以自救，企望义兵，解国患难。"馥得移，请诸从事问曰："今当助袁氏邪，助董卓邪！"治中从事刘子惠曰："今兴兵为国，何谓袁、董！"馥自知言短而有惭色。子惠复言："兵者凶事，不可为首；今宜往视他州，有发动者，然后和之。冀州于他州不为弱也，他人功未有在冀州之右者也。"馥然之。馥乃作书与绍，道卓之恶，听其举兵。

〔二〕《英雄记》曰：伷字公绪，陈留人。

───────────

① 陈留县，陈留郡治所，今河南旧陈留县。
② 己吾，今河南旧宁陵县。

张璠《汉纪》载郑泰说卓云:"孔公绪能清谈高论,嘘枯吹生。"

〔三〕岱,刘繇之兄,事见《吴志》。

〔四〕《英雄记》曰:匡字公节,泰山人。轻财好施,以任侠闻。辟大将军何进府进符
使,匡于徐州发强弩五百西诣京师。会进败,匡还州里。起家,拜河内太守。

谢承《后汉书》曰:匡少与蔡邕善。其年为卓军所败,走还泰山,收集劲勇得数千
人,欲与张邈合。匡先杀执金吾胡母班。班亲属不胜愤怒,与太祖并势,共
杀匡。

〔五〕《英雄记》曰:瑁字元伟,玄族子。先为兖州刺史,甚有威惠。

〔六〕遗字伯业,绍从兄。为长安令。河间张超尝荐遗于太尉朱儁,称遗"有冠世之
懿,干时之量。其忠允亮直,固天所纵;若乃包罗载籍,管综百氏,登高能赋,睹
物知名,求之今日,邈焉靡俦。"事在《超集》。

《英雄记》曰:绍后用遗为扬州刺史,为袁术所败。太祖称"长大而能勤学者,惟
吾与袁伯业耳。"语在文帝《典论》。

〔七〕信事见子勋传。

二月,卓闻兵起,乃徙天子都长安。卓留屯洛阳,遂焚宫室。是时绍屯
河内,邈、岱、瑁、遗屯酸枣,术屯南阳,伷屯颍川,馥在邺。卓兵强,绍等莫敢
先进。太祖曰:"举义兵以诛暴乱,大众已合,诸君何疑?向使董卓闻山东兵
起,倚王室之重,据二周①之险,东向以临天下;虽以无道行之,犹足为患。今
焚烧宫室,劫迁天子,海内震动,不知所归,此天亡之时也。一战而天下定
矣,不可失也。"遂引兵西,将据成皋。② 邈遣将卫兹分兵随太祖到荥阳③汴
水,遇卓将徐荣,与战不利,士卒死伤甚多。太祖为流矢所中,所乘马被创,
从弟④洪以马与太祖,得夜遁去。荣见太祖所将兵少,力战尽日,谓酸枣⑤未

---

① "二周"指战国末年周赧王时周室分裂而成的东周与西周。当时西周居王城,即战国
时的河南城,故址在今洛阳市王城公园一带;东周居成周,即战国时的洛阳城,故址
在今洛阳市白马寺东三里。

② 成皋,今河南旧汜水县。

③ 荥阳,今河南荥阳县。

④ 从,读去声,音纵。同宗而次于亲者曰从,从弟即是堂弟。

⑤ 酸枣故城址在今河南延津县北十五里。

易攻也,亦引兵还。

太祖到酸枣,诸军兵十余万,日置酒高会,不图进取。太祖责让之,因为谋曰:"诸君听吾计,使勃海①引河内之众临孟津,②酸枣诸将守成皋,据敖仓,③塞镮辕、太谷,④全制其险;使袁将军⑤率南阳之军军丹、析,⑥入武阙,⑦以震三辅;⑧皆高垒深壁,勿与战,益为疑兵,示天下形势,以顺诛逆,可立定也。今兵以义动,持疑而不进,失天下之望,窃为诸君耻之!"邈等不能用。

太祖兵少,乃与夏侯惇等诣扬州募兵,刺史陈温、丹杨⑨太守周昕与兵四千余人。还到龙亢,⑩士卒多叛。〔一〕至铚、建平,⑪复收兵得千余人,进屯河内。⑫

〔一〕《魏书》曰:兵谋叛,夜烧太祖帐,太祖手剑杀数十人,余皆披靡,乃得出营;其不叛者五百余人。

刘岱与桥瑁相恶,岱杀瑁,以王肱领东郡太守。

袁绍与韩馥谋立幽州牧刘虞为帝,太祖拒之。〔一〕绍又尝得一玉印,于太祖坐中举向其肘,太祖由是笑而恶焉。〔二〕

---

① "勃海"指袁绍,袁绍时为勃海太守。
② 孟津故城址在今河南孟县南十八里。
③ 敖,地名,在荥阳西北山上,临黄河,有大仓,名敖仓。
④ 镮辕、太谷,都是洛阳东南险要之地。
⑤ "袁将军"指袁术,此时袁术为后将军。
⑥ 丹、析,是丹水县与析县。丹水故城址在今河南淅川县西,析县故城址在今河南内乡县西北。
⑦ 武关在今陕西商县东,北接高山,南临绝涧,自古以来为兵争要地。
⑧ 汉以京兆、左冯翊、右扶风为三辅,今陕西渭水流域一带地区。
⑨ 东汉丹杨郡治宛陵县,今安徽宣城县。丹杨郡与丹杨县之"杨",均应从木,作"杨",因为丹杨县中多赤柳,故名丹杨。后来书籍中多作"丹阳",严格说起来,是不正确的(姚鼐《惜抱轩笔记》卷六)。
⑩ 龙亢故城址在今安徽怀远县西七十五里。
⑪ 铚县故城址在今安徽宿县西南四十六里;建平故城址在今河南永城县西南。
⑫ 河内郡治怀县,在今河南武陟县西南。

〔一〕《魏书》载太祖答绍曰："董卓之罪,暴于四海,吾等合大众、兴义兵而远近莫不响应,此以义动故也。今幼主微弱,制于奸臣,未有昌邑亡国之衅,而一旦改易,天下其孰安之?诸君北面,我自西向。"

〔二〕《魏书》曰:太祖大笑曰:"吾不听汝也。"绍复使人说太祖:"今袁公势盛兵强,二子已长,天下群英,孰逾于此?"太祖不应。由是益不直绍,图诛灭之。

二年春,绍、馥遂立虞为帝,虞终不敢当。

夏四月,卓还长安。

秋七月,袁绍胁韩馥取冀州。

黑山贼①于毒、白绕、眭固等眭,申随反。十余万众略魏郡,东郡王肱②不能御,太祖引兵入东郡,击白绕于濮阳,③破之。袁绍因表太祖为东郡太守,治东武阳。④

三年春,太祖军顿丘,毒等攻东武阳。太祖乃引兵西入山,攻毒等本屯。〔一〕毒闻之,弃武阳还。太祖要⑤击眭固,又击匈奴於夫罗于内黄,⑥皆大破之。〔二〕

〔一〕《魏书》曰:诸将皆以为当还自救。太祖曰:"孙膑救赵而攻魏,耿弇欲走西安攻临菑。使贼闻我西而还,武阳自解地;不还,我能败其本屯,虏不能拔武阳必矣。"遂乃行。

〔二〕《魏书》曰:於夫罗者,南单于子也。中平中,发匈奴兵,於夫罗率以助汉。会本国反,杀南单于,於夫罗遂将其众留中国。因天下挠乱,与西河白波贼合,破太原、河内,抄略诸郡为寇。

夏四月,司徒王允与吕布共杀卓。卓将李傕、郭汜⑦等杀允攻布,布败,

---

① 所谓"黑山贼",是东汉末与黄巾军同时起义的一支农民军,以今河北、山西、河南三省的太行山区为根据地。黑山即在今河南浚县西北七十里太行山脉中。

② 钱大昭曰:"东郡下当有'太守'二字。"(《三国志辨疑》卷一)

③ 濮阳故城址在今河南濮阳县南。

④ 东郡本治濮阳,曹操为东郡太守,移治东武阳。东武阳故城址在今山东旧朝城县西四十里。

⑤ 要,读平声,音邀(yāo),劫,遮而留之。

⑥ 内黄,今河南内黄县。

⑦ 傕音角,汜音祀。

东出武关。傕等擅朝政。

青州黄巾众百万入兖州，杀任城相郑遂，转入东平。刘岱欲击之，鲍信谏曰：“今贼众百万，百姓皆震恐，士卒无斗志，不可敌也。观贼众群辈相随，军无辎重，唯以钞略为资，今不若畜士众之力，先为固守。彼欲战不得，攻又不能，其势必离散，后选精锐，据其要害，击之可破也。”岱不从，遂与战，果为所杀。〔一〕信乃与州吏万潜等至东郡迎太祖领兖州牧。遂进兵击黄巾于寿张①东。信力战斗死，仅而破之。〔二〕购求信丧不得，众乃刻木如信形状，祭而哭焉。追黄巾至济北。② 乞降。冬，受降卒三十余万，男女百余万口，收其精锐者，号为青州兵。

〔一〕《世语》曰：岱既死，陈宫谓太祖曰：“州今无主，而王命断绝，宫请说州中，明府寻往牧之，资之以收天下，此霸王之业也。”宫说别驾、治中曰：“今天下分裂而州无主；曹东郡，命世之才也，若迎以牧州，必宁生民。”鲍信等亦谓之然。

〔二〕《魏书》曰：太祖将步骑千余人，行视战地，卒抵贼营，战不利，死者数百人，引还。贼等前进。黄巾为贼久，数乘胜，兵皆精悍。太祖旧兵少，新兵不习练，举军皆惧。太祖被甲婴胄，亲巡将士，明劝赏罚，众乃复奋，承间讨击，贼稍折退。贼乃移书太祖曰：“昔在济南，毁坏神坛，其道乃与中黄太乙同，似若知道，今更迷惑。汉行已尽，黄家当立。天之大运，非君才力所能存也。”太祖见檄书，呵骂之，数开示降路；遂设奇伏，昼夜会战，战辄禽获，贼乃退走。

袁术与绍有隙，术求援于公孙瓒，瓒使刘备屯高唐，单经屯平原，陶谦屯发干，以逼绍。太祖与绍会击，皆破之。

四年春，军鄄城。③ 荆州牧刘表断术粮道，术引军入陈留，屯封丘，④黑山余贼及於夫罗等佐之。术使将刘详屯匡亭。⑤ 太祖击详，术救之，与战，大

---

① 寿张故城址在今山东旧东平县西南。
② 东汉济北国治卢县，故城址在今山东长清县南二十五里。
③ 鄄，音绢(juàn)。鄄城在今山东鄄城县。鄄城是当时黄河边上一个军事重地。《水经注》说，它是"河上之邑，最为峻固。"汉兖州刺史本治昌邑，曹操为兖州牧，移治鄄城。
④ 封丘，今河南封丘县。
⑤ 匡亭在今河南长垣县西南。

破之。术退保封丘,遂围之,未合,术走襄邑,①追到太寿,②决渠水灌城。走宁陵,③又追之,走九江。④ 夏,太祖还军定陶。⑤

下邳⑥阙宣聚众数千人,自称天子;徐州⑦牧陶谦与共举兵,取泰山华、费,略任城。⑧ 秋,太祖征陶谦,下十余城,谦守城不敢出。

是岁,孙策受袁术使渡江,数年间遂有江东。

兴平元年春,太祖自徐州还。初,太祖父嵩,去官后还谯,董卓之乱,避难琅邪,为陶谦所害,故太祖志在复雠东伐。〔一〕夏,使荀彧、程昱守鄄城,复征陶谦,拔五城,遂略地至东海。还过郯,⑨谦将曹豹与刘备屯郯东,要⑩太祖。太祖破击之,遂攻拔襄贲,⑪所过多所残戮。〔二〕

〔一〕《世语》曰:嵩在泰山华县。太祖令泰山太守应劭送家诣兖州,劭兵未至,陶谦密遣数千骑掩捕。嵩家以为劭迎,不设备。谦兵至,杀太祖弟德于门中。嵩惧,穿后垣,先出其妾,妾肥,不时得出;嵩逃于厕,与妾俱被害,阖门皆死。劭惧,弃官赴袁绍。后太祖定冀州,劭时已死。

韦曜《吴书》曰:太祖迎嵩,辎重百余两。陶谦遣都尉张闿将骑二百卫送,闿于泰山华、费间杀嵩,取财物,因奔淮南。太祖归咎于陶谦,故伐之。

〔二〕孙盛曰:夫伐罪吊民,古之令轨;罪谦之由,而残其属部,过矣。

---

① 襄邑,今河南睢县。
② 赵一清曰:“太寿不见于两《汉志》,大约在宁陵、襄邑之间。”(梁章钜《三国志旁证》卷一引)
③ 宁陵,今河南旧宁陵县南。
④ 东汉末九江郡治阴陵,今安徽定远县西北六十五里。
⑤ 定陶故城址在今山东旧定陶县西北四里。
⑥ 下邳故城址在今江苏邳县东三里。
⑦ 徐州刺史本治郯县,东汉末移治下邳。
⑧ 华县、费县均属泰山郡。华县故城址在今山东费县东北六十里;费县故城址在今费县西北二十里。任城,今山东济宁市。
⑨ 东海郡治郯县,故城址在今山东郯城县西南三十里。
⑩ 要,读平声,遮而劫之。
⑪ 襄贲(读肥)故城址在今山东临沂市西南一百二十里。

会张邈与陈宫叛迎吕布，郡县皆应。荀彧、程昱保鄄城，范、东阿二县①固守，太祖乃引军还。布到，攻鄄城不能下，西屯濮阳。太祖曰："布一旦得一州，不能据东平，断亢父、泰山之道②乘险要我，而乃屯濮阳，吾知其无能为也。"遂进军攻之。布出兵战，先以骑③犯青州兵。青州兵奔，太祖陈④乱，驰突火出，坠马，烧左手掌。司马楼异扶太祖上马，遂引去。〔一〕未至营止，诸将未与太祖相见，皆怖。太祖乃自力劳⑤军，令军中促为攻具，进复攻之，与布相守百余日。蝗虫起，百姓大饿，布粮食亦尽，各引去。

〔一〕袁晔《献帝春秋》曰：太祖围濮阳，濮阳大姓田氏为反间，太祖得入城。烧其东门，示无反意。及战，军败。布骑得太祖而不知是，问曰："曹操何在?"太祖曰："乘黄马走者是也。"布骑乃释太祖而追黄马者。门火犹盛，太祖突火而出。

秋九月，太祖还鄄城。布到乘氏，为其县人李进所破，东屯山阳。于是绍使人说太祖，欲连和。太祖新失兖州，军食尽，将许之。程昱止太祖，太祖从之。冬十月，太祖至东阿。

是岁谷一斛五十余万钱，人相食，乃罢吏兵新募者。陶谦死，刘备代之。

二年春，袭定陶。济阴太守吴资保南城，⑥未拔。会吕布至，又击破之。夏，布将薛兰、李封屯巨野，⑦太祖攻之，布救兰，兰败，布走，遂斩兰等。布复从东缗与陈宫将万余人来战，时太祖兵少，设伏，纵奇兵击，大破之。〔一〕布夜走，太祖复攻，拔定陶，分兵平诸县。布东奔刘备，张邈从布，使其弟超将家

---

① 范县故城址在今山东范县东南二十里；东阿故城址在今山东旧阳谷县东北五十里。

② 汉东平国治无盐，故城址在今山东旧东平县东二十里。亢父故城址在今山东济宁市南五十里。亢父之道很险要，苏秦所谓："亢父之险，车不得方轨，骑不得比行。"(《战国策》)曹操由徐州还兖州，要从此处经过。

③ 骑，读去声，音寄，作名词用，指骑兵。以后文中如此用者甚多。

④ 陈，通阵。本书皆用"陈"字。

⑤ 劳，读去声(lào)，慰勉。

⑥ 济阴郡治定陶，南城谓定陶的南城，定陶见前注。

⑦ 巨野，今山东巨野县。

属保雍丘。① 秋八月，围雍丘。冬十月，天子拜太祖兖州牧。② 十二月，雍丘溃，超自杀。夷邈三族。邈诣袁术请救，为其众所杀，兖州平，遂东略陈地。③

〔一〕《魏书》曰：于是兵皆出取麦，在者不能千人，屯营不固。太祖乃令妇人守陴，悉兵拒之。屯西有大堤，其南树木幽深。布疑有伏，乃相谓曰："曹操多谲，勿入伏中。"引军屯南十余里。明日复来，太祖隐兵堤里，出半兵堤外。布益进，乃令轻兵挑战，既合，伏兵乃悉乘堤，步骑并进，大破之，获其鼓车，追至其营而还。

是岁，长安乱，天子东迁，败于曹阳，④渡河幸安邑。⑤

建安元年春正月，太祖军临武平，⑥袁术所置陈相袁嗣降。

太祖将迎天子，诸将或疑，荀彧、程昱劝之，乃遣曹洪将兵西迎，卫将军董承与袁术将苌奴拒险，洪不得进。

汝南、颍川黄巾何仪、刘辟、黄邵、何曼等，众各数万，初应袁术，又附孙坚。二月，太祖进军讨破之，斩辟、邵等，仪及其众皆降。⑦ 天子拜太祖建德将军，夏六月，迁镇东将军，封费亭侯。秋七月，杨奉、韩暹以天子还洛阳，〔一〕奉别屯梁。⑧ 太祖遂至洛阳，卫京都，暹遁走。天子假太祖节钺，录尚书事。〔二〕⑨洛阳残破，董昭等劝太祖都许。⑩ 九月，车驾出轘辕而东，以太祖为大将军，封武平侯。自天子西迁，朝廷日乱，至是宗庙社稷制度始立。〔三〕

〔一〕《献帝春秋》曰：天子初至洛阳，幸城西故中常侍赵忠宅。使张杨缮治宫室，名殿

---

① 雍丘，今河南杞县。

② 初平三年（一九二），鲍信等已推曹操权领兖州牧，至是受到汉献帝的正式任命。

③ 陈郡治陈县，今河南淮阳。

④ 曹阳，涧名，在今河南灵宝县东。

⑤ 安邑故城址在今山西夏县北。

⑥ 武平故城址在今河南鹿邑县西北四十里。

⑦ 按此处说"斩辟、邵等"，似乎刘辟已被杀了，而下文建安五年又说："汝南降贼刘辟等叛应绍，略许下。"则刘辟是降而复叛，并没有被斩，前后矛盾。沈家本曰："此文疑本云：'斩邵等，辟、仪及其众皆降。'传写错乱，'辟'字误在'邵'字之上。"沈说近是。

⑧ 梁县故城址在今河南临汝县西四十里。

⑨ 假节得杀犯军令者，假黄钺则总统内外诸军。东汉以来，政归尚书，录尚书事则总揽朝政。"假节钺，录尚书事"，则军政大权都集中于曹操一人之身。

⑩ 汉许县，故城址在今河南许昌市西南。后来魏文帝更名许昌。

曰扬安殿，八月，帝乃迁居。

〔二〕《献帝纪》曰：又领司隶校尉。

〔三〕张璠《汉纪》曰：初，天子败于曹阳，欲浮河东下。侍中太史令王立曰："自去春太白犯镇星于牛斗，过天津，荧惑又逆行守北河，不可犯也。"由是天子遂不北渡河，将自轵关东出。立又谓宗正刘艾曰："前太白守天关，与荧惑会；金火交会，革命之象也。汉祚终矣，晋、魏必有兴者。"立后数言于帝曰："天命有去就，五行不常盛，代火者土也，承汉者魏也，能安天下者，曹姓也，唯委任曹氏而已。"公闻之，使人语立曰："知公忠于朝廷，然天道深远，幸勿多言。"

天子之东也，奉自梁欲要之，不及。冬十月，公征奉，奉南奔袁术，遂攻其梁屯，拔之。于是以袁绍为太尉，绍耻班在公下，不肯受。公乃固辞，以大将军让绍。天子拜公司空，行车骑将军。是岁用枣祗、韩浩等议，始兴屯田。〔一〕

〔一〕《魏书》曰：自遭荒乱，率乏粮谷。诸军并起，无终岁之计，饥则寇略，饱则弃余，瓦解流离，无敌自破者不可胜数。袁绍之在河北，军人仰食桑椹。袁术在江、淮，取给蒲蠃。民人相食，州里萧条。公曰："夫定国之术，在于强兵足食，秦人以急农兼天下，孝武以屯田定西域，此先代之良式也。"是岁乃募民屯田许下，得谷百万斛。于是州郡例置田官，所在积谷。征伐四方，无运粮之劳，遂兼灭群贼，克平天下。

吕布袭刘备，取下邳。备来奔。程昱说公曰："观刘备有雄才而甚得众心，终不为人下，不如早图之。"公曰："方今收英雄时也，杀一人而失天下之心，不可。"

张济自关中走南阳。① 济死，从子②绣领其众。二年春正月，公到宛。张绣降，既而悔之，复反。公与战，军败，为流矢所中，长子昂、弟子安民遇

---

① 张济是董卓的部将，董卓被杀之后，张济与李傕、郭汜等攻打吕布，为董卓报仇。张济屯弘农，士卒饥饿，遂入南阳。汉南阳郡治宛县，今河南南阳市。
② 从，读去声。从子即侄。

害。〔一〕公乃引兵还舞阴，①绣将骑来钞，公击破之。绣奔穰，②与刘表合。公谓诸将曰："吾降张绣等，失不便取其质，③以至于此。吾知所以败。诸卿观之，自今已后不复败矣。"遂还许。〔二〕

〔一〕《魏书》曰：公所乘马名绝影，为流矢所中，伤颊及足，并中公右臂。

《世语》曰：昂不能骑，进马于公，公故免，而昂遇害。

〔二〕《世语》曰：旧制，三公领兵入见，皆交戟叉颈而前。初，公将讨张绣，入觐天子，时始复此制。公自此不复朝见。

袁术欲称帝于淮南，使人告吕布。布收其使，上其书。术怒，攻布，为布所破。秋九月，术侵陈，公东征之。术闻公自来，弃军走，留其将桥蕤、李丰、梁纲、乐就；公到，击破蕤等，皆斩之。术走渡淮。公还许。

公之自舞阴还也，南阳章陵诸县复叛为绣，公遣曹洪击之，不利，还屯叶，数为绣、表所侵。冬十一月，公自南征至宛。〔一〕表将邓济据湖阳。④攻拔之，生擒济，湖阳降。攻舞阴，下之。

〔一〕《魏书》曰：临淯水，祠亡将士，歔欷流涕，众皆感恸。

三年春正月，公还许，初置军师祭酒。⑤三月，公围张绣于穰。夏五月，刘表遣兵救绣，以绝军后。〔一〕公将引还，绣兵来〔追〕，公军不得进，连营稍前。公与荀彧书曰："贼来追吾，虽日行数里，吾策之，到安众，⑥破绣必矣。"到安众，绣与表兵合守险，公军前后受敌。公乃夜凿险为地道，悉过辎重，设奇兵。会明，贼谓公为遁也，悉军来追。乃纵奇兵步骑夹攻，大破之。秋七月，公还许。荀彧问公："前以策贼必破，何也？"公曰："虏遏吾归师，而与吾死地战，吾是以知胜矣。"

---

① 舞阴故城址在今河南泌阳县西北。
② 穰县，今河南邓县。
③ 质，抵押品。当时政府对于诸将，尤其是新降者，常要他们交出妻子作为抵押品。
④ 湖阳故城址在今河南唐河县南八十里。
⑤ 军师祭酒，古时祭祀以酒为本，长者主之，故称祭酒。军师祭酒是一种参谋军事的官职。
⑥ 安众故城址在今河南镇平县东南。

〔一〕《献帝春秋》曰：袁绍叛卒诣公云："田丰使绍早袭许，若挟天子以令诸侯，四海可指麾而定。"公乃解绣围。

吕布复为①袁术，使高顺攻刘备，公遣夏侯惇救之，不利。备为顺所败。九月，公东征布。冬十月，屠彭城，②获其相侯谐。进至下邳，布自将骑逆击。大破之，获其骁将成廉。追至城下，布恐，欲降。陈宫等沮其计，求救于术，劝布出战，战又败，乃还固守，攻之不下。时公连战，士卒罢，③欲还，用荀攸、郭嘉计，遂决泗、沂水以灌城。④ 月余，布将宋宪、魏续等执陈宫，举城降，生禽⑤布、宫，皆杀之。太山臧霸、孙观、吴敦、尹礼、昌豨各聚众。布之破刘备也，霸等悉从布。布败，获霸等，公厚纳待，遂割青、徐二州附于海以委焉，分琅邪、东海、北海为城阳、利城、昌虑郡。

初，公为兖州，以东平毕谌为别驾。⑥ 张邈之叛也，邈劫谌母弟妻子；公谢遣之，⑦曰："卿老母在彼，可去。"谌顿首无二心，公嘉之，为之流涕。既出，遂亡归。及布破，谌生得，众为谌惧，公曰："夫人孝于其亲者，岂不亦忠于君乎！吾所求也。"以为鲁相。〔一〕

〔一〕《魏书》曰：袁绍宿与故太尉杨彪、大长秋梁绍、少府孔融有隙，欲使公以他过诛之。公曰："当今天下土崩瓦解，雄豪并起，辅相君长，人怀怏怏，各有自为之心，此上下相疑之秋也，虽以无嫌待之，犹惧未信；如有所除，则谁不自危？且夫起布衣，在尘垢之间，为庸人之所陵陷，可胜怨乎！高祖赦雍齿之雠而群情以安，如何忘之？"绍以为公外托公义，内实离异，深怀怨望。

臣松之以为杨彪亦曾为魏武所困，几至于死，孔融竟不免于诛灭，岂所谓先行其言而后从之哉！非知之难，其在行之，信矣。

---

① 为，读去声，助。
② 彭城，今江苏徐州市。
③ 罢，读疲，困极劳弊。
④ 泗水东南流过下邳县西，沂水亦至下邳县西，南入于泗，所以引此二水以灌城。
⑤ 禽通擒，本书皆用禽字。
⑥ 别驾，刺史佐吏，刺史巡行各地时，为别驾者别乘传车从行，故名。
⑦ 谢，辞。谢遣之即是辞去他。

四年春二月,公还至昌邑。① 张杨将杨丑杀杨,睢固又杀丑,以其众属袁绍,屯射犬。② 夏四月,进军临河,使史涣、曹仁渡河击之。固使杨故长史薛洪、河内太守缪尚留守,自将兵北迎绍求救,与涣、仁相遇犬城。交战,大破之,斩固。公遂济河,围射犬。洪、尚率众降,封为列侯,还军敖仓。以魏种为河内太守,属以河北事。

初,公举种孝廉。兖州叛,公曰:"唯魏种且不弃孤也。"及闻种走,公怒曰:"种不南走越、北走胡,不置汝也!"既下射犬,生禽种,公曰:"唯其才也!"释其缚而用之。

是时袁绍既并公孙瓒,兼四州③之地,众十余万,将进军攻许。诸将以为不可敌,公曰:"吾知绍之为人,志大而智小,色厉而胆薄,忌克而少威,兵多而分画不明,将骄而政令不一,土地虽广,粮食虽丰,适足以为吾奉也。"秋八月,公进军黎阳,④使臧霸等入青州,破齐、北海、东安,留于禁屯河上。九月,公还许,分兵守官渡。⑤ 冬十一月,张绣率众降,封列侯。十二月,公军官渡。

袁术自败于陈,稍困,袁谭自青州遣迎之。术欲从下邳北过,公遣刘备、朱灵要之,会术病死。程昱、郭嘉闻公遣备,言于公曰:"刘备不可纵。"公悔,追之不及。备之未东也,阴与董承等谋反,至下邳,遂杀徐州刺史车胄,举兵屯沛。遣刘岱、王忠击之,不克。〔一〕

〔一〕《献帝春秋》曰:备谓岱等曰:"使汝百人来,其无如我何;曹公自来,未可知耳!"

《魏武故事》曰:岱字公山,沛国人。以司空长史从征伐有功,封列侯。

《魏略》曰:王忠,扶风人,少为亭长。三辅乱,忠饥乏啖人,随辈南向武关。值娄子伯为荆州,遣迎北方客人;忠不欲去,因率等伜逆击之,夺其兵,聚众千余人以归公。拜忠中郎将,从征讨。五官将知忠尝啖人,因从驾出行,令俳取冢间髑髅系著忠马鞍,以为欢笑。

---

① 昌邑故城址在今山东金乡县西北四十里。
② 射犬城故址在今河南沁阳县东北。
③ 四州,青、冀、幽、并。
④ 黎阳故城址在今河南浚县东北,是东汉以来的军事重镇。
⑤ 官渡在今河南中牟县东北。

庐江太守刘勋率众降，封为列侯。

五年春正月，董承等谋泄，皆伏诛。公将自东征备，诸将皆曰："与公争天下者，袁绍也。今绍方来而弃之东，绍乘人后，若何？"公曰："夫刘备，人杰也，今不击，必为后患。〔一〕袁绍虽有大志，而见事迟，必不动也。"郭嘉亦劝公，遂东击备，破之，生禽其将夏侯博。备走奔绍，获其妻子。备将关羽屯下邳，复进攻之，羽降。昌豨叛为备，又攻破之。公还官渡，绍卒不出。

〔一〕孙盛《魏氏春秋》云：答诸将曰："刘备，人杰也，将生忧寡人。"

臣松之以为史之记言，既多润色，故前载所述有非实者矣，后之作者又意改之，于失实也，不亦弥远乎！凡孙盛制书，多用《左氏》以易旧文，如此者非一。嗟乎，后之学者将何取信哉？且魏武方以天下励志，而用夫差分死之言，尤非其类。

二月，绍遣郭图、淳于琼、颜良攻东郡太守刘延于白马，①绍引兵至黎阳，将渡河。夏四月，公北救延。荀攸说公曰："今兵少不敌，分其势乃可。公到延津，②若将渡兵向其后者，绍必西应之，然后轻兵袭白马，掩其不备，颜良可禽也。"公从之。绍闻兵渡，即分兵西应之。公乃引军兼行趣白马，未至十余里，良大惊，来逆战。使张辽、关羽前登，击破，斩良。遂解白马围，徙其民，循河而西。绍于是渡河追公军，至延津南。公勒兵驻营南阪下，使登垒望之，曰："可五六百骑。"有顷，复曰："骑稍多，步兵不可胜数。"公曰："勿复白。"乃令骑解鞍放马。是时，白马辎重就道。诸将以为敌骑多，不如还保营。荀攸曰："此所以饵敌，如何去之！"绍骑将文丑与刘备将五六千骑前后至。诸将复曰："可上马。"公曰："未也。"有顷，骑至稍多，或分趣辎重。公曰："可矣。"乃皆上马。时骑不满六百，遂纵兵击，大破之，斩丑。良、丑皆绍名将也，再战，悉禽，绍军大震。公还军官渡。绍进保阳武。③ 关羽亡归刘备。

---

① 白马故城址在今河南滑县东二十里，是当时黄河的南岸，其北岸即是黎阳。

② 延津在今河南新乡市东南，在当时白马、黎阳之西。

③ 阳武，在今河南旧阳武县东南。

八月，绍连营稍前，依沙塠①为屯，东西数十里。公亦分营与相当，合战不利。〔一〕时公兵不满万，伤者十二三。〔二〕绍复进临官渡，起土山地道。公亦于内作之，以相应。绍射营中，矢如雨下，行者皆蒙楯，众大惧。时公粮少，与荀彧书，议欲还许。彧以为"绍悉众聚官渡，欲与公决胜败。公以至弱当至强，若不能制，必为所乘，是天下之大机也。且绍，布衣之雄耳，能聚人而不能用。夫以公之神武明哲而辅以大顺，何向而不济！"公从之。

〔一〕习凿齿《汉晋春秋》曰：许攸说绍曰："公无与操相攻也。急分诸军持之，而径从他道迎天子，则事立济矣。"绍不从，曰："吾要当先围取之。"攸怒。

〔二〕臣松之以为魏武初起兵，已有众五千，自后百战百胜，败者十二三而已矣。但一破黄巾，受降卒三十余万，余所吞并，不可悉纪；虽征战损伤，未应如此之少也。夫结营相守，异于摧锋决战。《本纪》云："绍众十余万，屯营东西数十里。"魏太祖虽机变无方，略不世出，安有以数千之兵，而得逾时相抗者哉？以理而言，窃谓不然。绍为屯数十里，公能分营与相当，此兵不得甚少，一也。绍若有十倍之众，理应当悉力围守，使出入断绝，而公使徐晃等击其运车，公又自出击淳于琼等，扬旌往还，曾无抵阂，明绍力不能制，是不得甚少，二也。诸书皆云公坑绍众八万，或云七万。夫八万人奔散，非八千人所能缚，而绍之大众皆拱手就戮，何缘力能制之？是不得甚少，三也。将记述者欲以少见奇，非其实录也。按《钟繇传》云："公与绍相持，繇为司隶，送马二千余匹以给军。"《本纪》及《世语》并云公时有骑六百余匹，繇马为安在哉？

孙策闻公与绍相持，乃谋袭许，未发，为刺客所杀。

汝南降贼刘辟等叛应绍，略许下。绍使刘备助辟，公使曹仁击破之。备走，遂破辟屯。

袁绍运谷车数千乘至，公用荀攸计，遣徐晃、史涣邀击，大破之，尽烧其车。公与绍相拒连月，虽比战斩将，然众少粮尽，士卒疲乏。公谓运者曰："却②十五日为汝破绍，不复劳汝矣。"冬十月，绍遣军运谷，使淳于琼等五人

---

① 塠，同堆。
② 却，后。

将兵万余人送之，宿绍营北四十里。绍谋臣许攸贪财，绍不能足，来奔，因说公击琼等。左右疑之，荀攸、贾诩劝公。公乃留曹洪守，自将步骑五千人夜往，会明至。琼等望见公兵少，出陈门外。公急击之，琼退保营，遂攻之。绍遣骑救琼。左右或言"贼骑稍近，请分兵拒之"。公怒曰："贼在背后，乃白！"士卒皆殊死战，大破琼等，皆斩之。〔一〕绍初闻公之击琼，谓长子谭曰："就彼攻琼等，吾攻拔其营，彼固无所归矣！"乃使张郃、高览攻曹洪。郃等闻琼破，遂来降。绍众大溃，绍及谭弃军走，渡河。追之不及，尽收其辎重图书珍宝，虏其众。〔二〕公收绍书中，得许下及军中人书，皆焚之。〔三〕冀州诸郡多举城邑降者。

〔一〕《曹瞒传》曰：公闻攸来，跣出迎之，抚掌笑曰："（子卿远）〔子远，卿〕来，吾事济矣！"既入坐，谓公曰："袁氏军盛，何以待之？今有几粮乎？"公曰："尚可支一岁。"攸曰："无是，更言之！"又曰："可支半岁。"攸曰："足下不欲破袁氏邪，何言之不实也！"公曰："向言戏之耳。其实可一月，为之奈何？"攸曰："公孤军独守，外无救援而粮谷已尽，此危急之日也。今袁氏辎重有万余乘，在故市、乌巢，屯军无严备；今以轻兵袭之，不意而至，燔其积聚，不过三日，袁氏自败也。"公大喜，乃选精锐步骑，皆用袁军旗帜，衔枚缚马口，夜从间道出，人抱束薪，所历道有问者，语之曰："袁公恐曹操抄略后军，遣兵以益备。"闻者信以为然，皆自若。既至，围屯，大放火，营中惊乱。大破之，尽燔其粮谷宝货，斩督将眭元进、骑督韩莒子、吕威璜、赵叡等首，割得将军淳于仲简鼻，未死，杀士卒千余人，皆取鼻，牛马割唇舌，以示绍军。将士皆怛惧。时有夜得仲简，将以诣麾下，公谓曰："何为如是？"仲简曰："胜负自天，何用为问乎！"公意欲不杀。许攸曰："明旦鉴于镜，此益不忘人。"乃杀之。

〔二〕《献帝起居注》曰：公上言"大将军邺侯袁绍前与冀州牧韩馥立故大司马刘虞，刻作金玺，遣故任长毕瑜诣虞，为说命录之数。又绍与臣书云：'可都鄄城，当有所立。'擅铸金银印，孝廉计吏，皆往诣绍。从弟济阴太守叙与绍书云：'今海内丧败，天意实在我家，神应有征，当在尊兄。南兄臣下欲使即位，南兄言，以年则北兄长，以位则北兄重。便欲送玺，会曹操断道。'绍宗族累世受国重恩，而凶逆无道，乃至于此。辄勒兵马，与战官渡，乘圣朝之威，得斩绍大将淳于琼等八人首，遂大破溃。绍与子谭轻身迸走。凡斩首七万余级，辎重财物巨亿。"

〔三〕《魏氏春秋》曰：公云："当绍之强，孤犹不能自保，而况众人乎！"

初，桓帝时有黄星见于楚、宋之分，辽东殷馗①善天文，言后五十岁当有真人起于梁、沛之间，其锋不可当。至是凡五十年，而公破绍，天下莫敌矣。

六年夏四月，扬兵河上，击绍仓亭②军，破之。绍归，复收散卒，攻定诸叛郡县。九月，公还许。绍之未破也，使刘备略汝南，汝南贼共都等应之。遣蔡扬击都，不利，为都所破。公南征备。备闻公自行，走奔刘表，都等皆散。

七年春正月，公军谯，令曰："吾起义兵，为天下除暴乱。旧土人民，死丧略尽，国中终日行，不见所识，使吾凄怆伤怀。其举义兵已来，将士绝无后者，求其亲戚以后之，授土田，官给耕牛，置学师以教之。为存者立庙，使祀其先人，魂而有灵，吾百年之后何恨哉！"遂至浚仪，治睢阳渠，③遣使以太牢④祀桥玄。〔一〕进军官渡。

〔一〕褒赏令载公祀文曰："故太尉桥公，诞敷明德，泛爱博容。国念明训，士思令谟。灵幽体翳，邈哉晞矣！吾以幼年，逮升堂室，特以顽鄙之姿，为大君子所纳。增荣益观，皆由奖助，犹仲尼称不如颜渊，李生之厚叹贾复。士死知己，怀此无忘。又承从容约誓之言：'殂逝之后，路有经由，不以斗酒只鸡过相沃酹，车遇三步，腹痛勿怪！'虽临时戏笑之言，非至亲之笃好，胡肯为此辞乎？匪谓灵忿，能诒己疾，怀旧惟顾，念之凄怆。奉命东征，屯次乡里，北望贵土，乃心陵墓。裁致薄奠，公其尚飨！"

绍自军破后，发病呕血，夏五月死。小子尚，代谭，自号车骑将军，屯黎阳。秋九月，公征之，连战。谭、尚数败退，固守。

八年春三月，攻其郭，乃出战，击，大破之，谭、尚夜遁。夏四月，进军邺。⑤五月还许，留贾信屯黎阳。

---

① 馗，古逵字，见《三苍》。
② 仓亭，即仓亭津，古黄河渡处，在今山东范县东北。
③ 浚仪故城址在今河南开封市西北。睢水（睢音虽）于此县受莨荡渠水，东过睢阳（河南商丘市），故谓之睢阳渠。
④ 古时祭祀，牛、羊、豕三牲全备为太牢，也有时专指牛一种。
⑤ 邺县故城址在今河北磁县东南三台村。袁绍为冀州牧，治此。

己酉，令曰："《司马法》①'将军死绥'，〔一〕故赵括之母，乞不坐括。② 是古之将者，军破于外，而家受罪于内也。自命将征行，但赏功而不罚罪，非国典也。其令诸将出征，败军者抵罪，失利者免官爵。"〔二〕

〔一〕《魏书》曰：绥，却也。有前一尺，无却一寸。

〔二〕《魏书》载庚申令曰："议者或以军吏虽有功能，德行不足堪任郡国之选，所谓'可与适道，未可与权'。管仲曰：'使贤者食于能则上尊，斗士食于功则卒轻于死，二者设于国则天下治。'未闻无能之人，不斗之士，并受禄赏，而可以立功兴国者也。故明君不官无功之臣，不赏不战之士；治平尚德行，有事赏功能。论者之言，一似管窥虎欤！"

秋七月，令曰："丧乱已来，十有五年，后生者不见仁义礼让之风，吾甚伤之。其令郡国各修文学，县满五百户置校官，选其乡之俊造③而教学之，庶几先王之道不废，而有以益于天下。"

八月，公征刘表，军西平。④ 公之去邺而南也，谭、尚争冀州，谭为尚所败，走保平原。尚攻之急，谭遣辛毗乞降请救。诸将皆疑，荀攸劝公许之，〔一〕公乃引军还。冬十月，到黎阳，为子整与谭结婚。〔二〕尚闻公北，乃释平原还邺。东平吕旷、吕翔叛尚，屯阳平，率其众降，封为列侯。〔三〕

〔一〕《魏书》曰：公云："我攻吕布，表不为寇，官渡之役，不救袁绍，此自守之贼也，宜为后图。谭、尚狡猾，当乘其乱。纵谭挟诈，不终束手，使我破尚，偏收其地，利自多矣。"乃许之。

---

① 《司马法》是一种古书，记载军事的典礼制度。《汉书·艺文志》著录军礼《司马法》有五十五篇，此书已佚，今残存三卷。战国时，齐人司马穰苴著《司马兵法》，后人或认为即是《司马法》，是错误的。

② 赵括，战国时赵人。他是名将赵奢之子，好谈兵法，但是并无实际的军事才能。赵王使赵括为将。赵括之母上书说："括不可使将。"赵王说："我已经决定用他。"赵括之母说："王决定用他，万一他作战失败，我可以不牵连坐罪吗？"赵王许诺（《史记·廉颇蔺相如列传》）。

③ 俊造，《礼记·王制》篇："命乡论秀士，升之司徒，曰选士。司徒论选士之秀者而升之学，曰俊士。升于司徒者，不征（不服徭役）于乡，升于学者，不征于司徒，曰造士（造，成也）。"此处用"俊造"，就是指优秀人才之意。

④ 西平故城址在今河南西平县西四十五里。

〔二〕臣松之案：绍死至此，过周五月耳。谭虽出后其伯，不为绍服三年，而于再期之内以行吉礼，悖矣。魏武或以权宜与之约言；今云结婚，未必便以此年成礼。

〔三〕《魏书》曰："谭之围解，阴以将军印绶假旷。旷受印送之，公曰："我固知谭之有小计也。欲使我攻尚，得以其间略民聚众，尚之破，可得自强以乘我弊也。尚破我盛，何弊之乘乎？"

　　九年春正月，济河，遏淇水入白沟以通粮道。① 二月，尚复攻谭，留苏由、审配守邺。公进军到洹水，②由降。既至，攻邺，为土山、地道。武安长尹楷屯毛城，③通上党粮道。夏四月，留曹洪攻邺，公自将击楷，破之而还，尚将沮鹄守邯郸，〔一〕④又击拔之。易阳令韩范、涉长梁岐举县降，赐爵关内侯。五月，毁土山、地道，作围堑，决漳水灌城；城中饿死者过半。秋七月，尚还救邺，诸将皆以"此归师，人自为战，不如避之。"公曰："尚从大道来，当避之；若循西山⑤来者，此成禽耳。"尚果循西山来，临滏水为营。〔二〕夜遣兵犯围，公逆击破走之，遂围其营。未合，尚惧，〔遣〕故豫州刺史阴夔及陈琳乞降，公不许，为围益急。尚夜遁，保祁山，追击之。其将马延、张顗等临陈降，众大溃，尚走中山。⑥尽获其辎重，得尚印绶节钺，使尚降人示其家，城中崩沮。八月，审配兄子荣夜开所守城东门内⑦兵。配逆战，败，生禽配，斩之，邺定。公临祀绍墓，哭之流涕；慰劳绍妻，还其家人宝物，赐杂缯絮，廪食之。〔三〕

〔一〕沮音菹，河朔间今犹有此姓。鹄，沮授子也。

〔二〕《曹瞒传》曰：遣候者数部前后参之，皆曰"定从西道，已在邯郸"。公大喜，会诸

---

① 白沟本为一小水，在今河南浚县西，发源处接近淇水，东北流，下接内黄以下的古清河。淇水古时由今浚县西南八十里宿胥对岸入黄河。曹操进攻袁尚，为便于通粮运，所以用大枋木作堰，断淇水入黄河之口，而决之使东入白沟。此后，上起枋堰，下包括今河北旧威县以南的清河，皆称白沟。

② 洹水流经邺县西南。

③ 武安故城址在今河北武安县西南；毛城在今河北涉县西四十五里。

④ 邯郸故城址在今河北邯郸县西南十里。

⑤ 西山，指邺城以西今山西与河北交界处之太行山脉，或谓西山指太行山脉中的鼓山。

⑥ 中山，今河北定县。

⑦ 内，与纳同。

将曰："孤已得冀州,诸君知之乎?"皆曰："不知。"公曰："诸君方见不久也。"

〔三〕孙盛云：昔者先王之为诛赏也,将以惩恶劝善,永彰鉴戒。绍因世艰危,遂怀逆
　　谋,上议神器,下干国纪。荐社污宅,古之制也,而乃尽哀于逆臣之冢,加恩于饕
　　餮之室,为政之道,于斯颠矣。夫匿怨友人,前哲所耻,税骖旧馆,义无虚涕,苟
　　道乖好绝,何哭之有! 昔汉高失之于项氏,魏武遵谬于此举,岂非百虑之一
　　失也。

初,绍与公共起兵,绍问公曰："若事不辑,①则方面何所可据?"公曰："足
下意以为何如?"绍曰："吾南据河,北阻燕、代,兼戎狄之众,南向以争天下,
庶可以济乎?"公曰："吾任天下之智力,以道御之,无所不可。"〔一〕

〔一〕《傅子》曰：太祖又云："汤、武之王,岂同土哉? 若以险固为资,则不能应机而变
　　化也。"

九月,令曰："河北罹②袁氏之难,其令无出今年租赋。"重豪强兼并之法,
百姓喜悦。〔一〕天子以公领冀州牧,公让还兖州。

〔一〕《魏书》载公令曰："有国有家者,不患寡而患不均,不患贫而患不安。袁氏之治
　　也,使豪强擅恣,亲戚兼并,下民贫弱,代出租赋,衒鬻家财,不足应命。审配宗
　　族,至乃藏匿罪人,为逋逃主；欲望百姓亲附,甲兵强盛,岂可得邪! 其收田租亩
　　四升,户出绢二匹,绵二斤而已,他不得擅兴发。郡国守相明检察之,无令强民
　　有所隐藏,而弱民兼赋也。"

公之围邺也,谭略取甘陵、安平、勃海、河间。尚败,还中山。谭攻之,尚
奔故安,遂并其众。公遗谭书,责以负约,与之绝婚,女还,然后进军。谭惧,
拔平原,走保南皮。十二月,公入平原,③略定诸县。

十年春正月,攻谭,破之,斩谭,诛其妻子,冀州平。〔一〕下令曰："其与袁氏
同恶者,与之更始。"令民不得复私雠,禁厚葬,皆一之于法。是月,袁熙大将
焦触、张南等叛攻熙、尚,熙、尚奔三郡乌丸。④ 触等举其县降,封为列侯。初

---

① 辑,犹集；集,成。

② 罹,遭受。

③ 平原郡治平原县,故城址在今山东平原县西南五十里。

④ 所谓"三郡乌丸",指辽西、上谷、右北平三郡中的乌丸,详后《乌丸传》。

讨谭时,民亡椎冰,〔二〕令不得降。顷之,亡民有诣门首者,公谓曰:"听汝则违令,杀汝则诛首,归深自藏,无为吏所获。"民垂泣而去;后竟捕得。

〔一〕《魏书》曰:公攻谭,旦及日中不决;公乃自执枹鼓,士卒咸奋,应时破陷。

〔二〕臣松之以为讨谭时,川渠水冻,使民椎冰以通船,民惮役而亡。

夏四月,黑山贼张燕率其众十余万降,封为列侯。故安赵犊、霍奴等杀幽州刺史、涿郡太守;三郡乌丸攻鲜于辅于犷平。〔一〕①秋八月,公征之,斩犊等,乃渡潞河救犷平,乌丸奔走出塞。

〔一〕《续汉书·郡国志》曰:犷平,县名,属渔阳郡。

九月令曰:"阿党比周,先圣所疾也。闻冀州俗,父子异部,更相毁誉。昔直不疑无兄,世人谓之盗嫂;②第五伯鱼三娶孤女,谓之挝妇翁;③王凤擅权,谷永比之申伯;④王商忠议,张匡谓之左道;⑤此皆以白为黑,欺天罔君者也。吾欲整齐风俗,四者不除,吾以为羞。"冬十月,公还邺。

初,袁绍以甥高幹领并州牧,公之拔邺,幹降,遂以为刺史。幹闻公讨乌丸,乃以州叛,执上党太守,举兵守壶关口。⑥遣乐进、李典击之,幹还守壶关城。十一年春正月,公征幹。幹闻之,乃留其别将守城,走入匈奴,求救于单于,单于不受。公围壶关三月,拔之。幹遂走荆州,上洛都尉王琰捕斩之。

秋八月,公东征海贼管承,至淳于,⑦遣乐进、李典击破之,承走入海岛。

———————————

① 犷平在今北京市密云县东北。

② 直不疑,西汉人,文帝时,仕至中大夫,当时有人毁谤直不疑,说:"不疑状貌甚美,然特无奈其善盗嫂,何也?"不疑听到,说:"我乃无兄。"(《汉书·直不疑传》)

③ 第五伦,字伯鱼,东汉人。光武帝时,为淮阳国医工长,从王朝京师,光武帝戏谓伦曰:"闻卿为吏,挝妇公,宁有之邪?"第五伦回答说:"臣三娶妻,皆无父。"(《后汉书·第五伦传》)

④ 王凤是西汉成帝的舅父,为大将军,擅权,议者多加以指责。谷永依附王凤,于是替他辩护,说:"骨肉大臣,有申伯之忠。"(《汉书·谷永传》)申伯是周宣王的舅父,谷永用他比王凤。

⑤ 王商,西汉人,成帝时为丞相,为人忠直。当时王凤排挤王商,张匡为人佞巧,迎合王凤的意思,上书说王商作威作福,执左道以乱政(《汉书·王商传》)。

⑥ 壶关故城址在今山西长治市壶口山下,山川相错,地形如壶,故名壶关。

⑦ 淳于故城址在今山东安丘县东北三十里。

割东海之襄贲、郯、戚以益琅邪，省昌虑郡。〔一〕

〔一〕《魏书》载十月乙亥令曰："夫治世御众，建立辅弼，诚在面从，《诗》称'听用我谋，
庶无大悔'，斯实君臣恳恳之求也。吾充重任，每惧失中，频年已来，不闻嘉谋，
岂吾开延不勤之咎邪？自今以后，诸掾属治中、别驾，常以月旦各言其失，吾将
览焉。"

三郡乌丸承天下乱，破幽州，略有汉民合十余万户。袁绍皆立其酋豪为
单于，以家人子为己女，妻①焉。辽西单于蹋顿尤强，为绍所厚，故尚兄弟归
之，数入塞为害。公将征之，凿渠，自呼沲入泒水，泒音孤。名平虏渠；②又从
泃河口泃音句。凿入潞河，名泉州渠，③以通海。

十二年春二月，公自淳于还邺。丁酉，令曰："吾起义兵诛暴乱，于今十
九年，所征必克，岂吾功哉？乃贤士大夫之力也。天下虽未悉定，吾当要与
贤士大夫共定之；而专飨其劳，吾何以安焉！其促定功行封。"于是大封功臣
二十余人，皆为列侯，其余各以次受封，及复④死事之孤，轻重各有差。〔一〕

〔一〕《魏书》载公令曰："昔赵奢、窦婴之为将也，受赐千金，一朝散之，故能济成大功，
永世流声。吾读其文，未尝不慕其为人也。与诸将士大夫共从戎事，幸赖贤人
不爱其谋，群士不遗其力，是以夷险平乱，而吾得窃大赏，户邑三万。追思窦婴
散金之义，今分所受租与诸将掾属及故戍在陈、蔡者，庶以畴答众劳，不擅大惠
也。宜差死事之孤，以租谷及之。若年殷用足，租奉毕入，将大与众人悉共
飨之。"

将北征三郡乌丸，诸将皆曰："袁尚，亡虏耳，夷狄贪而无亲，岂能为尚
用？今深入征之，刘备必说刘表以袭许。万一为变，事不可悔。"惟郭嘉策表

---

① 妻，读去声，作动词用，以女嫁人曰妻。
② 平虏渠起自呼沲（即今之滹沱河，下游经河北旧饶阳县东流入海），下入泒水（上游即
今沙河，下游经今旧饶阳北，循大清河至天津入海）。其源在旧饶阳县，其委在今沧
县。
③ 泉州渠，因渠道南起泉州县（河北武清西北）境，故名。渠水上承潞河，即今天津市区
一带的海河，下入鲍丘水，合口处在今宝坻县境内。
④ 复，免去徭役租税。

必不能任备,劝公行。夏五月,至无终。① 秋七月,大水,傍海道不通,田畴请为乡导,②公从之。引军出卢龙塞,③塞外道绝不通,乃堑山堙谷④五百余里,经白檀,⑤历平冈,⑥涉鲜卑庭,东指柳城。⑦ 未至二百里,虏乃知之。尚、熙与蹋顿、辽西单于楼班、右北平单于能臣抵之⑧等将数万骑逆军。八月,登白狼山,⑨卒⑩与虏遇,众甚盛。公车重⑪在后,被甲者少,左右皆惧。公登高,望虏陈不整,乃纵兵击之,使张辽为先锋,虏众大崩,斩蹋顿及名王已下,胡、汉降者二十余万口。辽东单于速仆丸及辽西、北平诸豪,弃其种人,与尚、熙奔辽东,众尚有数千骑。初,辽东太守公孙康恃远不服。及公破乌丸,或说公遂征之,尚兄弟可禽也。公曰:"吾方使康斩送尚、熙首,不烦兵矣。"九月,公引兵自柳城还,〔一〕康即斩尚、熙及速仆丸等,传其首。诸将或问:"公还而康斩送尚、熙,何也?"公曰:"彼素畏尚等,吾急之则并力,缓之则自相图,其势然也。"十一月至易水,⑫代郡乌丸行单于普富卢、上郡乌丸行单于那楼将其名王来贺。

　　〔一〕《曹瞒传》曰:时寒且旱,二百里无复水,军又乏食,杀马数千匹以为粮,凿地入三
　　　　十余丈乃得水。既还,科问前谏者,众莫知其故,人人皆惧。公皆厚赏之,曰:

---

① 无终故城址在今河北蓟县。
② 乡导之"乡"通向。
③ 卢龙塞在今河北省喜峰口一带,土色黑,山形似龙,故名卢龙。古时有塞道,自今蓟县东北,经遵化,循滦河(古名濡水)河谷出塞,折东趋大凌河流域,是从河北平原通向东北塞外的一条交通要道。
④ 堑,音欠(qiàn),挖掘。堙,音因(yīn),塞。
⑤ 白檀故城址在今河北承德市西南,古北口东北一百四十里。
⑥ 平冈在今河北卢龙县东北四百里辽宁境内哈喇沁左旗。
⑦ 柳城在今辽宁锦州市之西,朝阳之南。
⑧ 钱大昕曰:"以《乌丸鲜卑传》考之,右北平单于乃乌延,非能臣抵之,其名能臣氏者,则代郡乌丸,非右北平也。"(《廿二史考异》卷十五)
⑨ 白狼山在今辽宁哈喇沁左旗东三十里。
⑩ 卒,读猝。
⑪ 车重即辎重。
⑫ 易水源出河北易县西,东流至定兴县西南,合于拒马河。

“孤前行，乘危以徼幸，虽得之，天所佐也，故不可以为常。诸君之谏，万安之计，是以相赏，后勿难言之。”

十三年春正月，公还邺，作玄武池以肄舟师。〔一〕汉罢三公官，置丞相、御史大夫。夏六月，以公为丞相。〔二〕①

〔一〕肄，以四反。《三苍》曰：“肄，习也。”

〔二〕《献帝起居注》曰：使太常徐璆即授印绶。御史大夫不领中丞，置长史一人。

《先贤行状》曰：“璆字〔孟平〕〔孟玉〕，广陵人。少履清爽，立朝正色。历任城、汝南、东海三郡，所在化行。被征当还，为袁术所劫。术僭号，欲授以上公之位，璆终不为屈。术死后，璆得术玺，致之汉朝，拜卫尉太常；公为丞相，以位让璆焉。

秋七月，公南征刘表。八月，表卒，其子琮代，屯襄阳，②刘备屯樊。③　九月，公到新野，④琮遂降，备走夏口。⑤　公进军江陵，⑥下令荆州吏民，与之更始。乃论荆州服从之功，侯者十五人，以刘表大将文聘为江夏太守，使统本兵，引用荆州名士韩嵩、邓义等。〔一〕益州牧刘璋始受征役，遣兵给军。十二月，孙权为备攻合肥。公自江陵征备，至巴丘，⑦遣张憙救合肥。权闻憙至，乃走。公至赤壁，⑧与备战，不利。于是大疫，吏士多死者，乃引军还。备遂有荆州江南诸郡。〔二〕

〔一〕卫恒《四体书势序》曰：上谷王次仲善隶书，始为楷法。至灵帝好书，世多能者。而师宜官为最，甚矜其能，每书，辄削焚其札。梁鹄乃益为版而饮之酒，候其醉而窃其札，

---

① 西汉初，以丞相、御史大夫、太尉为三公，哀帝时，以大司马、大司徒、大司空为三公，东汉以来，以太尉、司徒、司空为三公。东汉虽置三公，而政权归于尚书，今罢三公官，复置丞相、御史大夫，而曹操为丞相，遂总揽朝权。

② 襄阳，今湖北襄阳。

③ 樊，在襄阳北，与襄阳隔汉水相对，今湖北襄樊市。

④ 新野故城址在今河南新野县南。

⑤ 夏口，今湖北汉口，汉水入长江处。汉水始出嶓冢曰漾，南流为沔，襄阳以下曰夏，故入江处称夏口。

⑥ 江陵，今湖北江陵，当时南郡治此县。

⑦ 巴丘，今湖南岳阳市。

⑧ 赤壁山在今湖北旧嘉鱼县，长江南岸，当时曹操自巴丘（岳阳）沿江东北行进军，攻孙权、刘备，周瑜自夏口（汉口）溯江西南行抗击曹军，故会战于嘉鱼之赤壁山。唐杜牧作《齐安郡晚秋》诗，宋苏轼作《赤壁赋》，皆以黄州（今湖北黄冈）之赤壁山为孙、曹会战处，是偶然的疏误。

鹄卒以攻书至选部尚书。于是公欲为洛阳令,鹄以为北部尉。鹄后依刘表。及荆州平,公募求鹄,鹄惧,自缚诣门,署军假司马,使在秘书,以(勤)〔勒〕书自效。公尝悬著帐中,及以钉壁玩之,谓胜宜官。鹄字孟黄,安定人。魏宫殿题署,皆鹄书也。

皇甫谧《逸士传》曰:汝南王儁,字子文,少为范滂、许章所识,与南阳岑晊善。公之为布衣,特爱儁,儁亦称公有治世之具。及袁绍与弟术丧母,归葬汝南,儁与公会之,会者三万人。公于外密语儁曰:"天下将乱,为乱魁者必此二人也。欲济天下,为百姓请命,不先诛此二子,乱今作矣。"儁曰:"如卿之言,济天下者,舍卿复谁?"相对而笑。儁为人外静而内明,不应州郡三府之命。公车征,不到,避地居武陵,归儁者一百余家。帝之都许,复征为尚书,又不就。刘表见绍强,阴与绍通,儁谓表曰:"曹公,天下之雄也,必能兴霸道,继桓、文之功者也。今乃释近而就远,如有一朝之急,遥望漠北之救,不亦难乎!"表不从。儁年六十四,以寿终于武陵,公闻而哀伤。及平荆州,自临江迎丧,改葬于江陵,表为先贤也。

〔二〕《山阳公载记》曰:公船舰为备所烧,引军从华容道步归,遇泥泞,道不通,天又大风,悉使羸兵负草填之,骑乃得过。羸兵为人马所蹈藉,陷泥中,死者甚众。军既得出,公大喜,诸将问之。公曰:"刘备,吾俦也。但得计少晚;向使早放火,吾徒无类矣。"备寻亦放火而无所及。

孙盛《异同评》曰:按《吴志》,刘备先破公军,然后权攻合肥,而此记云权先攻合肥,后有赤壁之事。二者不同,《吴志》为是。

十四年春三月,军至谯,作轻舟,治水军。秋七月,自涡①入淮,出肥水,②军合肥。③辛未,令曰:"自顷已来,军数征行,或遇疫气,吏士死亡不归,家室怨旷,百姓流离,而仁者岂乐之哉?不得已也。其令死者家无基业不能自存者,县官勿绝廪,④长吏存恤抚循,以称吾意。"置扬州郡县长吏,开

① 涡水,源出河南尉氏县,东南流至安徽怀远县入淮水。
② 肥水,源出安徽合肥市紫蓬山,北流二十里分为二,一东流入巢湖,一北流至寿县入淮。
③ 合肥故城址在今安徽合肥市东北。
④ 廪,给也。

芍陂①屯田。十二月,军还谯。

十五年春,下令曰:"自古受命及中兴之君,曷尝不得贤人君子与之共治天下者乎! 及其得贤也,曾不出闾巷,岂幸相遇哉? 上之人不求之耳。今天下尚未定,此特求贤之急时也。'孟公绰为赵、魏老则优,不可以为滕、薛大夫'。② 若必廉士而后可用,则齐桓其何以霸世! 今天下得无有被褐怀玉而钓于渭滨者乎?③ 又得无盗嫂受金而未遇无知者乎?④ 二三子其佐我明扬仄陋,⑤唯才是举,吾得而用之。"冬,作铜雀台。〔一〕⑥

〔一〕《魏武故事》载公十二月己亥令曰:"孤始举孝廉,年少,自以本非岩穴知名之士,恐为海内人之所见凡愚,欲为一郡守,好作政教以建立名誉,使世士明知之;故在济南,始除残去秽,平心选举,违迕诸常侍。以为强豪所忿,恐致家祸,故以病还。去官之后,年纪尚少,顾视同岁中,年有五十,未名为老,内自图之,从此却去二十年,待天下清,乃与同岁中始举者等耳。故以四时归乡里,于谯东五十里筑精舍,欲秋夏读书,冬春射猎,求底下之地,欲以泥水自蔽,绝宾客往来之望,然不能得如意。后征为都尉,迁典军校尉,意遂更欲为国家讨贼立功,欲望封侯

---

① 芍陂,在今安徽寿县南,因淠水经白芍亭东与附近诸水积而成湖,故名。春秋时楚相孙叔敖所创建,周围一百多里,灌溉附近万顷良田,以后历代时常修治,为古代淮南著名水利。今安丰塘即其遗址。

② "孟公绰为赵、魏老则优,不可以为滕、薛大夫。"这是孔子的话,见于《论语·宪问》篇。孟公绰是鲁国的大夫。赵、魏,晋卿之家;老,是家臣之长。优,有余也。滕、薛,二小国名;大夫,任国政者。赵、魏二卿的家臣之长,望尊事简,滕、薛虽小国,而大夫任重事繁,孟公绰大概是廉静寡欲而短于才者,所以作赵、魏老则有余,而作滕、薛大夫则不可。这是说人之才各有所长。

③ "被褐怀玉",见于《老子》。褐是毛布,古时贫贱者所穿的。此处用"被褐怀玉"比喻贫贱而有真实才能的人。"钓于渭滨者"指吕尚。吕尚钓于渭滨,周文王求贤得之,后吕尚佐周灭商。

④ "盗嫂受金而未遇无知"是陈平的故事。陈平因魏无知的引荐而见刘邦,刘邦命他为都尉,典护诸将。后来周勃、灌婴等谗毁陈平,说他家居盗嫂,为都尉又受诸将的贿赂。刘邦责备魏无知,魏无知说:"楚、汉相争,我推荐奇谋之士,主要的是看他是否对国家有利,至于盗嫂、受金,又算什么呢?"(《史记·陈丞相世家》)

⑤ 《尚书·尧典》:"明明扬仄陋。"明明,察。扬,举。仄同侧。

⑥ 铜雀台高十丈,有屋一百间,铸大铜雀,高一丈五尺,置之楼顶。遗址在临漳县西

作征西将军,然后题墓道言"汉故征西将军曹侯之墓",此其志也。而遭值董卓之难,兴举义兵。是时合兵能多得耳,然常自损,不欲多之;所以然者,多兵意盛,与强敌争,倘更为祸始。故汴水之战数千,后还到扬州更募,亦复不过三千人,此其本志有限也。后领兖州,破降黄巾三十万众。又袁术僭号于九江,下皆称臣,名门曰建号门,衣被皆为天子之制,两妇预争为皇后。志计已定,人有劝术使遂即帝位,露布天下,答言"曹公尚在,未可也"。后孤讨禽其四将,获其人众,遂使术穷亡解沮,发病而死。及至袁绍据河北,兵势强盛,孤自度势,实不敌之,但计投死为国,以义灭身,足垂于后。幸而破绍,枭其二子。又刘表自以为宗室,包藏奸心,乍前乍却,以观世事,据有当州,孤复定之,遂平天下。身为宰相,人臣之贵已极,意望已过矣。今孤言此,若为自大,欲人言尽,故无讳耳。设使国家无有孤,不知当几人称帝,几人称王。或者人见孤强盛,又性不信天命之事,恐私心相评,言有不逊之志,妄相忖度,每用耿耿。齐桓、晋文所以垂称至今日者,以其兵势广大,犹能奉事周室也。《论语》云"三分天下有其二,以服事殷,周之德可谓至德矣",夫能以大事小也。昔乐毅走赵,赵王欲与之图燕,乐毅伏而垂泣,对曰:"臣事昭王,犹事大王;臣若获戾,放在他国,没世然后已,不忍谋赵之徒隶,况燕后嗣乎!"胡亥之杀蒙恬也,恬曰:"自吾先人及至子孙,积信于秦三世矣;今臣将兵三十余万,其势足以背叛,然自知必死而守义者,不敢辱先人之教以忘先王也。"孤每读此二人书,未尝不怆然流涕也。孤祖父以至孤身,皆当亲重之任,可谓见信者矣,以及(子植)〔子桓〕兄弟,过于三世矣。孤非徒对诸君说此也,常以语妻妾,皆令深知此意。孤谓之言:"顾我万年之后,汝曹皆当出嫁,欲令传道我心,使他人皆知之。"孤此言皆肝鬲之要也。所以勤勤恳恳叙心腹者,见周公有《金縢》之书以自明,恐人不信之故。然欲孤便尔委捐所典兵众以还执事,归就武平侯国,实不可也。何者? 诚恐己离兵为人所祸也。既为子孙计,又己败则国家倾危,是以不得慕虚名而处实祸,此所不得为也。前朝恩封三子为侯,固辞不受,今更欲受之,非欲复以为荣,欲以为外援,为万安计。孤闻介推之避晋封,申胥之逃楚赏,未尝不舍书而叹,有以自省也。奉国威灵,仗钺征伐,推弱以克强,处小而禽大,意之所图,动无违事,心之所虑,何向不济,遂荡平天下,不辱主命,可谓天助汉室,非人力也。然封兼四县,食户三万,何德堪之! 江湖未静,不可让位;至于邑土,可得而辞。今上还阳夏、柘、苦三县户二万,但食武平万户,且以分损谤议,少减孤之责也。"

十六年春正月,〔一〕天子命公世子丕为五官中郎将,置官属,为丞相副。①太原商曜等以大陵叛,遣夏侯渊、徐晃围破之。张鲁据汉中,三月,遣钟繇讨之。公使渊等出河东与繇会。

〔一〕《魏书》曰:庚辰,天子报:减户五千,分所让三县万五千封三子,植为平原侯,据为范阳侯,豹为饶阳侯,食邑各五千户。

是时关中诸将疑繇欲自袭,马超遂与韩遂、杨秋、李堪、成宜等叛。遣曹仁讨之。超等屯潼关,公敕诸将:"关西兵精悍,坚壁勿与战。"秋七月,公西征,〔一〕与超等夹关而军。公急持之,而潜遣徐晃、朱灵等夜渡蒲阪津,②据河西为营。公自潼关北渡,未济,超赴船急战。校尉丁斐因放牛马以饵贼,贼乱取牛马,公乃得渡,〔二〕循河为甬道而南。贼退,拒渭口,③公乃多设疑兵,潜以舟载兵入渭,为浮桥,夜,分兵结营于渭南。贼夜攻营,伏兵击破之。超等屯渭南,遣信④求割河以西请和,公不许。九月,进军渡渭。〔三〕超等数挑战,又不许;固请割地,求送任子,公用贾诩计,伪许之。韩遂请与公相见,公与遂父同岁孝廉,又与遂同时侪辈,于是交马语移时,不及军事,但说京都旧故,拊手欢笑。既罢,超等问遂:"公何言?"遂曰:"无所言也。"超等疑之。〔四〕他日,公又与遂书,多所点窜,如遂改定者;超等愈疑遂。公乃与克日会战,先以轻兵挑之,战良久,乃纵虎骑夹击,大破之,斩成宜、李堪等。遂、超等走凉州,杨秋奔安定,关中平。诸将或问公曰:"初,贼守潼关,渭北道缺,⑤不从河东击冯翊⑥而反守潼关,引日而后北渡,何也?"公曰:"贼守潼关,若吾入河

---

① 汉五官中郎将主管五官郎,属光禄勋,不置官属。这时曹丕为五官中郎将,置官属,并为丞相副,表示加重荣宠,提高政治地位。

② 蒲阪故城址在今山西永济县东南,蒲阪津即是蒲阪西的黄河渡口。

③ 渭口是渭水入黄河之处。

④ 信是使者的意思,不是如后来所谓"书信",中古时文中多如此用法(顾炎武《日知录》卷三十二"信"条)。

⑤ 缺谓缺而不备。

⑥ 冯翊(冯读凭),汉时所谓"三辅"之一。冯翊所辖境在今陕西渭水以北地区的东南部,治高陵,今陕西旧高陵县。

东,贼必引守诸津,则西河①未可渡,吾故盛兵向潼关;贼悉众南守,西河之备虚,故二将得擅取西河;然后引军北渡,贼不能与吾争西河者,以有二将之军也。连车树栅,为甬道而南,〔五〕既为不可胜,且以示弱。渡渭为坚垒,虏至不出,所以骄之也;故贼不为营垒而求割地。吾顺言许之,所以从其意,使自安而不为备,因畜士卒之力,一旦击之,所谓疾雷不及掩耳,兵之变化,固非一道也。"始,贼每一部到,公辄有喜色。贼破之后,诸将问其故。公答曰:"关中长远,若贼各依险阻,征之,不一二年不可定也。今皆来集,其众虽多,莫相归服,军无适②主,一举可灭,为功差易,吾是以喜。"

〔一〕《魏书》曰:议者多言"关西兵强,习长矛,非精选前锋,则不可以当也"。公谓诸将曰:"战在我,非在贼也。贼虽习长矛,将使不得以刺,诸君但观之耳。"

〔二〕《曹瞒传》曰:公将过河,前队适渡,超等奄至,公犹坐胡床不起。张郃等见事急,共引公入船。河水急,比渡,流四五里,超等骑追射之,矢下如雨。诸将见军败,不知公所在,皆惶惧。至见,乃悲喜,或流涕。公大笑曰:"今日几为小贼所困乎!"

〔三〕《曹瞒传》曰:时公军每渡渭,辄为超骑所冲突,营不得立,地又多沙,不可筑垒。娄子伯说公曰:"今天寒,可起沙为城,以水灌之,可一夜而成。"公从之,乃多作缣囊以运水,夜渡兵作城,比明,城立,由是公军尽得渡渭。或疑于时九月,水未应冻。臣松之按《魏书》:公军八月至潼关,闰月北渡河,则其年闰八月也,至此容可大寒邪!

〔四〕《魏书》曰:公后日复与遂等会语,诸将曰:"公与虏交语,不宜轻脱,可为木行马以为防遏。"公然之。贼将见公,悉于马上拜,秦、胡观者,前后重沓,公笑谓贼曰:"汝欲观曹公邪?亦犹人也,非有四目两口,但多智耳!"胡前后大观。又列铁骑五千为十重阵,精光耀日,贼益震惧。

〔五〕臣松之案:汉高祖二年,与楚战荥阳京、索之间,筑甬道属河以取敖仓粟。应劭曰:"恐敌钞辎重,故筑垣墙如街巷也。"今魏武不筑垣墙,但连车树栅以扞两面。

---

① 西河,指今山西与陕西间自北向南流的一段黄河。
② 適,读嫡,专主。

冬十月,军自长安北征杨秋,围安定。① 秋降,复其爵位,使留抚其民人。〔一〕十二月,自安定还,留夏侯渊屯长安。

〔一〕《魏略》曰:杨秋,黄初中迁讨寇将军,位特进,封临泾侯,以寿终。

十七年春正月,公还邺。天子命公赞拜不名,入朝不趋,剑履上殿,如萧何故事。马超余众梁兴等屯蓝田,使夏侯渊击平之。割河内之荡阴、朝歌、林虑,东郡之卫国、顿丘、东武阳、发干,巨鹿之廮陶、曲周、南和,广平之任城,②赵之襄国、邯郸、易阳以益魏郡。

冬十月,公征孙权。

十八年春正月,进军濡须口,③攻破权江西营,获权都督公孙阳,乃引军还。诏书并十四州,复为九州④。夏四月,至邺。

五月丙申,天子使御史大夫郗⑤虑持节策命公为魏公〔一〕曰:

朕以不德,少遭闵凶,越在西土,迁于唐、卫。⑥ 当此之时,若缀旒然,〔二〕宗庙乏祀,社稷无位;群凶觊觎,分裂诸夏,率土之民,朕无获焉,即我高祖之命将坠于地。朕用夙兴假寐,震悼于厥心,曰“惟祖惟父,股肱先正,〔三〕其孰能恤朕躬”?乃诱天衷,诞育丞相,保乂⑦我皇家,弘济于艰难,朕实赖之。今将授君典礼,其敬听朕命。

昔者董卓初兴国难,群后⑧释位以谋王室,〔四〕君则摄进,首启戎行,此

---

① 汉安定郡治临泾县,故城址在今甘肃镇原县南五十里。
② 钱大昕曰:“疑广平下衍一‘之’字。任城盖亦衍一‘城’字。”(《廿二史考异》卷十五)
③ 濡须水在今安徽境,源出巢湖,东南流,经无为县,东入长江。
④ 十四州,指司、豫、冀、兖、徐、青、荆、扬、益、凉、雍、并、幽、交。复为九州,是省幽州、并州,以其郡国并于冀州,省司隶校尉及凉州,以其郡国并于雍州,省交州,并入荆州、益州,于是有兖、豫、青、徐、荆、扬、冀、益、雍九州。这一次省并,冀州地区特别扩大,曹操为冀州牧,增强了他的势力。
⑤ 郗,音蚩。
⑥ 汉献帝被董卓逼迫,迁于长安,后关中大乱,献帝东出,渡黄河,至安邑、闻喜,又至洛阳。安邑、闻喜在河东,河东乃古唐国地,自闻喜入洛阳,必经河内,河内为古卫国地,故曰:“迁于唐卫。”
⑦ 乂,治。
⑧ 古称君主为后。群后谓诸侯,指当时的州牧、郡守。

君之忠于本朝也。后乃黄巾反易天常，侵我三州，延及平民，君又翦之以宁东夏，此又君之功也。韩暹、杨奉专用威命，君则致讨，克黜其难，遂迁许都，造我京畿，设官兆祀，①不失旧物，天地鬼神于是获乂，此又君之功也。袁术僭逆，肆于淮南，慑惮君灵，用丕显谋，②蕲阳之役，桥蕤授首，棱威南迈，术以陨溃，此又君之功也。回戈东征，吕布就戮，乘辕将返，张杨殂毙，眭固伏罪，张绣稽服，此又君之功也。袁绍逆乱天常，谋危社稷，凭恃其众，称兵内侮，当此之时，王师寡弱，天下寒心，莫有固志，君执大节，精贯白日，奋其武怒，运其神策，致届官渡，大歼丑类，〔五〕俾我国家拯于危坠，此又君之功也。济师洪河，拓定四州，袁谭、高幹，咸枭其首，海盗奔迸，黑山顺轨，此又君之功也。乌丸三种，崇乱二世，袁尚因之，逼据塞北，束马县车，③一征而灭，此又君之功也。刘表背诞，④不供贡职，王师首路，威风先逝，百城八郡，交臂屈膝，⑤此又君之功也。马超、成宜，同恶相济，滨据河、潼，求逞所欲，殄之渭南，献馘万计，遂定边境，抚和戎狄，此又君之功也。鲜卑、丁零，重译而至，（单于）〔箪于〕白屋，⑥请吏率职，此又君之功也。君有定天下之功，重之以明德，班叙海内，宣美风俗，旁施勤教，恤慎刑狱，吏无苛政，民无怀慝；敦崇帝族，表继绝世，旧德前功，罔不咸秩；虽伊尹格于皇天，⑦周公光于四海，方之蔑如也。

朕闻先王并建明德，胙之以土，分之以民，崇其宠章，备其礼物，所以藩卫王室，左右厥世也。其在周城，管、蔡不静，惩难念功，乃使邵康

---

① 兆祀，为坛域以祭祀。
② 丕，大。显，明。
③ 束马悬车。县，古悬字。此语见《管子·封禅》篇，言登山的困难，缠束其马，钩悬其车。
④ 诞，欺。
⑤ 交臂屈膝，谓来降时自缚拜。
⑥ 原作"单于白屋"，"单"是误字，应从《文选》李善注校改为"箪于、白屋"。箪于（箪音闭）、白屋，皆北方少数民族名。箪于即后世之契丹，白屋即后世之鞑鞨。
⑦ 《尚书·君奭》："时则有若伊尹，格于皇天。"格，至；言伊尹之德高至于天。

公赐齐太公履,①东至于海,西至于河,南至于穆陵,②北至于无棣,③五
侯九伯,实得征之,世祚太师,以表东海,爰及襄王,亦有楚人不供王职,
又命晋文登为侯伯,锡以二辂、虎贲、铁钺、秬鬯、弓矢,④大启南阳,⑤世
作盟主。故周室之不坏,繄⑥二国是赖。今君称丕显德,明保朕躬,奉答
天命,导扬弘烈,绥爰九域,莫不率俾,〔六〕功高于伊、周,而赏卑于齐、晋,
朕甚恧焉。朕以眇眇之身,托于兆民之上,永思厥艰,若涉渊冰,非君攸
济,朕无任焉。今以冀州之河东、河内、魏郡、赵国、中山、常山、巨鹿、安
平、甘陵、平原凡十郡,封君为魏公。锡君玄土,苴以白茅,爰契尔龟,用
建冢社。⑦ 昔在周室,毕公、毛公入为卿佐,周、邵师保出为二伯,外内之
任,君实宜之。其以丞相领冀州牧如故。又加君九锡,其敬听朕命。以
君经纬礼律,为民轨仪,使安职业,无或迁志,是用锡君大辂、戎辂各一,
玄牡二驷。君劝分务本,稼人昏作,〔七〕粟帛滞积,大业惟兴,是用锡君衮
冕之服,赤舄副焉。⑧ 君敦尚谦让,俾民兴行,少长有礼,上下咸和,是用
锡君轩县之乐,六佾之舞。⑨ 君翼宣风化,爰发四方,远人革面,华夏充

---

① 履谓所践履之界。
② 穆陵在今山东临朐县东南一百五里,即后世所谓大岘关,是险要之地。
③ 无棣,在今河北盐山、庆云及山东无棣诸县境。
④ 《左传》僖公二十八年:"五月,晋侯献楚俘于王。王策命晋侯为侯伯,赐之以大辂之
  服、戎辂之服,彤弓一、彤矢百,旅弓矢千,秬鬯一卣,虎贲三百人。"辂,音路,车,大
  辂,金辂;戎辂,兵车。二辂各有服。彤弓是赤弓;旅(音卢)弓是黑弓。弓一矢百,则
  弓十矢千。诸侯赐弓矢然后得专征伐。秬,黑黍;鬯,音畅,香酒,所以降神。卣,音
  酉,器名。虎贲,勇士。
⑤ 《左传》僖公二十五年:"晋侯朝王。王与之阳樊、温、原、攒茅之田,晋于是始启南
  阳。"南阳指今河南省太行山南黄河以北地区。
⑥ 繄,发声语辞。
⑦ 周时封建诸侯,各以其方之土,苴(包裹也)以白茅,赐之以为社。汉献帝封曹操为魏
  公,魏在北方,故用玄(黑色,北方色)土。契,灼。灼龟以卜,用立冢(大)社。
⑧ 衮,卷龙衣。舄,履。赤舄,古时人君所服。
⑨ 周代乐县(古悬字)之位,天子宫县,诸侯轩县。宫县,四面悬,轩县,去其一面。佾,
  音逸,舞的行列。周代舞佾之数,天子八,诸侯六。八佾,八八六十四人,六佾,六六
  三十六人。

实,是用锡君朱户①以居。君研其明哲,思帝所难,官才任贤,群善必举,是用锡君纳陛②以登。君秉国之钧,正色处中,纤毫之恶,靡不抑退,是用锡君虎贲之士三百人。君纠虔天刑,章厥有罪,〔八〕犯关干纪,莫不诛殛,是用锡君铁钺各一。君龙骧虎视,旁眺八维,掩讨逆节,折冲四海,是用锡君彤弓一,彤矢百,玈弓十,玈矢千。君以温恭为基,孝友为德,明允笃诚,感于朕思,是用锡君秬鬯一卣,珪瓒③副焉。魏国置丞相已下群卿百寮,皆如汉初诸侯王之制。往钦哉!敬服朕命,简恤尔众,时亮庶功,用终尔显德,对扬我高祖之休命。〔九〕

〔一〕《续汉书》曰:虑字鸿豫,山阳高平人。少受业于郑玄,建安初为侍中。

　　虞溥《江表传》曰:献帝尝特见虑及少府孔融,问融曰:“鸿豫何所优长?”融曰:“可与适道,未可与权。”虑举笏曰:“融昔宰北海,政散民流,其权安在也!”遂与融互相长短,以至不睦。公以书和解之。虑从光禄勋迁为大夫。

〔二〕《公羊传》曰:“君若赘旒然。”何休云:“赘犹缀也。旒,旌旒也。以旒譬者,言为下所执持东西也。”

〔三〕《文侯之命》曰:“亦惟先正。”郑玄云:“先正,先臣,谓公卿大夫也。”

〔四〕《左氏传》曰:“诸侯释位以间王政。”服虔曰:“言诸侯释其私政而佐王室。”

〔五〕《诗》曰:“致天之届,于牧之野。”郑玄云:“届,极也。”

　　《鸿范》曰:“鲧则殛死。”

〔六〕《盘庚》曰:“绥爰有众。”郑玄曰:“爰,于也,安隐于其众也。”

　　《君奭》曰:“海隅出日,罔不率俾。”率,循也。俾,使也。四海之隅,日出所照,无不循度而可使也。

〔七〕《盘庚》曰:“堕农自安,不昏作劳。”郑玄云:“昏,勉也。”

〔八〕“纠虔天刑”语出《国语》,韦昭注曰:“纠,察也。虔,敬也。刑,法也。”

〔九〕后汉尚书左丞潘勖之辞也。勖字元茂,陈留中牟人。

　　《魏书》载公令曰:“夫受九锡,广开土宇,周公其人也。汉之异姓八王者,与高祖俱

---

① 朱户,赤户;天子之礼。
② 纳陛,将金殿檐下的殿基凿成台阶,以便升降。
③ 瓒,勺。珪瓒是以珪为瓒柄。

起布衣,创定王业,其功至大,吾何可比之?"前后三让。于是中军师(王)陵树亭侯荀攸、前军师东武亭侯钟繇、左军师凉茂、右军师毛玠、平虏将军华乡侯刘勋、建武将军清苑亭侯刘若、伏波将军高安侯夏侯惇、扬武将军都亭侯王忠、奋威将军乐乡侯刘展、建忠将军昌乡亭侯鲜于辅、奋武将军安国亭侯程昱、太中大夫都乡侯贾诩、军师祭酒千秋亭侯董昭、都亭侯薛洪、南乡亭侯董蒙、关内侯王粲、傅巽、祭酒王选、袁涣、王朗、张承、任藩、杜袭、中护军国明亭侯曹洪、中领军万岁亭侯韩浩、行骁骑将军安平亭侯曹仁、领护军将军王图、长史万潜、谢奂、袁霸等劝进曰:"自古三代,胙臣以土,受命中兴,封秩辅佐,皆所以褒功赏德,为国藩卫也。往者天下崩乱,群凶豪起,颠越跋扈之险,不可忍言。明公奋身出命以徇其难,诛二袁篡盗之逆,灭黄巾贼乱之类,殄夷首逆,芟拨荒秽,沐浴霜露二十余年,书契已来,未有若此功者。昔周公承文、武之迹,受已成之业,高枕墨笔,拱揖群后,商、奄之勤,不过二年,吕望因三分有二之形,据八百诸侯之势,暂把旄钺,一时指麾,然皆大启土宇,跨州兼国。周公八子,并为侯伯,白牡骍刚,郊祀天地,典策备物,拟则王室,荣章宠盛如此之弘也。逮至汉兴,佐命之臣,张耳、吴芮,其功至薄,亦连城开地,南面称孤。此皆明君达主行之于上,贤臣圣宰受之于下,三代令典,汉帝明制。今比劳则周、吕逸,计功则张、吴微,论制则齐、鲁重,言地则长沙多;然则魏国之封,九锡之荣,况于旧赏,犹怀玉而被褐也。且列侯诸将,幸攀龙骥,得窃微劳,佩紫怀黄,盖以百数,亦将因此传之万世,而明公独辞赏于上,将使其下怀不自安,上违圣朝欢心,下失冠带至望,忘辅弼之大业,信匹夫之细行,攸等所大惧也。"于是公敕外为章,但受魏郡。攸等复曰:"伏见魏国初封,圣朝发虑,稽谋群寮,然后策命;而明公久违上指,不即大礼。今既虔奉诏命,副顺众望,又欲辞多当少,让九受一,是犹汉朝之赏不行,而攸等之请未许也。昔齐、鲁之封,奄有东海,疆域井赋,四百万家,基隆业广,易以立功,故能成翼戴之勋,立一匡之绩。今魏国虽有十郡之名,犹减于曲阜,计其户数,不能参半,以藩卫王室,立垣树屏,犹未足也。且圣上览亡秦无辅之祸,惩曩日震荡之艰,托建忠贤,废坠是为,愿明公恭承帝命,无或拒违。"公乃受命。

《魏略》载公上书谢曰:"臣蒙先帝厚恩,致位郎署,受性疲怠,意望毕足,非敢希望高位,庶几显达。会董卓作乱,义当死难,故敢奋身出命,摧锋率众,遂值千载之运,奉役目下。当二袁炎沸侵侮之际,陛下与臣寒心同忧,顾瞻京师,进受猛敌,常恐君臣俱陷虎口,诚不自意能全首领。赖祖宗灵祐,丑类夷灭,得使微臣窃名其间。陛下加恩,授以上相,封爵宠禄,丰大弘厚,生平之愿,实不望也。口与心计,幸且待罪,保持列侯,遗付子孙,自托圣世,永无忧责。不意陛下乃发盛意,开国备锡,以贶愚臣,地比齐、鲁,礼同藩王,非臣无功所宜膺据。归情上闻,不蒙听许,严诏切至,诚使臣心俯仰逼迫。伏自惟省,列在大臣,命制王安,身非己有,岂敢自私,遂其愚意,亦将黜退,令就初服。今奉疆土,备数藩翰,非敢远期,虑有后世;至于父子相誓终身,灰躯尽命,报塞厚恩。天威在颜,悚惧受诏。"

秋七月,始建魏社稷宗庙。天子聘公三女为贵人,少者待年于国。〔一〕九月,作金虎台,①凿渠引漳水入白沟以通河。冬十月,分魏郡为东西部,置都尉。② 十一月,初置尚书、侍中、六卿。〔二〕③

〔一〕《献帝起居注》曰:使使持节行太常大司农安阳亭侯王邑,赍璧、帛、玄纁、绢五万匹之邺纳聘,介者五人,皆以议郎行大夫事,副介一人。

〔二〕《魏氏春秋》曰:以荀攸为尚书令,凉茂为仆射,毛玠、崔琰、常林、徐奕、何夔为尚书,王粲、杜袭、卫觊、和洽为侍中。

马超在汉阳,复因羌、胡为害,氐王千万叛应超,屯兴国。使夏侯渊讨之。

十九年春正月,始耕籍田。南安赵衢、汉阳尹奉等讨超,枭其妻子,超奔汉中。韩遂徙金城,入氐王千万部,率羌、胡万余骑与夏侯渊战,击,大破之,遂走西平。渊与诸将攻兴国,屠之。省安东、永阳郡。

安定太守毌丘兴④将之官,公戒之曰:"羌、胡欲与中国通,自当遣人来,慎勿遣人往。善人难得,必将教羌、胡妄有所请求,因欲以自利;不从便为失异俗意,从之则无益事。"兴至,遣校尉范陵至羌中,陵果教羌,使自请为属国

---

① 金虎台高八丈,有屋一百零九间,在铜雀台南,相去六十步。后曹操又于铜雀台北作冰井台,总称三台。

② 建安十七年(二一二年),割河内、东郡、巨鹿、赵国所属诸县以增广魏郡,地既广大,所以分为东西部。都尉分县治民,职如太守。

③ 此魏国所置之官,故曰初置。

④ 毌,音贯。毌丘,复姓。

都尉。公曰:"吾预知当尔,非圣也,但更事多耳。"〔一〕

〔一〕《献帝起居注》曰:使行太常事大司农安阳亭侯王邑与宗正刘艾,皆持节,介者五人,赍束帛驷马,及给事黄门侍郎,掖庭丞、中常侍二人,迎二贵人于魏公国。二月癸亥,又于魏公宗庙授二贵人印绶。甲子,诣魏公宫延秋门,迎贵人升车。魏遣郎中令、少府、博士、御府乘黄厩令、丞相掾属侍送贵人。癸酉,二贵人至涧仓中,遣侍中丹将冗从虎贲前后骆驿往迎之。乙亥,二贵人入宫,御史大夫、中二千石将大夫、议郎会殿中,魏国二卿及侍中、中郎二人,与汉公卿并升殿宴。

三月,天子使魏公位在诸侯王上,改授金玺、赤绂、远游冠。〔一〕①

〔一〕《献帝起居注》曰:使左中郎将杨宣、亭侯裴茂持节、印授之。

秋七月,公征孙权。〔一〕

〔一〕《九州春秋》曰:参军傅幹谏曰:"治天下之大具有二,文与武也;用武则先威,用文则先德,威德足以相济,而后王道备矣。往者天下大乱,上下失序,明公用武攘之,十平其九。今未承王命者,吴与蜀也,吴有长江之险,蜀有崇山之阻,难以威服,易以德怀。愚以为可且按甲寝兵,息军养士,分土定封,论功行赏,若此则内外之心固,有功者劝,而天下知制矣。然后渐兴学校,以导其善性而长其义节。公神武震于四海,若修文以济之,则普天之下,无思不服矣。今举十万之众,顿之长江之滨,若贼负固深藏,则士马不能逞其能,奇变无所用其权,则大威有屈而敌心未能服矣。唯明公思虞舜舞干戚之义,全威养德,以道制胜。"公不从,军遂无功。幹字彦材,北地人,终于丞相仓曹属。有子曰玄。

初,陇西宋建自称河首平汉王,聚众枹罕,改元,置百官,三十余年。遣夏侯渊自兴国讨之。冬十月,屠枹罕,斩建,凉州平。

公自合肥还。

十一月,汉皇后伏氏坐昔与父故屯骑校尉完书,云帝以董承被诛,怨恨公,辞甚丑恶,发闻,后废黜死,兄弟皆伏法。〔一〕

〔一〕《曹瞒传》曰:公遣华歆勒兵入宫收后,后闭户匿壁中。歆坏户发壁,牵后出。帝时与御史大夫郗虑坐,后被发徒跣过,执帝手曰:"不能复相活邪?"帝曰:"我亦不自知命在何时也。"帝谓虑曰:"郗公,天下宁有是邪!"遂将后杀之,完及宗族

---

① 绂,音弗,绶,系印环的丝绳。金玺、赤绂、远游冠三者,皆东汉诸王之制。

死者数百人。

十二月，公至孟津。天子命公置旄头，宫殿设钟虡。① 乙未，令曰："夫有行之士，未必能进取，进取之士，未必能有行也。陈平岂笃行，苏秦岂守信邪？而陈平定汉业，苏秦济弱燕。② 由此言之，士有偏短，庸可废乎！有司明思此义，则士无遗滞，官无废业矣。"又曰："夫刑，百姓之命也，而军中典狱者或非其人，而任以三军死生之事，吾甚惧之。其选明达法理者，使持典刑。"于是置理曹掾属。

二十年春正月，天子立公中女为皇后。省云中、定襄、五原、朔方郡，郡置一县领其民，合以为新兴郡。③

三月，公西征张鲁，至陈仓，④将自武都⑤入氐；氐人塞道，先遣张郃、朱灵等攻破之。夏四月，公自陈仓以出散关，⑥至河池。⑦ 氐王窦茂众万余人，恃险不服，五月，公攻屠之。西平、金城诸将麹演、蒋石等共斩送韩遂首。〔一〕秋七月，公至阳平。⑧ 张鲁使弟卫与将杨昂等据阳平关，横山筑城十余里，攻之不能拔，乃引军还。贼见大军退，其守备解散。公乃密遣解𢢫、高祚等乘险夜袭，大破之，斩其将杨任，进攻卫，卫等夜遁，鲁溃奔巴中。公军入南郑，⑨尽得鲁府库珍宝。〔二〕巴、汉皆降。复汉宁郡为汉中；分汉中之安阳、西城为西城郡，置太守；分锡、上庸郡，⑩置都尉。

---

① 东汉光武帝曾赐东海王强虎贲、旄头、钟虡之乐，是荣宠诸王之制。建安十八年五月，汉献帝加曹操九锡，其中有虎贲三百人，本年又赐曹操以旄头及钟虡。旄头是羽林骑兵，被发先驱。虡，音巨，古时悬钟磬之柎，刻猛兽为饰，直者曰虡，横者曰枸。

② 苏秦曾说齐王归还燕国十个城，见《史记·苏秦传》。

③ 东汉末年，中原军阀混战，匈奴统治者侵扰北边，自定襄以西，一直到云中、雁门之间，人口流散，土地荒芜，所以曹操省并诸郡。

④ 陈仓故城址在今陕西宝鸡市东二十里。

⑤ 武都郡治下辩，故城址在今甘肃旧成县西。

⑥ 散关亦名大散关，在宝鸡市西南五十多里大散岭上，形势险要，为军事重地。

⑦ 河池故城址在今甘肃旧徽县西十五里。

⑧ 阳平关在今陕西沔县西北白马城。今宁强县有阳平关，乃后代移置，非古阳平关。

⑨ 南郑，今陕西汉中市。汉中郡治所即在南郑。

⑩ 潘眉曰："'郡'字衍文。……锡、上庸皆汉中属县。"（《三国志考证》卷一）

〔一〕《典略》曰：遂字文约，始与同郡边章俱著名西州。章为督军从事。遂奉计诣京师，何进宿闻其名，特与相见。遂说进使诛诸阉人，进不从，乃求归。会凉州宋扬、北宫玉等反，举章、遂为主，章寻病卒，遂为扬等所劫，不得已，遂阻兵为乱，积三十二年，至是乃死，年七十余矣。

刘艾《灵帝纪》曰：章，一名〔允〕。

〔二〕《魏书》曰：军自武都山行千里，升降险阻，军人劳苦；公于是大飨，莫不忘其劳。

八月，孙权围合肥，张辽、李典击破之。

九月，巴七姓夷王朴胡、賨邑侯杜濩举巴夷、賨民来附，〔一〕① 于是分巴郡，以胡为巴东太守，濩为巴西太守，皆封列侯。天子命公承制封拜诸侯守相。〔二〕

〔一〕孙盛曰：朴音浮。濩音户。

〔二〕孔衍《汉魏春秋》曰：天子以公典任于外，临事之赏，或宜速疾，乃命公得承制封拜诸侯守相，诏曰："夫军之大事，在兹赏罚，劝善惩恶，宜不旋时，故《司马法》曰'赏不逾日'者，欲民速睹为善之利也。昔在中兴，邓禹入关，承制拜军祭酒李文为河东太守，来歙又承制拜高峻为通路将军，察其本传，皆非先请，明临事刻印也，斯则世祖神明，权达损益，盖所用速示威怀而著鸿勋也。其《春秋》之义，大夫出疆，有专命之事，苟所以利社稷安国家而已。况君秉任二伯，师尹九有，实征夷夏，军行藩甸之外，失得在于斯须之间，停赏俟诏以滞世务，固非朕之所图也。自今已后，临事所甄，当加宠号者，其便刻印章假授，咸使忠义得相奖励，勿有疑焉。"

冬十月，始置名号侯至五大夫，与旧列侯、关内侯凡六等，以赏军功。〔一〕

〔一〕《魏书》曰：置名号侯爵十八级，关中侯爵十七级，皆金印紫绶，又置关内外侯十六级，铜印龟纽墨绶，五大夫十五级，铜印环纽，亦墨绶，皆不食租，与旧列侯关内侯凡六等。

臣松之以为今之虚封盖自此始。

十一月，鲁自巴中将其余众降。封鲁及五子皆为列侯。刘备袭刘璋，取

---

① 所谓巴，即是古代居于今四川东北部嘉陵江与渠江流域的一种少数民族，亦称板楯蛮，亦称賨。巴族有七姓，即罗、朴、昝、鄂、度、夕、龚。

益州,遂据巴中;遣张郃击之。

十二月,公自南郑还,留夏侯渊屯汉中。〔一〕

〔一〕是行也,侍中王粲作五言诗以美其事曰:"从军有苦乐,但问所从谁。所从神且武,安得久劳师? 相公征关右,赫怒振天威,一举灭獯虏,再举服羌夷,西收边地贼,忽若俯拾遗。陈赏越山岳,酒肉逾川坻,军中多饶饫,人马皆溢肥,徒行兼乘还,空出有余资。拓土三千里,往反速如飞,歌舞入邺城,所愿获无违。"

二十一年春二月,公还邺。〔一〕三月壬寅,公亲耕籍田。〔二〕夏五月,天子进公爵为魏王。〔三〕代郡乌丸行单于普富卢与其侯王来朝。天子命王女为公主,食汤沐邑。秋七月,匈奴南单于呼厨泉将其名王来朝,待以客礼,遂留魏,使右贤王去卑监其国。八月,以大理钟繇为相国。〔四〕

〔一〕《魏书》曰:辛未,有司以太牢告至,策勋于庙,甲午始春祠,令曰:"议者以为祠庙上殿当解履。吾受锡命,带剑不解履上殿。今有事于庙而解履,是尊先公而替王命,敬父祖而简君主,故吾不敢解履上殿也。又临祭就洗,以手拟水而不盥。夫盥以洁为敬,未闻拟(向)〔而〕不盥之礼,且'祭神如神在',故吾亲受水而盥也。又降神礼讫,下阶就幕而立,须奏乐毕竟,似若不(怠)〔衍〕烈祖,迟祭(不)速讫也,故吾坐俟乐阕送神乃起也。受胙纳(神)〔袖〕,以授侍中,此为敬恭不终实也,古者亲执祭事,故吾亲纳于(神)〔袖〕,终抱而归也。仲尼曰'虽违众,吾从下',诚哉斯言也。"

〔二〕《魏书》曰:有司奏:"四时讲武于农隙。汉承秦制,三时不讲,唯十月都试车马,幸长水南门,会五营士为八陈进退,名曰乘之。今金革未偃,士民素习,自今已后,可无四时讲武,但以立秋择吉日大朝车骑,号曰治兵,上合礼名,下承汉制。"奏可。

〔三〕《献帝传》载诏曰:"自古帝王,虽号称相变,爵等不同,至乎褒崇元勋,建立功德,光启氏姓,延于子孙,庶姓之与亲,岂有殊焉。昔我圣祖受命,创业肇基,造我区夏,鉴古今之制,通爵等之差,尽封山川以立藩屏,使异姓亲戚,并列土地,据国而王,所以保义天命,安固万嗣。历世承平,臣主无事。世祖中兴而时有难易,是以旷年数百,无异姓诸侯王之位。朕以不德,继序弘业,遭率土分崩,群凶纵毒,自西徂东,辛苦卑约。当此之际,唯恐溺人于难,以羞先帝之圣德。赖皇天之灵,俾君秉义奋身,震迅神武,捍朕于艰难,获保宗庙,华夏遗民,含气之伦,莫不蒙焉。君勤过稷、禹,忠侔伊、周,而掩之以谦让,守之以弥恭,是以往者初开魏国,锡君土宇,惧君之违命,虑君之固辞,故且怀志屈意,封君为上公,欲以钦顺高义,须俟勋绩。韩遂、宋建,南结巴、蜀,群逆合从,图危社稷,君复命将,龙骧虎奋,枭其元首,屠其窟栖。暨至西征,阳平之役,亲擐甲胄,深入险阻,芟夷蛮貊,殄其凶丑,荡定西陲,悬旌万里,声教远振,宁我区夏。盖唐、虞之盛,三后树功,文、武之兴,旦、奭作辅,二祖成业,英豪佐命;夫以圣哲之君,事为己任,犹锡土班瑞以报功臣,岂有如朕寡德,仗君以济,而赏典不丰,将何以答神祇慰万方哉? 今进君爵为魏王,使使持节行御史大夫、宗正刘艾奉策玺玄土之社,苴以白茅,金虎符第一至第五,竹使符第一至十。君其正王位,以丞相领冀州牧如故。其上魏公玺绶符册。敬服朕命,简恤尔众,克绥庶绩,以扬我祖宗之休命。”魏王上书三辞,诏三报不许。又手诏曰:“大圣以功德为高美,以忠和为典训,故创业垂名,使百世可希,行道制义,使力行可效,是以勋烈无穷,休光茂著。稷、契载元首之聪明,周、邵因文、武之智用,虽经营庶官,仰叹俯思,其对岂有若君者哉? 朕惟古人之功,美之如彼,思君忠勤之绩,茂之如此,是以每将镂符析瑞,陈礼命册,瘝瘝慨然,自忘守文之不德矣。今君重违朕命,固辞恳切,非所以称朕心而训后世也。其抑志摧节,勿复固辞。”

《四体书势序》曰:梁鹄以公为北部尉。《曹瞒传》曰:为尚书右丞司马建公所举。及公为王,召建公到邺,与欢饮,谓建公曰:“孤今日可复作尉否?”建公曰:“昔举大王时,适可作尉耳。”王大笑。建公名防,司马宣王之父。

臣松之案司马彪《序传》,建公不为右丞,疑此不然,而王隐《晋书》云赵王篡位,欲尊祖为帝,博士马平议称京兆府君昔举魏武帝为北部尉,贼不犯界,如此则为有征。

〔四〕《魏书》曰:始置奉常、宗正官。

　冬十月,治兵,〔一〕遂征孙权,十一月至谯。

〔一〕《魏书》曰:王亲执金鼓以令进退。

　二十二年春正月,王军居巢,①二月,进军屯江西郝溪。② 权在濡须口筑城拒守,遂逼攻之,权退走。三月,王引军还,留夏侯惇、曹仁、张辽等屯居巢。

---

① 居巢故城址在今安徽巢县东北五里。
② 长江自今九江市以下东北流,至南京市,折而东流。隋以前,习惯称这一段长江以西的地区(即今安徽长江以北淮水以南)为江西。郝溪在居巢东,濡须之西。

夏四月,天子命王设天子旌旗,出入称警跸。① 五月,作泮宫。② 六月,以军师华歆为御史大夫。〔一〕冬十月,天子命王冕十有二旒,乘金根车,驾六马,设五时副车,以五官中郎将丕为魏太子。

〔一〕《魏书》曰:初置卫尉官。秋八月,令曰:“昔伊挚、傅说出于贱人,管仲,桓公贼也,皆用之以兴。萧何、曹参,县吏也,韩信、陈平负污辱之名,有见笑之耻,卒能成就王业,声著千载。吴起贪将,杀妻自信,散金求官,母死不归,然在魏,秦人不敢东向,在楚则三晋不敢南谋。今天下得无有至德之人放在民间,及果勇不顾,临敌力战;若文俗之吏,高才异质,或堪为将守;负污辱之名,见笑之行,或不仁不孝而有治国用兵之术;其各举所知,勿有所遗。”

刘备遣张飞、马超、吴兰等屯下辩;遣曹洪拒之。

二十三年春正月,汉太医令吉本与少府耿纪、司直韦晃等反,攻许,烧丞相长史王必营,〔一〕必与颍川典农中郎将严匡讨斩之。〔二〕③

〔一〕《魏武故事》载令曰:“领长史王必,是吾披荆棘时吏也。忠能勤事,心如铁石,国之良吏也。蹉跌久未辟之,舍骐骥而弗乘,焉遑遑而更求哉? 故教辟之,已署所宜,便以领长史统事如故。”

〔二〕《三辅决录注》曰:时有京兆金祎字德祎,自以世为汉臣,自日磾讨莽何罗,忠诚显著,名节累叶。睹汉祚将移,谓可季兴,乃喟然发愤,遂与耿纪、韦晃、吉本、本子邈、邈弟穆等结谋。纪字季行,少有美名,为丞相掾,王甚敬异之,迁侍中,守少府。邈字文然,穆字思然,以祎慷慨有日磾之风,又与王必善,因以间之,若杀必,欲挟天子以攻魏,南援刘备。时关羽强盛,而王在邺,留必典兵督许中事。文然等率杂人及家僮千余人夜烧门攻必,祎遣人为内应,射必中肩。必不知攻者为谁,以素与祎善,走投祎,夜唤德祎,祎家不知是必,谓为文然等,错应曰:“王长史已死乎? 卿曹事立矣!”必乃更他路奔。一曰:必欲投祎,其帐下督谓必曰:“今日事竟知谁门而投入乎?”扶必奔南城。会天明,必犹在,文然等众散,故败。后十余日,必竟以创死。

_____

① 警跸,古时天子出称警,入称跸。警,警戒。跸,止行。
② 泮宫,古时诸侯的学宫。
③ 颍川典农中郎将管理许下的屯田。

《献帝春秋》曰：收纪、晃等，将斩之，纪呼魏王名曰："恨吾不自生意，竟为群儿所误耳！"晃顿首搏颊，以至于死。

《山阳公载记》曰：王闻王必死，盛怒，召汉百官诣邺，令救火者左，不救火者右。众人以为救火者必无罪，皆附左；王以为"不救火者非助乱，救火乃实贼也"。皆杀之。

曹洪破吴兰，斩其将任夔等。三月，张飞、马超走汉中，阴平氐强端斩吴兰，传其首。

夏四月，代郡、上谷乌丸无臣氐等叛，①遣鄢陵侯彰讨破之。〔一〕

〔一〕《魏书》载王令曰："去冬天降疫疠，民有凋伤，军兴于外，垦田损少，吾甚忧之。其令吏民男女：女年七十已上无夫子，若年十二已下无父母兄弟，及目无所见，手不能作，足不能行，而无妻子父兄产业者，廪食终身。幼者至十二止，贫穷不能自赡者，随口给贷。老耄须待养者，年九十已上，复不事，家一人。"

六月，令曰："古之葬者，必居瘠薄之地。其规西门豹②祠西原上为寿陵，因高为基，不封③不树。《周礼》冢人掌公墓之地，凡诸侯居左右以前，卿大夫居后，汉制亦谓之陪陵。其公卿大臣列将有功者，宜陪寿陵，其广为兆域，④使足相容。"

秋七月，治兵，遂西征刘备，九月，至长安。

冬十月，宛守将侯音等反，执南阳太守，劫略吏民保宛。初，曹仁讨关羽，屯樊城，是月使仁围宛。

二十四年春正月，仁屠宛，斩音。〔一〕

〔一〕《曹瞒传》曰：是时南阳间苦繇役，音于是执太守（东里褒）〔东里衮〕与吏民共反，与关羽连和。南阳功曹宗子卿往说音曰："足下顺民心，举大事，远近莫不望风；然执郡将，逆而无益，何不遣之。吾与子共勠力，比曹公军来，关羽兵亦至矣。"

---

① 钱大昕曰："按《任城王彰传》止言代郡乌丸反，疑上谷二字衍也。无臣氐即能臣氐之讹。"（《廿二史考异》卷十五）
② 西门豹，战国时人。仕魏，为邺令，政绩很好，所以后人立祠以祭祀他。
③ 封，积土成高堆形。
④ 兆域，坟墓的疆界。

　　音从之,即释遣太守。子卿因夜逾城亡出,遂与太守收余民围音,会曹仁军至,共灭之。

　　夏侯渊与刘备战于阳平,为备所杀。三月,王自长安出斜谷,①军遮要②以临汉中,遂至阳平。备因险拒守。〔一〕

　　〔一〕《九州春秋》曰:时王欲还,出令曰"鸡肋",官属不知所谓。主簿杨脩便自严装,人惊问脩:"何以知之?"脩曰:"夫鸡肋,弃之如可惜,食之无所得,以比汉中,知王欲还也。"

　　夏五月,引军还长安。

　　秋七月,以夫人卞氏为王后。遣于禁助曹仁击关羽。八月,汉水溢,灌禁军,军没,羽获禁,遂围仁。使徐晃救之。

　　九月,相国钟繇坐西曹掾魏讽反免。〔一〕

　　〔一〕《世语》曰:讽字子京,沛人,有惑众才,倾动邺都,钟繇由是辟焉。大军未反,讽潜结徒党,又与长乐卫尉陈祎谋袭邺。未及期,祎惧,告之太子,诛讽,坐死者数十人。

　　王昶《家诫》曰"济阴魏讽",而此云沛人,未详。

　　冬十月,军还洛阳。〔一〕孙权遣使上书,以讨关羽自效。王自洛阳南征羽,未至,晃攻羽,破之,羽走,仁围解。王军摩陂。〔二〕③

　　〔一〕《曹瞒传》曰:王更修治北部尉廨,令过于旧。

　　〔二〕《魏略》曰:孙权上书称臣,称说天命。王以权书示外曰:"是儿欲踞吾著炉火上邪!"侍中陈群、尚书桓阶奏曰:"汉自安帝已来,政去公室,国统数绝,至于今者,唯有名号,尺土一民,皆非汉有,期运久已尽,历数久已终,非适今日也。是以桓、灵之间,诸明图纬者,皆言'汉行气尽,黄家当兴'。殿下应期,十分天下而有其九,以服事汉,群生注望,逖迩怨叹,是故孙权在远称臣,此天人之应,异气齐声。臣愚以为虞、夏不以谦辞,殷、周不吝诛放,畏天知命,无所与让也。"

―――――――――――

①　斜谷在陕西旧郿县西南三十里。古所谓褒斜道,北起斜谷,南至褒谷(在旧褒城县北十里),为秦、蜀间险要之道。

②　斜谷道险,曹操恐怕被刘备的兵所邀截,先派兵遮要害之处,乃进临汉中。

③　摩陂,在今河南郏县。

《魏氏春秋》曰：夏侯惇谓王曰："天下咸知汉祚已尽，异代方起。自古已来，能除民害为百姓所归者，即民主也。今殿下即戎三十余年，功德著于黎庶，为天下所依归，应天顺民，复何疑哉！"王曰："'施于有政，是亦为政'。若天命在吾，吾为周文王矣。"

《曹瞒传》及《世语》并云桓阶劝王正位，夏侯惇以为宜先灭蜀，蜀亡则吴服，二方既定，然后遵舜、禹之轨，王从之。及至王薨，惇追恨前言，发病卒。

孙盛评曰：夏侯惇耻为汉官，求受魏印，桓阶方惇，有义直之节；考其传记，《世语》为妄矣。

二十五年春正月，至洛阳。权击斩羽，传其首。

庚子，王崩于洛阳，年六十六。〔一〕遗令曰："天下尚未安定，未得遵古也。葬毕，皆除服。其将兵屯戍者，皆不得离屯部。有司各率乃职。敛以时服，无藏金玉珍宝。"谥曰武王。二月丁卯，葬高陵。〔二〕

〔一〕《世语》曰：太祖自汉中至洛阳，起建始殿，伐濯龙祠而树血出。

《曹瞒传》曰：王使工苏越徙美梨，掘之，根伤尽出血。越白状，王躬自视而恶之，以为不祥，还遂寝疾。

〔二〕《魏书》曰：太祖自统御海内，芟夷群丑，其行军用师，大较依孙、吴之法，而因事设奇，谲敌制胜，变化如神，自作兵书十万余言，诸将征伐，皆以新书从事；临事又手为节度，从令者克捷，违教者负败；与虏对陈，意思安闲，如不欲战，然及至决机乘胜，气势盈溢，故每战必克，军无幸胜。知人善察，难眩以伪，拔于禁、乐进于行陈之间，取张辽、徐晃于亡虏之内，皆佐命立功，列为名将；其余拔出细微，登为牧守者，不可胜数。是以创造大业，文武并施，御军三十余年，手不舍书，昼则讲武策，夜则思经传，登高必赋，及造新诗，被之管弦，皆成乐章。才力绝人，手射飞鸟，躬禽猛兽，尝于南皮一日射雉获六十三头。及造作宫室，缮治器械，无不为之法则，皆尽其意。雅性节俭，不好华丽，后宫衣不锦绣，侍御履不二采，帷帐屏风，坏则补纳，茵蓐取温，无有缘饰。攻城拔邑，得美丽之物，则悉以赐有功，勋劳宜赏，不吝千金，无功望施，分毫不与，四方献御，与群下共之。常以送终之制，袭称之数，繁而无益，俗又过之，故预自制终亡衣服，四箧而已。

《傅子》曰：太祖愍嫁娶之奢僭，公女过人，皆以皂帐从，婢不过十人。

张华《博物志》曰：汉世，安平崔瑗、瑗子寔、弘农张芝、芝弟昶并善草书，而太祖亚之。桓谭、蔡邕善音乐，冯翊山子道、王九真、郭凯等善围棋，太祖皆与埒能。

又好养性法,亦解方药,招引方术之士,庐江左慈、谯郡华佗、甘陵甘始、阳城郄俭无不毕至,又习啖野葛至一尺,亦得少多饮鸩酒。

《傅子》曰:汉末王公,多委王服,以幅巾为雅,是以袁绍、(崔豹)〔崔钧〕之徒,虽为将帅,皆著缣巾。魏太祖以天下凶荒,资财乏匮,拟古皮弁,裁缣帛以为帢,合于简易随时之义,以色别其贵贱,于今施行,可谓军容,非国容也。

《曹瞒传》曰:太祖为人佻易无威重,好音乐,倡优在侧,常以日达夕,被服轻绡,身自佩小鞶囊,以盛手巾细物,时或冠帢帽以见宾客;每与人谈论,戏弄言诵,尽无所隐,及欢悦大笑,至以头没杯案中,肴膳皆沾污巾帻,其轻易如此。然持法峻刻,诸将有计画胜出己者,随以法诛之,及故人旧怨,亦皆无余,其所刑杀,辄对之垂涕嗟痛之,终无所活。初,袁忠为沛相,尝欲以法治太祖,沛国桓邵亦轻之,及在兖州,陈留边让言议颇侵太祖,太祖杀让,族其家,忠、邵俱避难交州,太祖遣使就太守士燮尽族之。桓邵得出首,拜谢于庭中,太祖谓曰:"跪可解死邪!"遂杀之。常出军,行经麦中,令"士卒无败麦,犯者死"。骑士皆下马,付麦以相持,于是太祖马腾入麦中,敕主簿议罪;主簿对以《春秋》之义,罚不加于尊,《太祖》曰:"制法而自犯之,何以帅下? 然孤为军师,不可自杀,请自刑。"因援剑割发以置地。又有幸姬常从昼寝,枕之卧,告之曰:"须臾觉我。"姬见太祖卧安,未即寤,及自觉,棒杀之。常讨贼,廪谷不足,私谓主者曰:"如何?"主者曰:"可以小斛以足之。"太祖曰:"善。"后军中言太祖欺众,太祖谓主者曰:"特当借君死以厌众,不然事不解。"乃斩之,取首题徇曰:"行小斛,盗官谷,斩之军门。"其酷虐变诈,皆此类也。

评曰:汉末,天下大乱,雄豪并起,而袁绍虎视四州,强盛莫敌。太祖运筹演谋,鞭挞宇内,擥申、商①之法术,该韩、白②之奇策,官方授材,各因其器,矫情任算,不念旧恶,终能总御皇机,克成洪业者,惟其明略最优也;抑可谓非常之人,超世之杰矣。

　　　　　　　　　　　　　　　　——《魏书》一《武帝纪》第一

---

① 申、商,指申不害与商鞅,皆战国时法家,申不害重术,商鞅重法。
② 韩、白,指韩信与白起。

任峻传

任峻字伯达,河南中牟人也。汉末扰乱,关东皆震。中牟令杨原愁恐,欲弃官走。峻说原曰:"董卓首乱,天下莫不侧目,然而未有先发者,非无其心也,势未敢耳。明府①若能唱之,必有和者。"原曰:"为之奈何?"峻曰:"今关东有十余县,能胜②兵者不减万人,若权行河南尹事,总而用之,无不济矣。"原从其计,以峻为主簿。峻乃为原表行尹事,使诸县坚守,遂发兵。会太祖起关东,入中牟界,众不知所从,峻独与同郡张奋议,举郡以归太祖。峻又别收宗族及宾客家兵数百人,愿从太祖。太祖大悦,表峻为骑都尉,妻以从妹,甚见亲信。太祖每征伐,峻常居守以给军。是时岁饥旱,军食不足,羽林监颍川枣祗建置屯田,太祖以峻为典农中郎将,③〔募百姓屯田于许下,得谷百万斛,郡国列置田官〕,数年中所在积粟,仓廪皆满。官渡之战,太祖使峻典军器粮运。贼数寇钞绝粮道,乃使千乘为一部,十道方行,为复陈以营卫之,贼不敢近。军国之饶,起于枣祗而成于峻。〔一〕太祖以峻功高,乃表封为都亭侯,邑三百户,迁长水校尉。④

〔一〕《魏武故事》载令曰:"故陈留太守枣祗,天性忠能。始共举义兵,周旋征讨。后
　　袁绍在冀州,亦贪祗,欲得之。祗深附托于孤,使领东阿令。吕布之乱,兖州皆

---

① 汉人称太守曰府君,亦曰明府君,简称明府。任峻拟推杨原权行河南尹事,所以尊之曰明府。
② 胜,读平声,音升,任。
③ 典农中郎将是曹操设置的屯田官。曹操施行民屯制度,设立管理屯田的官职,郡国所置田官为典农中郎将或典农校尉,诸县则置典农都尉。"中郎将""校尉""都尉"等都是军官职名,曹操施行民屯,是承袭两汉的军屯制度而来,屯田民也是用军事编制,所以屯田官也用军职名称(汉代管理边郡军屯的官即称为农都尉)。
④ 长水校尉,秩比二千石,掌宿卫兵。

叛，惟范、东阿完在，由祗以兵据城之力也。后大军粮乏，得东阿以继，祗之功也。及破黄巾定许，得贼资业。当兴立屯田，时议者皆言当计牛输谷，佃科以定。施行后，祗白以为傪牛输谷，大收不增谷，有水旱灾除，大不便。反覆来说，孤犹以为当如故，大收不可复改易。祗犹执之，孤不知所从，使与荀令君议之。时故军祭酒侯声云：‘科取官牛，为官田计。如祗议，于官便，于客不便。’声怀此云云，以疑令君。祗犹自信，据计画还白，执分田之术。孤乃然之，使为屯田都尉，施设田业。其时岁则大收，后遂因此大田，丰足军用，摧灭群逆，克定天下，以隆王室。祗兴其功，不幸早没，追赠以郡，犹未副之。今重思之，祗宜受封，稽留至今，孤之过也。祗子处中，宜加封爵，以祀祗为不朽之事。”

《文士传》曰：祗本姓棘，先人避难，易为枣。孙据，字道彦，晋冀州刺史。据子嵩，字台产，散骑常侍。并有才名，多所著述。嵩兄腆，字玄方，襄阳太守，亦有文采。

　　峻宽厚有度而见事理，每有所陈，太祖多善之。于饥荒之际，收恤朋友孤遗，中外①贫宗，周急继乏，信义见称。建安九年薨，太祖流涕者久之。子先嗣。先薨，无子，国除。文帝追录功臣，谥峻曰成侯。复以峻中子览为关内侯。

——《魏书》十六《任峻传》

---

① 中外，指中表亲戚。

郑浑传

　　郑浑字文公，河南开封①人也。高祖父众，众父兴，皆为名儒。〔一〕②浑兄泰，与荀攸等谋诛董卓，为扬州刺史，卒。〔二〕浑将泰小子袤避难淮南，袁术宾礼甚厚。浑知术必败。时华歆为豫章③太守，素与泰善，浑乃渡江投歆。太祖闻其笃行，召为掾，复迁下蔡长、邵陵令。④　天下未定，民皆剽轻，不念产殖，其生子无以相活，率皆不举。浑所在夺其渔猎之具，课使耕桑，又兼开稻田，重去子之法。⑤　民初畏罪，后稍丰给，无不举赡；所育男女，多以郑为字。辟为丞相掾属，迁左冯翊。

　　〔一〕《续汉书》曰：兴字少赣，谏议大夫。众字子师，大司农。

　　〔二〕张璠《汉纪》曰：泰字公业。少有才略，多谋计，知天下将乱，阴交结豪杰。家富于财，有田四百顷，而食常不足，名闻山东。举孝廉，三府辟，公车征，皆不就。何进辅政，征用名士，以泰为尚书侍郎，加奉车都尉。进将诛黄门，欲召董卓为助，泰谓进曰："董卓强忍寡义，志欲无厌，若借之朝政，授之大事，将肆其心以危朝廷。以明公之威德，据阿衡之重任，秉意独断，诛除有罪，诚不待卓以为资援也。且事留变生，其鉴不远。"又为陈时之要务，进不能用，乃弃官去。谓颍川人荀攸曰："何公未易辅也。"进寻见害，卓果专权，废帝。关东义兵起，卓会议大发兵，群寮咸惮卓，莫敢忤旨。泰恐其强，益将难制，乃曰："夫治在德，不在兵也。"卓不悦曰："如此，兵无益邪？"众人莫不变容，为泰震栗。泰乃诡辞对曰："非以

---

① 开封故城址在今河南开封市南五十里。

② 郑兴长于《春秋左氏传》及《周礼》，郑众传其父业，亦精《左传》。

③ 豫章郡治南昌县，今江西南昌市。

④ 下蔡故城址在今安徽凤台县。邵陵故城址在今河南旧郾城县东三十五里。汉制：县万户以上者为令，不满万户者为长。

⑤ 汉末加重剥削，产子一岁，即出口钱，农民多弃子不养。郑浑先课耕桑，开稻田，使农民生活稍稍改善，然后加重弃子不养的处罚（潘眉《三国志考证》卷五）。

无益,以山东不足加兵也。今山东议欲起兵,州郡相连,人众相动,非不能也。然中国自光武以来,无鸡鸣狗吠之警,百姓忘战日久;仲尼有言'不教民战,是谓弃之',虽众不能为害,一也。明公出自西州,少为国将,闲习军事,数践战场,名称当世;以此威民,民怀慑服,二也。袁本初公卿子弟,生处京师,体长妇人;张孟卓东平长者,坐不窥堂;孔公绪能清谈高论,嘘枯吹生,无军帅之才,负霜露之勤,临锋履刃,决敌雌雄,皆非明公敌,三也。察山东之士,力能跨马控弦,勇等孟贲,捷齐庆忌,信有聊城之守,策有良平之谋;可任以偏师,责以成功,未闻有其人者,四也。就有其人,王爵不相加,妇姑位不定,各恃众怙力,将人人棋跱,以观成败,不肯同心共胆,率徒旅进,五也。关西诸郡,北接上党、太原、冯翊、扶风、安定,自顷以来,数与胡战,妇女载戟挟矛,弦弓负矢,况其悍夫;以此当山东忘战之民,譬驱群羊向虎狼,其胜可必,六也。且天下之权勇,今见在者不过并、凉匈奴、屠各、湟中义从、八种西羌,皆百姓素所畏服,而明公权以为爪牙,壮夫震栗,况小丑乎!七也。又明公之将帅,皆中表腹心,周旋日久,自三原、硖口以来,恩信醇著,忠诚可远任,智谋可特使,以此当山东解(合)〔后〕之虚诞,实不相若,八也。夫战有三亡:以乱攻治者亡,以邪改正者亡,以逆攻顺者亡。今明公秉国政平,讨夷凶宦,忠义克立;以三德待于三亡,奉辞伐罪,谁人敢御?九也。东州有郑康成,学该古今,儒生之所以集;北海邴根矩,清高直亮,群士之楷式。彼诸将若询其计画,案典校之强弱,燕、赵、齐、梁非不盛,终见灭于秦,吴、楚七国非不众,而不敢逾荥阳,况今德政之赫赫,股肱之邦良,欲造乱以徼不义者,必不相然赞,成其凶谋,十也。若十事少有可采,无事征兵以惊天下,使患役之民,相聚为非,弃德恃众,以轻威重。"卓乃悦,以泰为将军,统诸军击关东。或谓卓曰:"郑泰智略过人,而结谋山东,今资之士马,使就其党,窃为明公惧之。"卓收其兵马,留拜议郎。后又与王允谋共诛卓,泰脱身自武关走,东归。后将军袁术以为扬州刺史,未至官,道卒,时年四十一。

　　时梁兴等略吏民五千余家为寇钞,诸县不能御,皆恐惧,寄治郡下。议者悉以为当移就险,浑曰:"兴等破散,窜在山阻。虽有随者,率胁从耳。今当广开降路,宣喻恩信。而保险自守,此示弱也。"乃聚敛吏民,治城郭,为守御之备。遂发民逐贼，明赏罚，与要誓，①其所得获，十以七赏。百姓大悦，皆愿捕贼，多得妇女、财物。贼之失妻子者，皆还求降。浑责其得他妇女，然后还其妻子，于是转相寇盗，党与离散。又遣吏民有恩信者，分布山谷告喻，出者相继，乃使诸县长吏各还本治以安集之。兴等惧，将余众聚鄜城。② 太祖使夏侯渊就助郡击之，浑率吏民前登，斩兴及其支党。又贼靳富等，胁将夏阳长、邵陵令③并其吏民入硙山，浑复讨击破富等，获二县长吏，将其所略还。及赵青龙者，杀左内史程休，浑闻，遣壮士就枭其首。前后归附四千余家，由是山贼皆平，民安产业。转为上党④太守。

太祖征汉中，以浑为京兆尹。⑤ 浑以百姓新集，为制移居之法，使兼复者与单轻者相伍，温信者与孤老为比，勤稼穑，明禁令，以发奸者。由是民安于农，而盗贼止息。及大军入汉中，运转军粮为最。又遣民田汉中，无逃亡者。太祖益嘉之，复入为丞相掾。文帝即位，为侍御史，加驸马都尉，迁阳平、沛郡二太守。⑥ 郡界下湿，患水涝，百姓饥乏。⑦ 浑于萧⑧、相二县界，兴陂遏，⑨开稻田。郡人皆以为不便，浑曰："地势洿下，宜溉灌，终有鱼稻经久之利，此丰民之本也。"遂躬率吏民，兴立功夫，一冬间皆成。比年大收，顷亩岁

---

① 要誓，要读平声，音邀，约。
② 鄜城，西汉鄜城县，属左冯翊，故城址在今陕西洛川县东南七十里，东汉省。
③ 何焯说："浑为司隶部左冯翊，夏阳乃其属城，若邵陵则属汝南郡，……与左冯翊无涉，此因前有浑为邵陵令之文而误耳。地当去夏阳不远，或郃阳之误。"(《三国志旁证》卷十三引)按何焯的推论大致是对的。夏阳故城址在今陕西韩城县南二十里；郃阳故城址在今陕西旧郃阳县东南四十里。
④ 上党郡治长子县，在今山西长子县西。
⑤ 京兆尹治长安，汉长安故城址在今陕西西安市西北。
⑥ 曹操以魏郡地广，曾分出东西两部，各置都尉。魏文帝黄初二年(二二一年)，以魏郡东部为阳平郡，西部为广平郡。阳平郡治元城县，今河北大名县。沛郡治相县，在今安徽宿县西北。
⑦ 所谓"郡界下湿，患水涝，百姓饥乏"，专指沛郡而言，观下文"浑于萧、相二县兴陂遏"云云可知。萧、相二县均属沛郡。
⑧ 萧县故城址在今安徽萧县西北。
⑨ 遏，同堨，以土障水，即今所谓塘堰。

增,租入倍常,民赖其利,刻石颂之,号曰郑陂。① 转为山阳、魏郡太守,②其治放此。③ 又以郡下百姓,苦乏材木,乃课树榆为篱,并益树五果,榆皆成藩,五果丰实。入魏郡界,村落齐整如一,民得财足用饶。明帝闻之,下诏称述,布告天下,迁将作大匠。④ 浑清素在公,妻子不免于饥寒。及卒,以子崇为郎中。〔一〕

〔一〕《晋阳秋》曰:泰子袤,字林叔。泰与华歆、荀攸善。见袤曰:"郑公业为不亡矣。"初为临菑侯文学,稍迁至光禄大夫。泰始七年,以袤为司空,固辞不受,终于家。子默,字思玄。

《晋诸公赞》曰:默遵守家业,以笃素称,位至太常。默弟质、舒、诩,皆为卿。默子球,清直有理识,尚书右仆射、领选。球弟豫,为尚书。

　　　　　　　　　　　　　　——《魏书》十六《郑浑传》

① 郑陂在萧县西北。
② 山阳郡治昌邑,魏郡治邺。昌邑与邺县均见《魏武帝纪》注。
③ 放,音纺,效。
④ 将作大匠,掌修宗庙、路寝、宫室、陵园土木之功,并树桐、梓之类,列于道侧。

仓慈传

仓慈字孝仁，淮南①人也。始为郡吏。建安中，太祖开募屯田于淮南，以慈为绥集都尉。② 黄初末，为长安令，清约有方，吏民畏而爱之。太和中，迁燉煌③太守。郡在西陲，以丧乱隔绝，旷无太守二十岁，大姓雄张，遂以为俗。前太守尹奉等，循故而已，无所匡革。慈到，抑挫权右，抚恤贫羸，甚得其理。旧大族田地有余，而小民无立锥之土；慈皆随口割赋，稍稍使毕其本直。④ 先是属城狱讼众猥，县不能决，多集治下；慈躬往省阅，料简轻重，自非殊死，但鞭杖遣之，一岁决刑曾不满十人。又常日西域杂胡欲来贡献，而诸豪族多逆断绝；既与贸迁，欺诈侮易，多不得分明。胡常怨望，慈皆劳之。欲诣洛者，为封过所，⑤欲从郡还者，官为平取，辄以府见物⑥与共交市，使吏民护送道路，由是民夷翕然称其德惠。数年卒官，吏民悲感如丧亲戚，图画其形，思其遗像。及西域诸胡闻慈死，悉共会聚于戊己校尉⑦及长吏治下发哀，或有以刀画面，以明血诚，又为立祠，遥共祠之。〔一〕

〔一〕《魏略》曰：天水王迁，承代慈，虽循其迹，不能及也。金城赵基承迁后，复不如

---

① 淮南郡，汉九江郡，魏改为淮南，治寿春，今安徽寿县。
② 绥集都尉大约与典农都尉相似，亦是管理屯田的官职。
③ 燉煌郡（"燉"本作"敦"，后人加火旁）治敦煌县，今甘肃敦煌。
④ 这两句的意思是说，仓慈将大族的田地划出，分与贫民，使贫民稍稍归还大族一些田价。直同值，本直就是原来的价钱。
⑤ 过所是当时官府发给行路人的一种凭证。
⑥ 见，同现。府见物就是本郡府库中现存的货物。
⑦ 戊己校尉是安抚西域、管理屯田的官，开始设置于西汉元帝时。戊己居中，镇覆四方，汉所置校尉亦居西域之中，安抚诸国，故以"戊己"为名。东汉末年，中原战乱，西域与汉朝关系中断。魏文帝黄初三年（二二二年），鄯善、龟兹、于阗王各遣使奉献，于是魏又设置戊己校尉，治高昌（今新疆吐鲁番）。

迁。至嘉平中，安定皇甫隆代基为太守。初，燉煌不甚晓田，常灌溉滀水，使极濡洽，然后乃耕。又不晓作耧犁，用水，及种，人牛功力既费，而收谷更少。隆到，教作耧犁，又教衍溉，岁终率计，其所省庸力过半，得谷加五。又燉煌俗，妇人作裙，挛缩如羊肠，用布一匹；隆又禁改之，所省复不訾。故燉煌人以为隆刚断严毅不及于慈，至于勤恪爱惠，为下兴利，可以亚之。

　　自太祖迄于咸熙，魏郡太守陈国吴瓘、清河①太守乐安任燠、京兆太守济北颜斐、弘农②太守太原令狐邵、济南相鲁国孔乂，或哀矜折狱，或推诚惠爱，或治身清白，或擿奸发伏，咸为良二千石。〔一〕

　　〔一〕瓘、燠事行无所见。《魏略》曰：颜斐字文林。有才学。丞相召为太子洗马，黄初初，转为黄门侍郎，后为京兆太守。始，京兆从马超破后，民人多不专于农殖，又历数四二千石，取解目前，亦不为民作久远计。斐到官，乃令属县整阡陌，树桑果。是时民多无车牛。斐又课民以闲月取车材，使转相教匠作车。又课民无牛者，令畜猪狗，卖以买牛。始者民以为烦，一二年间，家家有丁车、大牛。又起文学，听吏民欲读书者，复其小徭。又于府下起菜园，使吏役闲锄治。又课民当输租时，车牛各因便致薪两束，为冬寒冰炙笔砚。于是风化大行，吏不烦民，民不求吏。京兆与冯翊、扶风接界，二郡道路既秽塞，田畴又荒莱，人民饥冻，而京兆皆整顿开明，丰富常为雍州十郡最。斐又清己，仰奉而已，于是吏民恐其迁转也。至青龙中，司马宣王在长安立军市，而军中吏士多侵侮县民，斐以白宣王。宣王乃发怒召军市候，便于斐前杖一百。时长安典农与斐共坐，以为斐宜谢，乃私推筑斐。斐不肯谢，良久乃曰："斐意观明公受分陕之任，乃欲一齐众庶，必非有所左右也。而典农窃见推筑，欲令斐谢，假令斐谢，是更为不得明公意也。"宣王遂严持吏士。自是之后，军营、郡县各得其分。后数岁，迁为平原太守，吏民啼泣遮道，车不得前，步步稽留，十余日乃出界，东行至崤而疾困。斐素心恋京兆，其家人从者见斐病甚，劝之，言："平原当自勉励作健。"斐曰："我心不愿平原，汝曹等呼我，何不言京兆邪？"遂卒，还平原。京兆闻之，皆为流涕，为立碑，于今称颂之。

---

①　清河郡治清河县，在今河北清河县东。
②　弘农郡治弘农县，故城址在今河南灵宝县南四十里。

令狐邵字孔叔。父仕汉,为乌丸校尉。建安初,袁氏在冀州,邵去本郡家居邺。九年,暂出到武安毛城中。会太祖破邺,遂围毛城。城破,执邵等辈十余人,皆当斩。太祖阅见之,疑其衣冠也,问其祖考,而识其父,乃解放,署军谋掾。仍历宰守,后徙丞相主簿,出为弘农太守。所在清如冰雪,妻子希至官省;举善而教,恕以待人,不好狱讼,与下无忌。是时,郡无知经者,乃历问诸吏,有欲远行就师,辄假遣,令诣河东就乐详学经,粗明乃还,因设文学。由是弘农学业转兴。至黄初初,征拜羽林郎,迁虎贲中郎将,三岁,病亡。始,邵族子愚,为白衣时,常有高志,众人谓愚必荣令狐氏,而邵独以为“愚性倜傥,不修德而愿大,必灭我宗”。愚闻邵言,其心不平。及邵为虎贲中郎将,而愚仕进已多所更历,所在有名称。愚见邵,因从容言次,微激之曰:“先时闻大人谓愚为不继,愚今竟云何邪?”邵熟视而不答也。然私谓其妻子曰:“公治性度犹如故也。以吾观之,终当败灭。但不知我久当坐之不邪?将逮汝曹耳!”邵没之后,十余年间,愚为兖州刺史,果与王凌谋废立,家属诛灭。邵子华,时为弘农郡丞,以属疏得不坐。

案《孔氏谱》:孔乂字元儁,孔子之后。曾祖畴,字元矩,陈相。汉桓帝立老子庙于苦县之赖乡,画孔子象于壁;畴为陈相,立孔子碑于像前,今见存。乂父祖皆二千石,乂为散骑常侍,上疏规谏。语在《三少帝纪》。至大鸿胪。子恂字士信,晋平东将军卫尉也。

——《魏书》十六《仓慈传》

陈思王植传

　　陈思王植字子建。年十岁余,诵读诗论及辞赋数十万言,善属文。太祖尝视其文,谓植曰:"汝倩人邪?"植跪曰:"言出为论,下笔成章,顾当面试,奈何倩人?"时邺铜爵台新成,太祖悉将诸子登台,使各为赋。植援笔立成,可观,太祖甚异之。〔一〕性简易,不治威仪。舆马服饰,不尚华丽。每进见难问,应声而对,特见宠爱。建安十六年,封平原侯。① 十九年,徙封临菑侯。② 太祖征孙权,使植留守邺,戒之曰:"吾昔为顿邱令,年二十三。思此时所行,无悔于今。今汝年亦二十三矣,可不勉与!"植既以才见异,而丁仪、丁廙、杨脩等为之羽翼。太祖狐疑,几为太子者数③矣。而植任性而行,不自雕励,饮酒不节。文帝御之以术,矫情自饰,官人左右,并为之说,故选定为嗣。二十二年,增置邑五千,并前万户。植尝乘车行驰道中,开司马门出。④ 太祖大怒,公车令⑤坐死。由是重诸侯科禁,而植宠日衰。〔二〕太祖既虑终始之变,以杨脩颇有才策,而又袁氏之甥也,于是以罪诛脩。植益内不自安。〔三〕二十四年,曹仁为关羽所围。太祖以植为南中郎将,行征虏将军,欲遣救仁,呼有所敕

---

① 　平原故城址在今山东平原县南五十里。曹植封平原侯,食邑五千户。
② 　临菑故城址在今山东旧临淄县北八里。
③ 　数,音朔,频数。
④ 　宫门谓之司马门,每门有司马主管。《水经注》卷十六谷水注:"渠水自铜驼街东径司马门南,自此南直宣阳门,经纬通达,皆列驰道,往来之禁,一同两汉。曹子建尝行御街,犯门禁,以此见薄。"据郦道元的说法,曹植开司马门,行驰道?是在洛阳。但是这时汉献帝都许,曹操封魏王,居邺,洛阳荒残,并非政治中心,曹植为何在洛阳开司马门行驰道? 清人潘眉根据裴注所引《魏武故事》载曹操令:"自临菑侯植私出,开司马门至金门。"认为所谓"金门",指邺城的金明门,而司马门应是魏王宫的司马门。(《三国志考证》卷五)其说也颇有道理。
⑤ 　公车令即是公车司马令,主管宫门的官。

戒。植醉不能受命,于是悔而罢之。〔四〕

〔一〕阴澹《魏纪》载植赋曰"从明后而嬉游兮,登层台以娱情。见太府之广开兮,观圣德之所营。建高门之嵯峨兮,浮双阙乎太清。立中天之华观兮,连飞阁乎西城。临漳水之长流兮,望园果之滋荣。仰春风之和穆兮,听百鸟之悲鸣。天云垣其既立兮,家愿得而获逞。扬仁化于宇内兮,尽肃恭于上京。惟桓、文之为盛兮,岂足方乎圣明!休矣美矣!惠泽远扬。翼佐我皇家兮,宁彼四方。同天地之规量兮,齐日月之晖光。永贵尊而无极兮,等年寿于东王"云云。太祖深异之。

〔二〕《魏武故事》载令曰:"始者谓子建,儿中最可定大事。"又令曰:"自临菑侯植私出,开司马门至金门,令吾异目视此儿矣。"又令曰:"诸侯长史及帐下吏,知吾出辄将诸侯行意否?从子建私开司马门来,吾都不复信诸侯也。恐吾适出,便复私出,故摄将行。不可,恒使吾(尔)〔以〕谁为心腹也!"

〔三〕《典略》曰:杨脩字德祖,太尉彪子也。谦恭才博。建安中,举孝廉,除郎中,丞相请署仓曹属主簿。是时,军国多事,脩总知外内,事皆称意。自魏太子已下,并争与交好。又是时临菑侯植以才捷爱幸,来意投脩,数与脩书,书曰:"数日不见,思子为劳;想同之也。仆少好词赋,迄至于今二十有五年矣。然今世作者,可略而言也。昔仲宣独步于汉南,孔璋鹰扬于河朔,伟长擅名于青土,公幹振藻于海隅,德琏发迹于大魏,足下高视于上京。当此之时,人人自谓握灵蛇之珠,家家自谓抱荆山之玉。吾王于是设天网以该之,顿八纮以掩之,今尽集兹国矣。然此数子,犹不能飞翰绝迹,一举千里也。以孔璋之才,不闲辞赋,而多自谓与司马长卿同风,譬画虎不成还为狗者也。前为书嘲之,反作论盛道仆赞其文。夫钟期不失听,于今称之。吾亦不改妄叹者,畏后之嗤余也。世人著述,不能无病。仆常好人讥弹其文;有不善者,应时改定。昔丁敬礼尝作小文,使仆润饰之,仆自以才不能过若人,辞不为也。敬礼云:'卿何所疑难乎!文之佳丽,吾自得之。后世谁相知定吾文者邪?'吾常叹此达言,以为美谈。昔尼父之文辞,与人通流;至于制《春秋》,游、夏之徒不能错一字。过此而言不病者,吾未之见也。盖有南威之容,乃可以论于淑媛;有龙渊之利,乃可以议于割断。刘季绪才不逮于作者,而好诋呵文章,掎摭利病。昔田巴毁五帝,罪三王,呰五伯于稷下,一旦而服千人,鲁连一说,使终身杜口。刘生之辩未若田氏,今之仲连求之不难,可无叹息乎!人各有所好尚。兰茝荪蕙之芳,众人之所好,而海畔有逐臭之夫;《咸池》、《六英》之发,众人所乐,而墨翟有非之之论，岂可同哉！今往仆少小所著词赋一通相与。夫街谈巷说，必有可采，击辕之歌，有应风雅，匹夫之思，未易轻弃也。辞赋小道，固未足以揄扬大义，彰示来世也。昔扬子云，先朝执戟之臣耳，犹称'壮夫不为'也；吾虽薄德，位为藩侯，犹庶几戮力上国，流惠下民，建永世之业，流金石之功，岂徒以翰墨为勋绩，辞颂为君子哉？若吾志不果，吾道不行，亦将采史官之实录，辩时俗之得失，定仁义之衷，成一家之言，虽未能藏之名山，将以传之同好，此要之白首，岂可以今日论乎！其言之不怍，恃惠子之知我也。明早相迎，书不尽怀。"脩答曰："不侍数日，若弥年载，岂独爱顾之隆，使系仰之情深邪！损辱来命，蔚矣其文。诵读反复，虽风雅、颂，不复过也。若仲宣之擅江表，陈氏之跨冀域，徐、刘之显青、豫，应生之发魏国，斯皆然矣。至如脩者，听采风声，仰德不暇，目周章于省览，何惶骇于高视哉。伏惟君侯，少长贵盛，体旦、发之质，有圣善之教。远近观者，徒谓能宣昭懿德，光赞大业而已，不谓复能兼览传记，留思文章。今乃含王超陈，度越数子；观者骇视而拭目，听者倾首而耸耳；非夫体通性达，受之自然，其谁能至于此乎？又尝亲见执事握牍持笔，有所造作，若成诵在心，借书于手，曾不斯须少留思虑。仲尼日月，无得逾焉。脩之仰望，殆如此矣。是以对鹖而辞，作《暑赋》弥日而不献，见西施之容，归憎其貌者也。伏想执事不知其然，猥受顾赐，教使刊定。《春秋》之成，莫能损益。《吕氏》、《淮南》，字直千金；然而弟子钳口，市人拱手者，圣贤卓荦，固所以殊绝凡庸也。今之赋颂，古诗之流，不更孔公，风雅无别耳。脩家子云，老不晓事，强著一书，悔其少作。若此，仲山、周旦之徒，则皆有怼乎！君侯忘圣贤之显迹，述鄙宗之过言，窃以为未之思也。若乃不忘经国之大美，流千载之英声，铭功景钟，书名竹帛，此自雅量素所蓄也，岂与文章相妨害哉？辄受所惠，窃备矇瞍诵歌而已。敢忘惠施，以忝庄氏！季绪琐琐，何足以云。"其相往来，如此甚数。植后以骄纵见疏，而植故连缀脩不止，脩亦不敢自绝。至二十四年秋，公以脩前后漏泄言教，交关诸侯，乃收杀之。脩临死，谓故人曰："我固自以死之晚也。"其意以为坐曹植也。脩死后百余日而太祖薨，太子立，遂有天下。初，脩以所得王髦剑奉太子，太子常服之。及即尊位，在洛阳，从容出宫，追思脩之过薄也，抚其剑，驻车顾左右曰："此杨德祖昔所说王髦剑也。髦今焉在？"及召见之，赐髦谷帛。

挚虞《文章志》曰：刘季绪名脩，刘表子。官至东安太守。著诗、赋、颂六篇。

臣松之案《吕氏春秋》曰："人有臭者，其兄弟妻子皆莫能与居，其人自苦而居海上。海上人有悦其臭者，昼夜随之而不能去。"此植所云"逐臭之夫"也。田巴事出《鲁连子》，亦见《皇览》，文多故不载。

《世语》曰：脩年二十五，以名公子有才能，为太祖所器。与丁仪兄弟，皆欲以植为嗣。太子患之，以车载废簏，内朝歌长吴质与谋。脩以白太祖，未及推验。太子惧，告质，质曰："何患？明日复以簏受绢车内以惑之，脩必复重白，重白必推而无验，则彼受罪矣。"世子从之，脩果白，而无人，太祖由是疑焉。脩与贾逵、王凌并为主簿，而为植所友。每当就植，虑事有阙，忖度太祖意，豫作答教十余条，敕门下，教出以次答。教裁出，答已入，太祖怪其捷，推问始泄。太祖遣太子及植各出邺城一门，密敕门不得出，以观其所为。太子至门，不得出而还。脩先戒植："若门不出侯，侯受王命，可斩守者。"植从之。故脩遂以交搆赐死。脩子嚣，嚣子准，皆知名于晋世。嚣，泰始初为典军将军，受心膂之任，早卒。准字始丘，惠帝末为冀州刺史。

荀绰《冀州记》曰：准见王纲不振，遂纵酒，不以官事为意，逍遥卒岁而已。成都王知准不治，犹以其为名士，惜而不责，召以为军谋祭酒。府散停家，关东诸侯议欲以准补三事，以示怀贤尚德之法。事未施行而卒。准子峤字国彦，髦字士彦，并为后出之俊。准与裴頠、乐广善，遣往见之。頠性弘方，爱峤之有高韵，谓准曰："峤当及卿，然髦小减也。"广性清淳，爱髦之有神检，谓准曰："峤自及卿，然髦尤精出。"准叹曰："我二儿之优劣，乃裴、乐之优劣也。"评者以为峤虽有高韵，而神检不逮，广言为得。傅畅云："峤似准而疏。"峤弟俊，字惠彦，最清出。峤、髦皆为二千石。俊，太傅掾。

〔四〕《魏氏春秋》曰：植将行，太子饮焉，逼而醉之。王召植，植不能受王命，故王怒也。

文帝即王位，诛丁仪、丁廙并其男口。〔一〕植与诸侯并就国。黄初二年，监国谒者①灌均希指，奏"植醉酒悖慢，劫胁使者"。有司请治罪，帝以太后故，贬爵安乡侯。〔二〕②其年改封鄄城侯。三年，立为鄄城王，邑二千五百户。

〔一〕《魏略》曰：丁仪字正礼，沛郡人也。父冲，宿与太祖亲善，时随乘舆。见国家未

① 汉制，王国置谒者，侯国无谒者。此监国谒者是魏文帝特置之官，以监视诸侯王的。
② 安乡故城址在今河北晋县东。

定,乃与太祖书曰:"足下平生常喟然有匡佐之志,今其时矣。"是时张杨适还河内,太祖得其书,乃引军迎天子东诣许,以冲为司隶校尉。后数来过诸将饮,酒美不能止,醉烂肠死。太祖以冲前见开导,常德之。闻仪为令士,虽未见,欲以爱女妻之,以问五官将。五官将曰:"女人观貌,而正礼目不便,诚恐爱女未必悦也。以为不如伏波子楙。"太祖从之。寻辟仪为掾,到与论议,嘉其才朗,曰:"丁掾,好士也,即使其两目盲,尚当与女,何况但眇?是吾儿误我。"时仪亦恨不得尚公主,而与临菑侯亲善,数称其奇才。太祖既有意欲立植,而仪又共赞之。及太子立,欲治仪罪,转仪为右刺奸掾,欲仪自裁而仪不能。乃对中领军夏侯尚叩头求哀,尚为涕泣而不能救。后遂因职事收付狱,杀之。

廙字敬礼,仪之弟也。《文士传》曰:廙少有才姿,博学洽闻。初辟公府,建安中为黄门侍郎。廙尝从容谓太祖曰:"临菑侯天性仁孝,发于自然,而聪明智达,其殆庶几。至于博学渊识,文章绝伦。当今天下之贤才君子,不问少长,皆愿从其游而为之死,实天所以钟福于大魏,而永授无穷之祚也。"欲以劝动太祖。太祖答曰:"植,吾爱之,安能若卿言!吾欲立之为嗣,何如?"廙曰:"此国家之所以兴衰,天下之所以存亡,非愚劣琐贱者所敢与及。廙闻知臣莫若于君,知子莫若于父。至于君不论明闇,父不问贤愚,而能常知其臣子者何?盖由相知非一事一物,相尽非一旦一夕。况明公加之以圣哲,习之以人子。今发明达之命,吐永安之言,可谓上应天命,下合人心,得之于须臾,垂之于万世者也。廙不避斧钺之诛,敢不尽言!"太祖深纳之。

〔二〕《魏书》载诏曰:"植,朕之同母弟。朕于天下无所不容,而况植乎?骨肉之亲,舍而不诛,其改封植。"

四年,徙封雍丘王。其年,朝京都。上疏曰:

臣自抱衅归藩,刻肌刻骨,追思罪戾,昼分而食,夜分而寝。诚以天罔不可重离,①圣恩难可再恃。窃感《相鼠》之篇,无礼遄死之义,②形影相吊,五情愧赧。以罪弃生,则违古贤"夕改"之劝,③忍活苟全,则犯诗人"胡

---

① 罔,同网。离,同罹,遭。
② 《诗经·鄘风·相鼠》:"相鼠有体,人而无礼。人而无礼,胡不遄死?"遄,速,
③ 曾子说:"君子朝有过,夕改则与之。"

颜"之讥。① 伏惟陛下德象天地,恩隆父母,施畅春风,泽如时雨。是以不别荆棘者,庆云之惠也;七子均养者,尸鸠之仁也;②舍罪责功者,明君之举也;矜愚爱能者,慈父之恩也:是以愚臣徘徊于恩泽而不能自弃者也。

前奉诏书,臣等绝朝,心离志绝,自分黄耉无复执珪之望。③ 不图望诏猥垂齿召,④至止之日,驰心辇毂。僻处西馆,未奉阙廷,踊跃之怀,瞻望反仄。谨拜表献诗二篇,其辞曰:"於穆显考,时惟武皇,⑤受命于天,宁济四方。朱旗⑥所拂,九土披攘,玄化⑦滂流,荒服来王。超商越周,与唐比踪。笃生我皇,⑧奕世⑨载聪,武则肃烈,文则时雍,⑩受禅炎汉,临君万邦。万邦既化,率由旧则;广命懿亲,以藩王国。帝曰尔侯,君兹青土,⑪奄有海滨,方周于鲁,⑫车服有辉,旗章有叙,⑬济济隽义,⑭我弼我辅。伊予小子,恃宠骄盈,举挂时网,动乱国经。作藩作屏,先轨是堕,傲我皇使,犯我朝仪。国有典刑,我削我绌,⑮将寘于理,元凶是率。⑯ 明明天子,时笃同类,不忍我刑,

---

① 所谓"诗人'胡颜'之讥",即是上文所引《相鼠》诗"胡不遄死"之义。

② 《诗经·曹风·鸤鸠》:"鸤鸠在桑,其子七兮。"《毛传》:"鸤鸠之养其子,朝从上下,莫(暮的本字)从下上,平均如一。"

③ 黄耉(音苟),老人之称。黄谓白发落更生黄者;耉,老人面色不净如垢。珪,古时诸侯执以朝天子。

④ 猥,曲。引为同类曰齿。

⑤ 於音乌,叹辞。穆,美。武皇指曹操。

⑥ 汉以火德王,曹操为汉臣,故称朱旗。

⑦ 玄,道。玄化谓道德之化。

⑧ 笃,厚。我皇指魏文帝。

⑨ 奕世,累世。

⑩ 《尚书·尧典》:"黎民于变,时雍。"时,是。雍,和。

⑪ 曹植初封为临菑侯,临菑属齐郡,在青州境内。

⑫ 奄,大。此两句言曹植临菑侯国境及于海滨,于魏朝最亲,如鲁之于周。

⑬ 章,帜。

⑭ 济济,众盛之貌。隽义,贤才。

⑮ "我削我绌"指贬爵安乡侯。

⑯ 寘,致。理,治狱之官。率,类。"元凶是率"即比罪于元凶之意。

暴之朝肆，①违彼执宪，哀予小子。改封兖邑，②于河之滨，股肱弗置，有君无臣，荒淫之阙，谁弼予身？茕茕仆夫，于彼冀方，嗟予小子，乃罹斯殃。③赫赫天子，恩不遗物，冠我玄冕，要我朱绂。朱绂光大，使我荣华，剖符授玉，王爵是加。④仰齿金玺，俯执圣策，⑤皇恩过隆，祇承怵惕。咨我小子，顽凶是婴，⑥逝惭陵墓，⑦存愧阙廷。匪敢慠德，实恩是恃，威灵改加，足以没齿。⑧昊天罔极，⑨性命不图，⑩常惧颠沛，抱罪黄垆。⑪愿蒙矢石，建旗东岳，⑫庶立豪氂，微功自赎。危躯授命，知足免戾，甘赴江、湘，奋戈吴、越。天启其衷，得会京畿，迟⑬奉圣颜，如渴如饥。心之云慕，怆矣其悲，天高听卑，皇肯照微！"又曰："肃承明诏，应会皇都，星陈夙驾，⑭秣马脂车。命彼掌徒，⑮肃⑯我征旅，朝发鸾台，夕宿兰渚。⑰芒芒原隰，⑱祁

① 暴，音仆，暴露。古者杀罪人，陈其尸于朝市。

② 改封兖邑，谓改封鄄城侯，鄄城为兖州属县。

③ 曹植改封鄄城侯后，为东郡太守王机所诬告，魏文帝迁曹植于邺以禁锢之，不久，诏还鄄城，寻加王爵。"茕茕仆夫，于彼冀方"四句，即指被禁锢于邺之事，邺属冀州（说本黄节《曹子建诗注》）。

④ "赫赫天子"以下八句，指改封鄄城王事。玄冕、朱绂，诸侯之仪。绂，绶，系印环的丝绦。

⑤ 齿，列。汉制：诸侯王皆金玺，封诸侯王时有策书。

⑥ 婴，绕。

⑦ 逝，死。谓死后愧见曹操的陵墓。

⑧ 齿，年。没齿犹言没世。

⑨ 《诗经·小雅·蓼莪》："欲报之德，昊天罔极。"罔，无。极，穷。言父母恩德之大，如天之无穷。此处借用此成语以比魏文帝对己恩德之大。

⑩ 言自己生命之寿夭不可预知。

⑪ 黄垆，黄泉下垆土。

⑫ 东岳，泰山。建旗泰山，预备南征孙吴。

⑬ 迟，音稚，待。

⑭ 夙，早。

⑮ 掌徒，谓主管徒役的人。

⑯ 肃，戒备。

⑰ 鸾台，谓所居之地；兰渚，途中所经之地。皆美言之，并非实指。

⑱ 芒芒，大貌。高平曰原，下湿曰隰。

祁士女，①经彼公田，乐我稷黍。爰有樛木，②重阴匪息；虽有糇粮，③饥不遑食。望城不过，面邑匪游，仆夫警策，④平路是由。玄驷蔼蔼，⑤扬镳漂沫。⑥流风翼衡，⑦轻云承盖。涉涧之滨，缘山之隈，遵彼河浒，黄阪是阶。西济关谷，⑧或降或升；騑骖倦路，⑨再寝再兴。将朝圣皇，匪敢晏宁；弭节长骛，⑩指日遄征。前驱举燧，后乘抗旌，轮不辍运，鸾无废声。⑪爰暨帝室，税此西墉；⑫嘉诏未赐，朝觐莫从。仰瞻城阈，俯惟阙廷，长怀永慕，忧心如酲⑬。”

帝嘉其辞义，优诏答勉之。〔一〕

〔一〕《魏略》曰：“初植未到关，自念有过，宜当谢帝。乃留其从官著关东，单将两三人微行，入见清河长公主，欲因主谢。而关吏以闻，帝使人逆之，不得见。太后以为自杀也，对帝泣。会植科头负铁锧，徒跣诣阙下，帝及太后乃喜。及见之，帝犹严颜色，不与语，又不使冠履。植伏地泣涕，太后为不乐。诏乃听复王服。

《魏氏春秋》曰：是时待遇诸国法峻。任城王暴薨，诸王既怀友于之痛。植及白马王彪还国，欲同路东归，以叙隔阔之思，而监国使者不听。植发愤告离而作诗曰：“谒帝承明庐，逝将归旧疆。清晨发皇邑，日夕过首阳。伊、洛旷且深，欲济川无梁。泛舟越洪涛，怨彼东路长。回顾恋城阙，引领情内伤。大谷何寥廓，山树郁苍苍。霖雨泥我涂，流潦浩从横。中逵绝无轨，改辙登高冈。修阪造云日，我马玄以黄。玄黄犹能

---

① 祁祁，众多貌。
② 樛，音鸠，木下曲曰樛。
③ 糇，音侯，干粮。
④ 警，敕戒。策，打马的鞭子。
⑤ 玄驷，四匹黑色的马。蔼蔼，盛。
⑥ 镳，马勒旁铁。漂同漂，流。沫，马口之沫。马走快时则口中流沫。
⑦ 翼，扶。衡，车辕。
⑧ 关大概指伊阙、辕辕等在洛阳南的关，谷即太谷，在洛阳东南。曹植由东方来，西赴洛阳，必经这些关、谷。
⑨ 古时一车驾四马，当中两马曰服，旁边两马曰骖，亦曰騑。
⑩ 弭，按。弭节，按节徐步。
⑪ 鸾，铃。
⑫ 税，舍。墉，城。
⑬ 酲，病酒。

进,我思郁以纾。郁纾将何念? 亲爱在离居。本图相与偕,中更不克俱。鸱枭鸣衡轭,犲狼当路衢;苍蝇间白黑,谗巧反亲疏。欲还绝无蹊,揽辔止踟蹰。踟蹰亦何留,相思无终极。秋风发微凉,寒蝉鸣我侧。原野何萧条,白日忽西匿。孤兽走索群,衔草不遑食。归鸟赴高林,翩翩厉羽翼。感物伤我怀,抚心长叹息。叹息亦何为,天命与我违。奈何念同生,一往形不归! 孤魂翔故域,灵柩寄京师。存者忽复过,亡没身自衰。人生处一世,忽若朝露晞。年在桑榆间,影响不能追。自顾非金石,咄咤令心悲。心悲动我神,弃置莫复陈。丈夫志四海,万里犹比邻。恩爱苟不亏,在远分日亲。何必同衾帱,然后展殷勤。仓卒骨肉情,能不怀苦辛? 苦辛何虑思,天命信可疑。虚无求列仙,松子久吾欺。变故在斯须,百年谁能持? 离别永无会,执手将何时? 王其爱玉体,俱享黄发期。收泪即长涂,援笔从此辞。”

六年,帝东征,还过雍丘,幸植宫,增户五百。太和元年,徙封浚仪。二年,复还雍丘。植常自愤怨,抱利器而无所施,上疏求自试曰:

臣闻士之生世,入则事父,出则事君;事父尚于荣亲,事君贵于兴国。故慈父不能爱无益之子,仁君不能畜无用之臣。夫论德而授官者,成功之君也;量能而受爵者,毕命之臣也。故君无虚授,臣无虚受,虚授谓之谬举,虚受谓之尸禄,①《诗》之“素餐”②所由作也。昔二虢不辞两国之任,③其德厚也;旦、奭不让燕、鲁之封,④其功大也。今臣蒙国重恩,三世于今矣。正值陛下升平之际,沐浴圣泽,潜润德教,可谓厚幸矣。而窃位东藩,爵在上列,身被轻暖,口厌百味,目极华靡,耳倦丝竹者,爵重禄厚之所致也。退念古之授爵禄者,有异于此,皆以功勤济国,辅主惠民。今臣无德可述,无功可纪,若此终年无益国朝,将挂风人“彼其”之讥。⑤ 是以上惭玄冕,俯愧朱绂。

方今天下一统,九州晏如,而顾西有违命之蜀,东有不臣之吴,使边境

---

① 尸,主。作官不尽职而虚受俸禄谓之尸禄。
② 《诗经·魏风·伐檀》:“彼君子兮,不素餐兮。”素餐即是不作事而白吃饭的意思。
③ 二虢指西周的虢仲、虢叔。虢仲、虢叔是王季之子,文王的母弟,他们二人“为文王卿士,勋在王室,藏于盟府。”(《左传》僖公五年)
④ 周公旦封于鲁,召公奭封于燕。
⑤ 《诗经·曹风·候人》:“彼其之子,不称其服。”“彼其”的“其”音记,语助。诗人讥刺当时在位的大夫才德不称其官服。

未得脱甲，谋士未得高枕者，诚欲混同宇内以致太和也。故启灭有扈而夏功昭，①成克商、奄而周德著。② 今陛下以圣明统世，将欲卒文、武之功，继成、康之隆，简贤授能，以方叔、召虎之臣③镇御四境，为国爪牙者，可谓当矣。然而高鸟未挂于轻缴，渊鱼未县于钩饵者，恐钓射之术或未尽也。昔耿弇不俟光武，亟击张步，言不以贼遗于君父。④ 故车右伏剑于鸣毂，雍门刎首于齐境，若此二士，岂恶生而尚死哉？诚忿其慢主而陵君也。〔一〕夫君之宠臣，欲以除患兴利；臣之事君，必以杀身靖乱，以功报主也。昔贾谊弱冠，求试属国，请系单于之颈而制其命；⑤终军以妙年使越，欲得长缨占其王，羁致北阙。⑥ 此二臣，岂好为夸主而耀世哉？志或郁结，欲逞其才力，输能于明君也。昔汉武为霍去病治第，辞曰："匈奴未灭，臣无以家为！"〔四〕夫忧国忘家，捐躯济难，忠臣之志也。今臣居外，非不厚也，而寝不安席，食不遑味者，伏以二方未克为念。

伏见先武皇帝武臣宿将，年耆即世者有闻矣，虽贤不乏世，宿将旧卒，犹习战陈。窃不自量，志在效命，庶立毛发之功，以报所受之恩。若使陛下出不世之诏，效臣锥刀之用，使得西属大将军，⑦当一校之队，若东属大司马，⑧统偏舟之任，必乘危蹈险，骋舟奋骊，突刃触锋，为士卒

---

① 夏禹死后，其子启继位，有扈氏不服，启伐有扈而灭之。

② 周武王死后，其子成王继位，周公摄政。管叔、蔡叔与纣子武庚举兵叛周，淮夷、徐、奄（在今山东曲阜）应之。周公东征，杀武庚，灭奄，周的势力遂东至于海。

③ 方叔、召虎，皆周宣王时臣，方叔征荆蛮，召虎平淮夷。

④ 东汉初，耿弇讨伐张步，陈俊对耿弇说："虏兵盛，可且闭营休士以须上来。"耿弇回答说："乘舆且到，臣子当击牛酾酒以待百官，反欲以贼虏遗君父邪？"遂出兵攻打张步，大破之（《文选》李善注引《东观汉记》）。

⑤ 贾谊曾对汉文帝说："何不试以臣为属国之官，以主匈奴，行臣之计，必系单于之颈而制其命。"（《汉书·贾谊传》）属国即是典属国，西汉官名，"掌蛮夷降者。"（《汉书·百官公卿表》）

⑥ 汉武帝时，遣终军出使南越，说南越王入朝。终军自请愿受长缨，必羁南越王而致之阙下（《汉书·终军传》）。缨是马鞅，用皮革作成，在马胸前。

⑦ 大将军指曹真。太和二年（二二八年）魏遣曹真攻诸葛亮的军队于街亭。

⑧ 大司马指曹休。太和二年，曹休率兵至皖，防御孙吴。若犹或。

先。虽未能禽权馘亮，庶将虏其雄率，歼其丑类，必效须臾之捷，以灭终身之愧，使名挂史笔，事列朝策。虽身分蜀境，首县吴阙，犹生之年也。如微才弗试，没世无闻，徒荣其躯而丰其体，生无益于事，死无损于数，虚荷上位而忝重禄，禽息鸟视，终于白首，此徒圈牢之养物，非臣之所志也。流闻东军失备，师徒小衄，①辍食弃餐，奋袂攘袿，抚剑东顾，而心已驰于吴会②矣。

臣昔从先武皇帝南极赤岸，③东临沧海，西望玉门，北出玄塞，④伏见所以行军用兵之势，可谓神妙矣。故兵者不可豫言，临难而制变者也。志欲自效于明时，立功于圣世。每览史籍，观古忠臣义士，出一朝之命，以徇国家之难，身虽屠裂，而功铭著于鼎钟，名称垂于竹帛，未尝不拊心而叹息也。臣闻明主使臣，不废有罪。故奔北败军之将用，秦、鲁以成其功；⑤绝缨盗马之臣赦，楚、赵以济其难。⑥臣窃感先帝早崩，威王⑦弃世，臣独何人，以堪长久！常恐先朝露，填沟壑，坟土未干，而身

---

① 曹休至皖，与吴将陆逊战于石亭，败绩。衄音纽，挫。

② 吴会，指吴郡与会稽郡。

③ 有人说，赤岸指赤壁。不一定对。《文选》枚乘《七发》"凌赤岸"。李善注："赤岸盖地名。"又引山谦之《南徐州记》，说明赤岸大概在广陵一带。

④ 玄塞指北方的边塞。玄，黑色，古人以五色配四方及中央，北方是黑色，故曰玄塞。

⑤ 秦用败军之将，指秦穆公用孟明视、西乞术及白乙丙事。秦穆公命孟明视等三人将兵袭郑，晋发兵迎击于殽，秦兵大败。秦穆公还是用他们三人为将，后来伐晋，大败晋兵，以报殽之役。鲁用败军之将，指曹沫事，已详裴注中。

⑥ 赦绝缨之臣是楚庄王事。《文选》李善注引《说苑》："楚庄王赐群臣酒，日暮，华烛灭，有引美人衣者，美人援绝冠缨，告王知之。王曰：'赐人酒醉，欲显妇人之节，吾不取也。'乃命左右勿上火，'与寡人饮不绝缨者，不欢也。'群臣缨皆绝，尽欢而去。后与晋战，引美人衣者五合五获，以报庄王。"缨是结在颔下的帽带。赦盗马之臣是秦穆公事。《文选》李善注引《吕氏春秋》："昔秦缪(同穆)公乘马右服失之，野人取之。缪公自往求之，见野人方将食之于岐山之阳。缪公笑曰：'食骏马之肉，不饮酒，余恐伤汝也。'遍饮而去。韩原之战，晋人已环缪公之车矣，晋梁靡已扣公左骖矣，野人尝食马于岐山之阳者三百有余人，毕力为缪公疾斗于车下，遂大克晋及获晋公以归。"秦穆公事所以称"赵"，因秦与赵同祖，秦君的祖先亦曾称赵氏。

⑦ 威王指任城王曹彰，他死后谥曰威。曹彰在曹操诸子中是最有军事才能的。

名并灭。臣闻骐骥长鸣，则伯乐照其能；①卢狗悲号，则韩国知其才。②是以效之齐、楚之路，以逞千里之任；试之狡兔之捷，以验搏噬之用。今臣志狗马之微功，窃自惟度，无终伯乐、韩国之举，是以於邑③而窃自痛者也。

夫临博而企竦，④闻乐而窃抃者，或有赏音而识道也。昔毛遂，赵之陪隶，犹假锥囊之喻，以寤主立功，⑤何况巍巍大魏多士之朝，而无慷慨死难之臣乎！夫自衒自媒者，士女之丑行也。干时求进者，道家之明忌也。而臣敢陈闻于陛下者，诚与国分形同气，忧患共之者也。冀以尘雾之微补益山海，荧烛⑥末光增辉日月，是以敢冒其丑而献其忠。〔四〕

〔一〕刘向《说苑》曰："越甲至齐，雍门狄请死之。齐王曰：'鼓铎之声未闻，矢石未交，长兵未接，子何务死？知为人臣之礼邪？'雍门狄对曰：'臣闻之，昔者王田于圃，左毂鸣，车右请死之，王曰："子何为死？"车右曰："为其鸣吾君也。"王曰："左毂鸣者，此工师之罪也。子何事之有焉？"车右对曰："吾不见工师之乘，而见其鸣吾君也。"遂刎颈而死。有是乎？'王曰：'有之。'雍门狄曰：'今越甲至，其鸣吾君，岂左毂之下哉？车右可以死左毂，而臣独不可以死越甲邪？'遂刎颈而死。是日，越人引军而退七十里，曰：'齐王有臣，钧如雍门狄，疑使越社稷不血食。'遂归。齐王葬雍门狄

① 《文选》李善注引《战国策》："楚客谓春申君曰：'昔骐骥驾车吴坂，迁延负辕而不能进，遭伯乐，仰而长鸣，知伯乐知己也。'"
② 卢，黑。卢狗是黑狗。《战国策》中说："韩子卢，天下之壮犬。"韩国是人名，他善相狗，卢狗悲号而韩国知其才。
③ 於音乌。於邑，叹息。
④ 博是古时一种游戏，二人相对坐，向局，局分为十二道，下文所谓"识道"，即指博局之道。企，举踵。竦犹立。
⑤ 战国时，秦围赵国都城邯郸，赵王使平原君赴楚求救。平原君要在食客中挑选有智勇者二十人同行，但是只选取了十九个人，还差一个人，于是毛遂自荐。平原君说："你在我门下几年了？"毛遂说："三年了。"平原君说："贤士处世，譬如锥之处囊中，其末立见。今先生在我门下三年，我还没有听说过你。"毛遂说："我今天才算处于囊中啊！假设我能早处囊中，乃颖脱而出，非但末见而已。"平原君于是带了毛遂到楚国。后来竟赖毛遂之力，使楚王答应出兵救赵（《史记·平原君列传》）。
⑥ "荧烛"之"荧"，《文选》作"萤"。张照曰："萤古字本作荧。荧，小火也，以虫尾有光故名，后世乃易火从虫。"

以上卿之礼。”

〔二〕臣松之案：秦用败军之将，事显，故不注。鲁连与燕将书曰：“曹子为鲁将，三战三
　　北而亡地五百里，向使曹子计不反顾，义不旋踵，刎颈而死，则亦不免为败军之将
　　矣。曹子弃三北之耻，而退与鲁君计。桓公朝天子，会诸侯，曹子以一剑之任，披
　　桓公之心于坛坫之上，颜色不变，辞气不悖。三战之所亡，一朝而复之。天下震
　　动，诸侯惊骇，威加吴、越。若此二士者，非不能成小廉而行小节也。”

〔三〕臣松之案：楚庄掩绝缨之罪，事亦显，故不书。秦穆公有赦盗马事，赵则未闻。盖
　　以秦亦赵姓，故互文以避上“秦”字也。

〔四〕《魏略》曰：植虽上此表，犹疑不见用，故曰“夫人贵生者，非贵其养体好服，终竟年
　　寿也，贵在其代天而理物也。夫爵禄者，非虚张者也，有功德然后应之，当矣。无
　　功而爵厚，无德而禄重，或人以为荣，而壮夫以为耻。故太上立德，其次立功，盖功
　　德者所以垂名也。名者不灭，士之所利，故孔子有夕死之论，孟轲有弃生之义。彼
　　一圣一贤，岂不愿久生哉？志或有不展也。是用喟然求试，必立功也。呜呼！言
　　之未用，欲使后之君子知吾意者也。”

三年，徙封东阿。五年，复上疏求存问亲戚，因致其意曰：

　　臣闻天称其高者，以无不覆；地称其广者，以无不载；日月称其明
者，以无不照；江海称其大者，以无不容。故孔子曰：“大哉尧之为君！
惟天为大，惟尧则之。”①夫天德之于万物，可谓弘广矣。盖尧之为教，先
亲后疏，自近及远。其《传》曰：“克明峻德，以亲九族；九族既睦，平章百
姓。”②及周之文王亦崇厥化，其《诗》曰：“刑于寡妻，至于兄弟，以御于家
邦。”③是以雍雍穆穆，风人咏之。④ 昔周公吊管、蔡之不咸，广封懿亲以

① 　所引孔子语见《论语·泰伯》篇。
② 　“克明峻德”四句是《尚书·尧典》文。“峻德”今本尚书作“俊德”，俊是大的意思。九族
　　谓上自高祖，下至玄孙。平通辨，平章即辨章。辨，别。章，明。百姓即是百官族姓。
③ 　所引《诗》“刑于寡妻”三句见《诗经·大雅·思齐》篇。刑，仪法。寡妻，嫡妻。御，
　　治。言文王仪法内施于闺门，而至于兄弟，又能治家与国。
④ 　《诗经·周颂·雝》：“有来雝雝”。又曰：“天子穆穆。”此诗是周武王祭文王的乐歌。
　　雝雝，和。穆穆，天子之容。雝同雍。

藩屏王室,①《传》曰:"周之宗盟,异姓为后。"②诚骨肉之恩爽而不离,亲亲之义实在敦固,未有义而后其君,仁而遗其亲者也。③

伏惟陛下资帝唐钦明之德,④体文王翼翼之仁,⑤惠洽椒房,⑥恩昭九族,群后百寮,番休递上,⑦执政不废于公朝,下情得展于私室,亲理之路通,庆吊之情展,诚可谓恕己治人,推惠施恩者矣。至于臣者,人道绝绪,禁锢明时,臣窃自伤也。不敢过望交气类,⑧修人事,叙人伦。近且婚媾不通,兄弟乖绝,吉凶之问塞,庆吊之礼废,恩纪之违,甚于路人,隔阂之异,殊于胡越。今臣以一切⑨之制,永无朝觐之望,至于注心皇极,⑩结情紫闼,⑪神明知之矣。然天实为之,谓之何哉!⑫退唯诸王常有"戚戚具尔"之心,⑬愿陛下沛然垂诏,使诸国庆问,四节得展,以叙骨肉之欢恩,全怡怡之笃义。妃妾之家,膏沐之遗,岁得再通,齐义于贵宗,等惠于百司,⑭如此,则古人之所叹,风雅之所咏,复存于圣世矣。

臣伏自惟省,无锥刀之用。及观陛下之所拔授,若以臣为异姓,窃

① 《左传》僖公二十四年:"富辰谏曰:'昔周公吊二叔之不咸,故封建亲戚以蕃屏周。'"吊,伤。二叔,指管叔、蔡叔。咸,和。
② 《左传》隐公十一年。"滕侯,薛侯来朝,争长。公使羽父请于薛侯曰:'周之宗盟,异姓为后。'"按滕侯姬姓,薛侯任姓,鲁公之意是要以滕侯为长。
③ 此二句用孟子语。
④ 《尚书·尧典》:"曰若稽古,帝尧,曰放勋,钦明文思安安。"钦,敬。
⑤ 《诗经·大雅·大明》:"维此文王,小心翼翼。"翼翼,恭慎之貌。
⑥ 古时皇后称椒房。椒实多而香,皇后所居,以椒涂壁,取其芳香,并且希望能够多繁育。
⑦ 言百寮宿卫以次休息,更递上直。
⑧ 气类,指同气相求,昔年以文学相切磋的朋友。
⑨ 一切,权宜。或谓一切,是不问可否,一切整齐之。
⑩ 皇,君。极,北极。北极居中,象征君主。
⑪ 古时称帝王宫禁为紫宫,紫闼即是宫门。
⑫ 《诗经·邶风·北门》:"天实为之,谓之何哉!"王引之说:谓犹奈,"谓之何",言奈之何(《经传释词》)。
⑬ 《诗经·大雅·行苇》:"戚戚兄弟,莫远具尔。"戚戚,亲。具,俱。尔与迩同,近。
⑭ 贵宗谓贵戚及公卿之族;百司谓百官。

自料度，不后于朝士矣。若得辞远游，戴武弁，解朱组，佩青绶，①驸马、奉车，②趣得一号，安宅京室，执鞭珥笔，出从华盖，入侍辇毂，承答圣问，拾遗左右，③乃臣丹诚之至愿，不离于梦想者也。远慕《鹿鸣》君臣之宴，④中咏《常棣》"匪他"之诚，⑤下思《伐木》"友生"之义，⑥终怀《蓼莪》"罔极"之哀；⑦每四节之会，块然独处，左右惟仆隶，所对惟妻子，高谈无所与陈，发义无所与展，未尝不闻乐而拊心，临觞而叹息也。臣伏以为犬马之诚不能动人，譬人之诚不能动天。崩城、陨霜，⑧臣初信之，以臣心况，徒虚语耳。若葵藿之倾叶，太阳虽不为之回光，然向之者诚也。窃自比于葵藿，若降天地之施，垂三光之明者，实在陛下。

臣闻《文子》曰："不为福始，不为祸先。"今之否⑨隔，友于⑩同忧，而臣独倡言者，窃不愿于圣世使有不蒙施之物。有不蒙施之物，必有惨毒之

---

① 远游冠，王侯所服。武弁，侍中之冠。王侯金印，朱组绶；二千石以上银印，青绶。绂就是组绶。"若得辞远游"以下四句的意思是说，假如能够放弃王侯的爵位，而同于在朝诸臣。

② 驸马都尉与奉车都尉，魏晋以下多用宗室及外戚充任。

③ 珥笔，插笔。华盖，指皇帝乘舆。魏晋之制，侍中与散骑常侍，皇帝御殿及出游幸，则侍从左右，以备顾问。

④ 《诗经·小雅》有《鹿鸣》篇。《毛诗序》："《鹿鸣》，燕群臣嘉宾也。"

⑤ 《诗经·小雅》有《常棣》篇。《毛诗序》："《常棣》，燕兄弟也。"《诗经·小雅·頍弁》："岂伊异人，兄弟匪他。"

⑥ 《诗经·小雅》有《伐木》篇。《毛诗》序："《伐木》，燕朋友故旧也。"《伐木》篇中有"矧伊人矣，不求友生"句。

⑦ 《诗经·小雅·蓼莪》："父兮生我，母兮鞠我。欲报之德，昊天罔极。"

⑧ 古代传说：春秋时，齐大夫杞梁战死于莒城，他的妻向城而哭，非常哀恸，城为之崩；战国时，邹衍尽忠于君，燕惠王信谗而囚系之，邹衍仰天而哭，正夏而天降霜。

⑨ 否，读鄙(bǐ)，闭塞。

⑩ 《论语·为政》："子曰：'《书》云：孝乎惟孝，友于兄弟，施于有政。'"（孔子所引《尚书》数句，不知出于何篇，后来作伪《古文尚书》者，窜入《君陈》篇中）后人文中用"友于"，即指兄弟。

怀，故《柏舟》有"天只"之怨，①《谷风》有"弃予"之叹。② 故伊尹耻其君不
为尧舜，孟子曰："不以舜之所以事尧事其君者，不敬其君者也。"臣之愚
蔽，固非虞、伊，至于欲使陛下崇"光被""时雍"之美，宣"缉熙"章明之德
者，③是臣惓惓④之诚，窃所独守，实怀鹤立企伫之心。敢复陈闻者，冀陛
下傥发天聪而垂神听也。

诏报曰："盖教化所由，各有隆弊，非皆善始而恶终也，事使之然。故夫
忠厚仁极草木，则《行苇》之诗作；⑤恩泽衰薄，不亲九族，则《角弓》之章刺。⑥
今令诸国兄弟，情理简怠，妃妾之家，膏沐疏略，朕纵不能敦而睦之，王援古
喻义备悉矣，何言精诚不足以感通哉？夫明贵贱，崇亲亲，礼贤良，顺少长，
国之纲纪，本无禁固诸国通问之诏也，矫枉过正，下吏惧谴，以至于此耳。已
敕有司，如王所诉。"

植复上疏陈审举之义，曰：

臣闻天地协气而万物生，君臣合德而庶政成；五帝之世非皆智，三
季之末非皆愚，用与不用，知与不知也。既时有举贤之名，而无得贤之
实，必各援其类而进矣。谚曰："相门有相，将门有将。"夫相者，文德昭
者也；将者，武功烈者也。文德昭，则可以匡国朝，致雍熙，稷、契、夔、

---

① 《诗经·鄘风·柏舟》："母也天只，不谅人只。"只，语助词。
② 《诗经·小雅·谷风》："习习谷风，维风及雨。将恐将惧，维予与女。将安将乐，女转弃
予。"
③ 《尚书·尧典》："光被四表，格于上下。"又曰："黎民于变，时雍。"时，是；犹今言于是。
雍，和。黎民于变，时雍，是帝尧亲九族之效。《诗经·周颂·维清》："维清缉熙，文王
之典。"缉熙，光明。
④ 惓音楼，惓惓，恭谨。
⑤ 《诗经·大雅·行苇·小序》："《行苇》，忠厚也。周家忠厚，仁及草木，故能内睦九
族，外尊事黄耉，养老乞言，以成其福禄焉。"
⑥ 《诗经·小雅·角弓·小序》："《角弓》，父兄刺幽王也。不亲九族而好谗佞，骨肉相
怨，故作是诗也。"

龙①是也；武功烈，则所以征不庭，②威四夷，南仲、方叔③是矣。昔伊尹之为媵臣，至贱也，吕尚之处屠钓，至陋也，及其见举于汤武、周文，诚道合志同，玄谟神通，岂复假近习之荐，因左右之介哉。《书》曰："有不世之君，必能用不世之臣；用不世之臣，必能立不世之功。"殷周二王是矣。若夫龌龊近步，遵常守故，安足为陛下言哉？故阴阳不和，三光不畅，官旷无人，庶政不整者，三司之责也。疆场骚动，方隅内侵，没军丧众，干戈不息者，边将之忧也。岂可虚荷国宠而不称其任哉？故任益隆者负益重，位益高者责益深，《书》称"无旷庶官"，④《诗》有"职思其忧"，⑤此其义也。

　　陛下体天真之淑圣，登神机以继统，冀闻《康哉》之歌，⑥偃武行文之美。而数年以来，水旱不时，民困衣食，师徒之发，岁岁增调，加东有覆败之军，⑦西有殪没之将，⑧至使蚌蛤浮翔于淮、泗，鼷鼬⑨讙哗于林木。臣每念之，未尝不辍食而挥餐，临觞而搤腕矣。昔汉文发代，疑朝有变，宋昌曰："内有朱虚、东牟之亲，外有齐、楚、淮南、琅邪，⑩此则磐石之宗，

---

① 稷、契、夔、龙，都是虞舜时贤臣。契音泄。
② 不庭，不朝于王庭。
③ 南仲、方叔，都是西周王朝的名臣。南仲讨伐狎狁，见《诗经·小雅·出车》，方叔曾征荆蛮，见《诗经·小雅·采芑》。
④ 《尚书·皋陶谟》(陶读摇)："无旷庶官，天工人其代之。"旷，废。庶，众。
⑤ 《诗经·唐风·蟋蟀》："无已大康，职思其忧。"职，主。
⑥ 《尚书·皋陶谟》载皋陶作歌称赞舜："元首明哉！肱股良哉！庶事康哉！"
⑦ 魏明帝太和二年(二二八年)，魏曹休与吴战，败于石亭。
⑧ 太和二年，魏将王双、张郃与蜀战，皆兵败被杀。
⑨ 鼷，音魂，鼷鼠，小兽，亦名黄鼠。鼬，音柚，即俗所谓黄鼠狼。
⑩ 汉吕后死，诸吕作乱，周勃等既平诸吕之乱，迎立高帝子代王刘恒，即是后来的孝文帝。当时代王官属中有人怀疑周勃等谋诈不可信者，宋昌指陈形势，劝代王刘恒勿疑。所谓"朱虚、东牟之亲"云云，皆刘氏宗室。朱虚侯刘章、东牟侯刘兴居，皆汉高帝孙；齐王刘襄，高帝孙；楚王刘交，高帝弟；淮南王刘长，高帝子；琅邪王刘泽，高帝从祖昆弟。

愿王勿疑。"臣伏惟陛下远览姬文二虢之援,①中虑周成召、毕之辅,②下存宋昌磐石之固。昔骐骥之于吴阪,可谓困矣,及其伯乐相之,孙邮御之,形体不劳而坐取千里。盖伯乐善御马,明君善御臣;伯乐驰千里,明君致太平;诚任贤使能之明效也。若朝司惟良,万机内理,武将行师,方难克弭。陛下可得雍容都城,何事劳动銮驾,暴露③于边境哉?

臣闻羊质虎皮,见草则悦,见豺则战,忘其皮之虎也。今置将不良,有似于此。故语曰:"患为之者不知,知之者不得为也。"昔乐毅奔赵,心不忘燕;④廉颇在楚,思为赵将。⑤ 臣生乎乱,长乎军,又数承教于武皇帝,伏见行师用兵之要,不必取孙、吴⑥而阍与之合。窃揆之于心,常愿得一奉朝觐,排金门,蹈玉陛,列有职之臣,赐须臾之间,使臣得一散所怀,摅舒蕴积,死不恨矣。

被鸿胪⑦所下发士息⑧书,期会甚急。又闻豹尾⑨已建,戎轩⑩鸾驾,陛下将复劳玉躬,扰挂神思。臣诚竦息,不遑宁处。愿得策马执鞭,首当尘露,撮风后之奇,⑪接孙、吴之要,追慕卜商起予左右,⑫效命先驱,毕命轮毂,虽无大益,冀有小补。然天高听远,情不上通,徒独望青

---

① 虢仲、虢叔,周文王的母弟,为文王卿士。
② 召公、毕公,周之同姓,辅佐周成王。
③ 暴露之暴音仆,晒。
④ 乐毅,战国时人,为燕昭王所信任,率兵伐齐,攻下七十余城。昭王死,子惠王立,信谗,不用乐毅,乐毅遂奔赵国,而心不忘燕。
⑤ 廉颇,战国时赵国的良将。后来赵王不用廉颇,廉颇奔魏,又奔楚,曾一度为楚将,无功,曰:"我思用赵人。"
⑥ 孙、吴,指春秋时的孙武、战国时的吴起,都是卓越的军事家。
⑦ 鸿胪,汉魏官名,诸侯王藩国之事归鸿胪掌管。
⑧ 士指兵士。息,子。士息就是兵士的儿子。曹魏施行世兵制,服兵役者限于一定的人户,谓之"兵家"或"士家",兵士的儿子也要被征调服兵役。
⑨ 汉魏皇帝出行,大驾属车八十一乘,最后一车悬豹尾。
⑩ 戎轩即是兵车。
⑪ 风后,相传是黄帝之臣,善于兵法。
⑫ 《论语·八佾》:"子曰:'起予者商也,始可与言诗已矣。'"

云而拊心,仰高天而叹息耳。屈平曰:"国有骥而不知乘,焉皇皇而更索!"①昔管、蔡放诛,周、召作弼;②叔鱼陷刑,叔向匡国。③三监④之衅,臣自当之;二南⑤之辅,求必不远。华宗贵族,藩王之中,必有应斯举者。故《传》曰:"无周公之亲,不得行周公之事。"唯陛下少留意焉。

近者汉氏广建藩王,丰则连城数十,约则飨食祖祭而已,未若姬周之树国,五等之品制也。若扶苏之谏始皇,淳于越之难周青臣,⑥可谓知时变矣。夫能使天下倾耳注目者,当权者是矣,故谋能移主,威能慑下。豪右执政,不在亲戚;权之所在,虽疏必重,势之所去,虽亲必轻,盖取齐者田族,非吕宗也。⑦分晋者赵、魏,非姬姓也。⑧唯陛下察之。苟吉专其位,凶离其患者,异姓之臣也。欲国之安,祈家之贵,存共其荣,没同其祸者,公族之臣也。今反公族疏而异姓亲,臣窃惑焉。

---

① "国有骥而不知乘"二句乃宋玉《九辩》第八章之词,曹植误记为屈平。

② 周武王卒,子成王继位,年幼。武王之弟管叔、蔡叔与纣子武庚同举兵叛周,成王诛管叔,放蔡叔,以周公为师,召公为保,辅相左右。

③ 叔向,春秋时晋国大夫,叔鱼是叔向之弟。叔鱼为理官,主断刑狱。当时邢侯与雍子争鄐田,久而未决,韩宣子使叔鱼审判。本来罪在雍子,雍子将他的女儿送与叔鱼为妾,于是叔鱼判决,归罪于邢侯。邢侯怒,杀叔鱼与雍子。韩宣子知道叔向不私其亲,请叔向判断叔鱼、雍子、邢侯等三个人的罪。叔向认为,三个人都有罪,于是加刑于生者邢侯,而将已死的叔鱼与雍子陈尸于市,以示惩罚。

④ 三监,指上文所提到的管叔、蔡叔,还有霍叔,因为他们三人都是周朝派遣去监视武庚的,故称"三监"。

⑤ "二南之辅",即指注②所提到的周公、召公。《诗经·国风》有《周南》、《召南》,谓之"二南",二南中的诗篇分系于周公与召公,所以此处用"二南之辅"代表周公、召公。

⑥ 秦始皇坑咸阳诸生四百六十余人,长子扶苏谏曰:"诸生皆诵法孔子,今上皆重法绳之,臣恐天下不安。"周青臣颂扬秦始皇平定海内,废诸侯,为郡县,人人自安乐,无战争之患。淳于越驳难周青臣说:"殷周之王千余岁,封子弟功臣,自为枝辅。今陛下有海内,而子弟为匹夫,卒有田常六卿之臣,无辅拂,何以相救哉!"(《史记·秦始皇本纪》)

⑦ 周初吕尚封于齐,后来齐国为田和所篡夺。

⑧ 周初唐叔封于晋,姬姓,其后为赵籍、魏斯、韩虔三家所分。胡三省、李慈铭都认为此处所以不言"三家"而言"赵魏"者,因为韩亦姬姓。但是魏氏是毕公高之后,亦是姬姓,严格说来,曹植此处行文似欠周密,大概他的意思着重在赵。

臣闻孟子曰：“君子穷则独善其身，达则兼善天下。”今臣与陛下践冰履炭，登山浮涧，寒温燥湿，高下共之，岂得离陛下哉？不胜愤懑，拜表陈情。若有不合，乞且藏之书府，不便灭弃。臣死之后，事或可思。若有豪厘少挂圣意者，乞出之朝堂，使夫博古之士，纠臣表之不合义者。如是，则臣愿足矣。

帝辄优文答报。〔一〕

〔一〕《魏略》曰：是后大发士息，及取诸国士。植以近前诸国士息已见发，其遗孤稚弱，在者无几，而复被取，乃上书曰：“臣闻古者圣君，与日月齐其明，四时等其信，是以戮凶无重，赏善无轻，怒若惊霆，喜若时雨，恩不中绝，教无二可，以此临朝，则臣下知所死矣。受任在万里之外，审主之所授官，必己之所以投命，虽有构会之徒，泊然不以为惧者，盖君臣相信之明效也。昔章子为齐将，人有告之反者，威王曰：‘不然。’左右曰：‘王何以明之？’王曰：‘闻章子改葬死母；彼尚不欺死父，顾当叛生君乎？’此君之信臣也。昔管仲亲射桓公，后幽囚从鲁槛车载，使少年挽而送齐。管仲知桓公之必用己，惧鲁之悔，谓少年曰：‘吾为汝唱，汝为和，声和声，宜走。’于是管仲唱之，少年走而和之，日行数百里，宿昔而至。至则相齐，此臣之信君也。臣初受封，策书曰：‘植受兹青社，封于东土，以屏翰皇家，为魏藩辅。’而所得兵百五十人，皆年在耳顺，或不逾矩，虎贲官骑及亲事凡二百余人。正复不老，皆使年壮，备有不虞，检校乘城，顾不足以自救，况皆复耄耋罢曳乎？而名为魏东藩，使屏翰王室，臣窃自羞矣。就之诸国，国有士子，合不过五百人，伏以为三军益损，不复赖此。方外不定，必当须办者，臣愿将部曲倍道奔赴，夫妻负襁，子弟怀粮，蹈锋履刃，以徇国难，何但习业小儿哉？愚诚以挥涕增河，鼷鼠饮海，于朝万无损益，于臣家计甚有废损。又臣士息前后三送，兼人已竭。惟尚有小儿，七八岁已上，十六七已还，三十余人。今部曲皆年耆，卧在床席，非糜不食，眼不能视，气息裁属者，凡三十七人；疲癃风靡，疕盲聋聩者，二十三人。惟正须此小儿，大者可备宿卫，虽不足以御寇，粗可以警小盗，小者未堪大使，为可使耘锄秽草，驱护鸟雀。休候人则一事废，一日猎则众业散，不亲自经营则功不摄；常自躬亲，不委下吏而已。陛下圣仁，恩诏三至，士子给国，长不复发。明诏之下，有若皦日，保金石之恩，必明神之信，画然自固，如天如地。定习业者并复见送，晻若昼晦，怅然失图。伏以为陛下既爵臣百寮之右，居藩国之任,为置卿士,屋名为宫,冢名为陵,不使其危居独立,无异于凡庶。若柏成欣于野耕,子仲乐于灌园;蓬户茅牖,原宪之宅也;陋巷箪瓢,颜子之居也:臣才不见效用,常慨然执斯志焉。若陛下听臣悉还部曲,罢官属,省监官,使解玺释绂,追柏成、子仲之业,营颜渊、原宪之事,居子臧之庐,宅延陵之室。如此,虽进无成功,退有可守,身死之日,犹松、乔也。然伏度国朝终未肯听臣之若是,固当羁绊于世绳,维系于禄位,怀屑屑之小忧,执无已之百念,安得荡然肆志,逍遥于宇宙之外哉?此愿未从,陛下必欲崇亲亲,笃骨肉,润白骨而荣枯木者,惟遂仁德以副前恩诏。"皆遂还之。

其年冬,诏诸王朝六年正月。其二月,以陈四县封植为陈王,①邑三千五百户。植每欲求别见独谈,论及时政,幸冀试用,终不能得。既还,怅然绝望。时法制,待藩国既自峻迫,寮属皆贾竖②下才,兵人给其残老,大数不过二百人。又植以前过,事事复减半,十一年中而三徙都,常汲汲无欢,遂发疾薨,时年四十一。〔一〕遗令薄葬。以小子志,保家之主也,欲立之。初,植登鱼山,③临东阿,喟然有终焉之心,遂营为墓。子志嗣,徙封济北王。景初中诏曰:"陈思王昔虽有过失,既克己慎行,以补前阙,且自少至终,篇籍不离于手,诚难能也。其收黄初中诸奏植罪状,公卿已下议④尚书、秘书、中书三府、大鸿胪者皆削除之。撰录植前后所著赋颂诗铭杂论凡百余篇,副藏内外。"志累增邑,并前九百九十户。〔二〕

〔一〕植常为琴瑟调歌,辞曰:"吁嗟此转蓬,居世何独然!长去本根逝,夙夜无休闲。东西经七陌,南北越九阡,卒遇回风起,吹我入云间。自谓终天路,忽焉下沉渊。惊飙接我出,故归彼中田。当南而更北,谓东而反西,宕宕当何依,忽亡而复存。飘飘周八泽,连翩历五山,流转无恒处,谁知吾苦艰?愿为中林草,秋随野火燔,糜灭岂不痛,愿与根荄连。"

孙盛曰:异哉,魏氏之封建也!不度先王之典,不思藩屏之术,违敦睦之风,背维

① 陈国治陈县,今河南淮阳。
② 贾,音古。贾竖就是商人,"贾竖下才"指俗鄙没有文化修养的人。
③ 鱼山在今山东旧东阿县西北八里。
④ 李慈铭认为"议"字下疑脱"藏"字或"在"字。

城之义。汉初之封，或权俟人主，虽云不度，时势然也。魏氏诸侯，陋同匹夫，虽惩七国，矫枉过也。且魏之代汉，非积德之由，风泽既微，六合未一，而凋剪枝干，委权异族，势同瘣木，危若巢幕，不嗣忽诸，非天丧也。五等之制，万世不易之典。六代兴亡，曹冏论之详矣。

〔二〕《志别传》曰：志字允恭，好学有才行。晋武帝为中抚军，迎常道乡公于邺，志夜与帝相见，帝与语，从暮至旦，甚器之。及受禅，改封鄄城公。发诏以志为乐平太守，历章武、赵郡，迁散骑常侍、国子博士，后转博士祭酒。及齐王攸当之藩，下礼官议崇锡之典，志叹曰："安有如此之才，如此之亲，而不得树本助化，而远出海隅者乎？"及建议以谏，辞旨甚切。帝大怒，免志官。后复为散骑常侍。志遭母忧，居丧尽哀，因得疾病，喜怒失常，太康九年卒，谥曰定公。

　　　　　　　　　　　　——《魏书》十九《陈思王植传》

王粲传

　　王粲字仲宣,山阳高平①人也。曾祖父龚,祖父畅,皆为汉三公。〔一〕父谦,为大将军何进长史。进以谦名公之胄,②欲与为婚,见其二子,使择焉。谦弗许。以疾免,卒于家。

> 〔一〕张璠《汉纪》曰:龚字伯宗,有高名于天下。顺帝时为太尉。初,山阳太守薛勤丧妻不哭,将殡,临之曰:"幸不为夭,复何恨哉?"及龚妻卒,龚与诸子并杖行服,时人或两讥焉。畅字叔茂,名在八俊。灵帝时为司空,以水灾免,而李膺亦免归故郡,二人以直道不容当时。天下以畅、膺为高士,诸危言危行之徒皆推宗之,愿涉其流,惟恐不及。会连有灾异,而言事者皆言三公非其人,宜因其变,以畅、膺代之,则祯祥必至。由是宦竖深怨之,及膺诛死而畅遂废,终于家。

　　献帝西迁,粲徙长安,左中郎将蔡邕见而奇之。时邕才学显著,贵重朝廷,常车骑填巷,宾客盈坐。闻粲在门,倒屣迎之。粲至,年既幼弱,容状短小,一坐尽惊。邕曰:"此王公孙也,有异才,吾不如也。吾家书籍文章,尽当与之。"年十七,司徒辟,诏除黄门侍郎,以西京扰乱,皆不就。乃之荆州依刘表。表以粲貌寝而体弱通侻,不甚重也。〔一〕表卒。粲劝表子琮,令归太祖。〔二〕太祖辟为丞相掾,赐爵关内侯。太祖置酒汉滨,③粲奉觞贺曰:"方今袁绍起河北,仗大众,志兼天下,然好贤而不能用,故奇士去之。刘表雍容荆楚,坐观时变,自以为西伯④可规。士之避乱荆州者,皆海内之俊杰也;表不

---

① 高平故城址在今山东邹县西南。
② 胄,后嗣。
③ 《通鉴考异》:"操恐刘备据江陵,至襄阳即过,日行三百里,引用名士,皆至江陵后所为,不得更置酒汉滨,恐误。"
④ 西伯,指周文王。

知所任，故国危而无辅。明公定冀州之日，下车即缮其甲卒，收其豪杰而用之，以横行天下；及平江、汉，引其贤俊而置之列位，使海内回心，望风而愿治，文武并用，英雄毕力，此三王之举也。"后迁军谋祭酒。① 魏国既建，拜侍中。② 博物多识，问无不对。时旧仪废弛，兴造制度，粲恒典之。〔三〕

〔一〕臣松之曰：貌寝，谓貌负其实也。通侻者，简易也。

〔二〕《文士传》载粲说琮曰："仆有愚计，愿进之于将军，可乎？"琮曰："吾所愿闻也。"粲曰："天下大乱，豪杰并起，在仓卒之际，强弱未分，故人各各有心耳。当此之时，家家欲为帝王，人人欲为公侯。观古今之成败，能先见事机者，则恒受其福。今将军自度，何如曹公邪？"琮不能对。粲复曰："如粲所闻，曹公故人杰也。雄略冠时，智谋出世，摧袁氏于官渡，驱孙权于江外，逐刘备于陇右，破乌丸于白登，其余枭夷荡定者，往往如神，不可胜计。今日之事，去就可知也。将军能听粲计，卷甲倒戈，应天顺命，以归曹公，曹公必重德将军。保己全宗，长享福祚，垂之后嗣，此万全之策也。粲遭乱流离，托命此州，蒙将军父子重顾，敢不尽言！"琮纳其言。

臣松之案：孙权自此以前，当与中国和同，未尝交兵，何云"驱权于江外"乎？魏武以十三年征荆州，刘备却后数年方入蜀，备身未尝涉于关、陇。而于征荆州之年，便云逐备于陇右，既已乖错；又白登在平城，亦魏武所不经，北征乌丸，与白登永不相豫。以此知张骘假伪之辞，而不觉其虚之自露也。凡骘虚伪妄作，不可覆疏，如此类者，不可胜纪。

〔三〕挚虞《决疑要注》曰：汉末丧乱，绝无玉佩。魏侍中王粲识旧佩，始复作之。今之玉佩，受法于粲也。

初，粲与人共行，读道边碑，人问曰："卿能闇诵乎？"曰："能。"因使背而诵之，不失一字。观人围棋，局坏，粲为覆之。③ 棋者不信，以帊④盖局，使更以他局为之。用相比校，不误一道。其强记默识如此。性善算，作算术，略尽其理。善属文，举笔便成，无所改定，时人常以为宿构；然正复精意覃思，

---

① 军谋祭酒即军师祭酒，晋人避司马师讳，改"师"为"谋"。
② 建安十八年（二一三年），魏国初建，置侍中，主应对献替，等于是高等顾问。
③ 覆之，就是照原来棋局的局势将棋子重新摆出来。
④ 帊，音怕。帛二幅曰帊。一说是幞。幞是头巾。

亦不能加也。〔一〕著诗、赋、论、议垂六十篇。建安二十一年，从征吴。二十二年春，道病卒，时年四十一。粲二子，为魏讽所引，诛。① 后绝。〔二〕

〔一〕《典略》曰：粲才既高，辩论应机。钟繇、王朗等虽各为魏卿相，至于朝廷奏议，皆阁笔不能措手。

〔二〕《文章志》曰：太祖时征汉中，闻粲子死，叹曰："孤若在，不使仲宣无后。"

　　始文帝为五官将，及平原侯植皆好文学。粲与北海徐干字伟长、②广陵陈琳字孔璋、③陈留阮瑀字元瑜、④汝南应玚字德琏、⑤玚，音徒哽反，一音畅。东平刘桢字公干⑥并见友善。

　　干为司空军谋祭酒掾属，五官将文学。〔一〕⑦

〔一〕《先贤行状》曰：干清玄体道，六行修备，聪识洽闻，操翰成章，轻官忽禄，不耽世荣。建安中，太祖特加旌命，以疾休息。后除上艾长，又以疾不行。

　　琳前为何进主簿。进欲诛诸宦官，太后不听，进乃召四方猛将，并使引兵向京城，欲以劫恐太后。琳谏进曰："《易》称'即鹿无虞'。⑧ 谚有'掩目捕雀'。夫微物尚不可欺以得志，况国之大事，其可以诈立乎？今将军总皇威，握兵要，龙骧虎步，高下在心；以此行事，无异于鼓洪炉以燎毛发。但当速发雷霆，行权立断，违经合道，天人顺之；而反释其利器，更征于他。大兵合聚，强者为雄，所谓倒持干戈，授人以柄；功必不成，只为乱阶。"进不纳其言，竟以取祸。琳避难冀州，袁绍使典文章。袁氏败，琳归太祖。太祖谓曰："卿昔

---

① 魏讽为魏相国钟繇的西曹掾。建安二十四年（二一九年）九月，魏讽潜结徒党，与长乐卫尉陈祎谋袭邺，还没有到期，陈祎畏祸告发。曹丕杀魏讽，因牵连而被杀者数千人。
② 徐干，北海郡剧县人。剧县故城址在今山东寿光县东南。
③ 陈琳，广陵郡广陵县人。广陵县故城址在今江苏扬州市东北。
④ 阮瑀，陈留郡尉氏县人。尉氏，今河南尉氏县。
⑤ 应玚，汝南郡南顿县人。南顿县故城址在今河南项城县北五十里。
⑥ 刘桢，东平郡宁阳县人。宁阳县故城址在今山东宁阳县南。
⑦ 五官将即是五官中郎将，曹丕正居此职。文学是官名，掌校典籍，侍奉文章。
⑧ "即鹿无虞"是《周易·屯卦》六三爻辞。即，就。虞是主管山泽之官。人在打猎时，欲从就于鹿，当有虞官助己，商度山林形势，才能找到鹿。如果没有虞官，则空入于山林之中，必不能得鹿。

为本初移书,但可罪状孤而已,恶恶止其身,何乃上及父祖邪?"①琳谢罪,太祖爱其才而不咎。

瑀少受学于蔡邕。建安中,都护曹洪欲使掌书记,瑀终不为屈。太祖并以琳、瑀为司空军谋祭酒,管记室,〔一〕②军国书檄,多琳、瑀所作也。〔二〕琳徙门下督,③瑀为仓曹掾属。④

〔一〕《文士传》曰:太祖雅闻瑀名,辟之,不应,连见逼促,乃逃入山中。太祖使人焚山,得瑀,送至,召入。太祖时征长安,大延宾客,怒瑀不与语,使就技人列。瑀善解音,能鼓琴,遂抚弦而歌,因造歌曲曰:"奕奕天门开,大魏应期运。青盖巡九州,在东西人怨。士为知己死,女为悦者玩。恩义苟敷畅,他人焉能乱?"为曲既捷,音声殊妙,当时冠坐,太祖大悦。

臣松之案鱼氏《典略》、挚虞《文章志》并云瑀建安初辞疾避役,不为曹洪屈。得太祖召,即投杖而起。不得有逃入山中,焚之乃出之事也。

又《典略》载太祖初征荆州,使瑀作书与刘备,及征马超,又使瑀作书与韩遂,此二书今具存。至长安之前,遂等破走,太祖始以十六年得入关耳。而张骘云初得瑀时太祖在长安,此又乖戾。瑀以十七年卒,太祖十八年策为魏公,而云瑀歌舞辞称"大魏应期运",愈知其妄。又其辞云"他人焉能乱",了不成语。瑀之吐属,必不如此。

〔二〕《典略》曰:琳作诸书及檄,草成呈太祖。太祖先苦头风,是日疾发,卧读琳所作,翕然而起曰:"此愈我病。"数加厚赐。太祖尝使瑀作书与韩遂,时太祖适近出,瑀随从,因于马上具草,书成呈之。太祖擥笔欲有所定,而竟不能增损。

玚、桢各被太祖辟为丞相掾属。玚转为平原侯庶子,后为五官将文学。〔一〕桢以不敬被刑,刑竟署吏。〔二〕咸著文赋数十篇。

〔一〕华峤《汉书》曰:玚祖奉,字世叔。才敏善讽诵,故世称"应世叔读书,五行俱下"。

---

① 陈琳为袁绍作檄,声讨曹操,说:"司空曹操,祖父中常侍腾,与左悺、徐璜并作妖孽,饕餮放横,伤化虐民。父嵩,乞匄携养,因赃假位,舆金辇璧,输货权门,窃盗鼎司,倾覆重器。"曹操所谓"上及父祖"指此。

② 汉公府有记室令史,主管上章表,报书记。

③ 门下督,督将之居门下者。

④ 公府有仓曹,主仓谷事,有掾,有属。

著《后序》十余篇,为世儒者。延熹中,至司隶校尉。子劭字仲远,亦博学多识,尤好事。诸所撰述《风俗通》等,凡百余篇,辞虽不典,世服其博闻。

《续汉书》曰:劭又著《中汉辑叙》、《汉官仪》及《礼仪故事》,凡十一种,百三十六卷。朝廷制度,百官仪式,所以不亡者,由劭记之。官至泰山太守。劭弟珣,字季瑜,司空掾,即场之父。

〔二〕《文士传》曰:桢父名梁,字曼山,一名恭。少有清才,以文学见贵,终于野王令。

《典略》曰:文帝尝赐桢廓落带,其后师死,欲借取以为像,因书嘲桢云:“夫物因人为贵。故在贱者之手,不御至尊之侧。今虽取之,勿嫌其不反也。”桢答曰:“桢闻荆山之璞,曜元后之宝,随侯之珠,烛众士之好;南垠之金,登窈窕之首;羼貂之尾,缀侍臣之帻:此四宝者,伏朽石之下,潜污泥之中,而扬光千载之上,发彩畴昔之外,亦皆未能初自接于至尊也。夫尊者所服,卑者所修也;贵者所御,贱者所先也。故夏屋初成而大匠先立其下,嘉禾始熟而农夫先尝其粒。恨桢所带,无他妙饰,若实殊异,尚可纳也。”桢辞旨巧妙皆如是,由是特为诸公子所亲爱。其后太子尝请诸文学,酒酣坐欢,命夫人甄氏出拜。坐中众人咸伏,而桢独平视。太祖闻之,乃收桢,减死输作。

瑀以十七年卒。幹、琳、玚、桢二十二年卒。文帝书与元城令吴质曰:“昔年疾疫,亲故多离其灾,徐、陈、应、刘,一时俱逝。观古今文人,类不护细行,鲜能以名节自立。而伟长独怀文抱质,恬淡寡欲,有箕山之志,①可谓彬彬君子矣。著《中论》二十余篇,辞义典雅,足传于后。德琏常斐然有述作意,其才学足以著书,美志不遂,良可痛惜!孔璋章表殊健,微为繁富。公幹有逸气,但未遒耳。元瑜书记翩翩,致足乐也。仲宣独自善于辞赋,惜其体弱,不起其文;至于所善,古人无以远过也。昔伯牙绝弦于钟期,②仲尼覆醢

---

① 尧让天下于许由,许由逃隐于箕山之下。所谓“箕山之志”,即是不慕荣利的意思。箕山在今河南登封县东南。
② 伯牙,春秋时人,善鼓琴。钟子期听伯牙鼓琴,能知其志之所在。后来钟子期死,伯牙绝弦,不再鼓琴,伤恸没有知音了。

于子路，①痛知音之难遇，伤门人之莫逮也。诸子但为未及古人，自一时之俊也。"〔一〕

〔一〕《典论》曰：今之文人，鲁国孔融、广陵陈琳、山阳王粲、北海徐幹、陈留阮瑀、汝南应玚、东平刘桢，斯七子者，于学无所遗，于辞无所假，咸自以骋骐骥于千里，仰齐足而并驰。粲长于辞赋。幹时有逸气，然非粲匹也。如粲之《初征》、《登楼》、《槐赋》、《征思》，幹之《玄猿》、《漏卮》、《圆扇》、《橘赋》，虽张、蔡不过也，然于他文未能称是。琳、瑀之章表书记，今之俊也。应玚和而不壮；刘桢壮而不密。孔融体气高妙，有过人者，然不能持论，理不胜辞，至于杂以嘲戏；及其所善，扬、班之俦也。

自颍川邯郸淳、〔一〕繁钦、繁，音婆。〔二〕陈留路粹、〔三〕沛国丁仪、丁廙、弘农杨脩、河内荀纬等，亦有文采，而不在此七人之例。〔四〕

〔一〕《魏略》曰：淳一名竺，字子叔。博学有才章，又善《苍》、《雅》、虫、篆，《许氏》、《字指》。初平时，从三辅客荆州。荆州内附，太祖素闻其名，召与相见，甚敬异之。时五官将博延英儒，亦宿闻淳名，因启淳欲使在文学官属中。会临菑侯植亦求淳，太祖遣淳诣植。植初得淳甚喜，延入坐，不先与谈。时天暑热，植因呼常从取水自澡讫，傅粉。遂科头拍袒，胡舞五椎锻，跳丸击剑，诵俳优小说数千言讫，谓淳曰："邯郸生何如邪？"于是乃更著衣帻，整仪容，与淳评说混元造化之端，品物区别之意，然后论羲皇以来贤圣名臣烈士优劣之差，次颂古今文章赋诔及当官政事宜所先后，又论用武行兵倚伏之势。乃命厨宰，酒炙交至，坐席默然，无与伉者。及暮，淳归，对其所知叹植之材，谓之"天人"。而于时世子未立，太祖俄有意于植，而淳屡称植材。由是五官将颇不悦。及黄初初，以淳为博士给事中。淳作《投壶赋》千余言奏之，文帝以为工，赐帛千匹。

〔二〕《典略》曰：钦字休伯，以文才机辩，少得名于汝、颍。钦既长于书记，又善为诗赋。其所与太子书，记喉转意，率皆巧丽。为丞相主簿。建安二十三年卒。

〔三〕《典略》曰：粹字文蔚，少学于蔡邕。初平中，随车驾至三辅。建安初，以高才与

───────────────

① 孔子的弟子子路在卫国作官，卫国有内乱，子路被杀。卫国使者来到鲁国，见孔子。孔子哭子路，问他死的情况。使者说："醢之矣。"（醢，音海，肉酱。醢之就是做成肉酱。）孔子遂命覆醢，因为伤恸子路，连自己平常吃的肉酱也不忍再吃了。

京兆严像擢拜尚书郎。像以兼有文武，出为扬州刺史。粹后为军谋祭酒，与陈琳、阮瑀等典记室。及孔融有过，太祖使粹为奏，承指数致融罪，其大略言："融昔在北海，见王室不宁，招合徒众，欲图不轨，言'我大圣之后也，而灭于宋。有天下者何必卯金刀'？"又云："融为九列，不遵朝仪，秃巾微行，唐突宫掖。又与白衣祢衡言论放荡，衡与融更相赞扬。衡谓融曰：'仲尼不死也。'融答曰：'颜渊复生。'"凡说融诸如此辈，辞语甚多。融诛之后，人睹粹所作，无不嘉其才而畏其笔也。至十九年，粹转为秘书令，从大军至汉中，坐违禁贱请驴伏法。太子素与粹善，闻其死，为之叹惜。及即帝位，特用其子为长史。

鱼豢曰：寻省往者，鲁连、邹阳之徒，援譬引类，以解缔结，诚彼时文辩之俊也。今览王、繁、阮、陈、路诸人前后文旨，亦何昔不若哉？其所以不论者，时世异耳。余又窃怪其不甚见用，以问大鸿胪卿韦仲将。仲将云："仲宣伤于肥戆，休伯都无格检，元瑜病于体弱，孔璋实自粗疏，文蔚性颇忿鸷，如是彼为，非徒以脂烛自煎縻也，其不高蹈，盖有由矣。然君子不责备于一人，譬之朱漆，虽无桢干，其为光泽亦壮观也。"

〔四〕仪、廙、脩事，并在《陈思王传》。荀勖《文章叙录》曰：纬字公高。少喜文学。建安中，召署军谋掾、魏太子庶子，稍迁至散骑常侍、越骑校尉。年四十二，黄初四年卒。

场弟璩，璩子贞，咸以文章显。璩官至侍中。贞咸熙中参相国军事。〔一〕

〔一〕《文章叙录》曰：璩字休琏，博学好属文，善为书记。文、明帝世，历官散骑常侍。齐王即位，稍迁侍中、大将军长史。曹爽秉政，多违法度，璩为诗以讽焉。其言虽颇谐合，多切时要，世共传之。复为侍中，典著作。嘉平四年卒，追赠卫尉。贞字吉甫，少以才闻，能谈论。正始中，夏侯玄盛有名势，贞尝在玄坐作五言诗，玄嘉玩之。举高第，历显位。晋武帝为抚军大将军，以贞参军事。晋室践阼，迁太子中庶子、散骑常侍。又以儒学与太尉荀颛撰定新礼，事未施行。泰始五年卒。贞弟纯。纯子绍，永嘉中为黄门侍郎，为司马越所杀。纯弟秀。秀子詹，镇南大将军、江州刺史。

瑀子籍，才藻艳逸，而倜傥放荡，行己寡欲，以庄周为模则。官至步兵校尉。〔一〕

〔一〕籍字嗣宗。《魏氏春秋》曰：籍旷达不羁，不拘礼俗。性至孝，居丧虽不率常检，而毁几至灭性。兖州刺史王昶请与相见，终日不得与言，昶叹赏之，自以不能测也。太尉蒋济闻而辟之，后为尚书郎、曹爽参军，以疾归田里。岁余，爽诛，太傅及大将军乃以为从事中郎。后朝论以其名高，欲显崇之，籍以世多故，禄仕而已，闻步兵校尉缺，厨多美酒，营人善酿酒，求为校尉，遂纵酒昏酣，遗落世事。尝登广武，观楚、汉战处，乃叹曰："时无英才，使竖子成名乎！"时率意独驾，不由径路，车迹所穷，辄恸哭而反。籍少时尝游苏门山，苏门山有隐者，莫知名姓，有竹实数斛，臼杵而已。籍从之，与谈太古无为之道，及论五帝三王之义，苏门生萧然曾不经听。籍乃对之长啸，清韵响亮，苏门生逌尔而笑。籍既降，苏门生亦啸，若鸾凤之音焉。至是，籍乃假苏门先生之论，以寄所怀。其歌曰："日没不周西，月出丹渊中。阳精蔽不见，阴光代为雄。亭亭在须臾，厌厌将复隆。富贵俯仰间，贫贱何必终。"又叹曰："天地解兮六合开，星辰陨兮日月颓，我腾而上将何怀？"籍口不论人过，而自然高迈，故为礼法之士何曾等深所雠疾。大将军司马文王常保持之，卒以寿终。子浑字长成。《世语》曰：浑以闲澹寡欲，知名京邑。为太子庶子。早卒。

时又有谯郡嵇康，①文辞壮丽，好言老、庄，而尚奇任侠。至景元中，坐事诛。〔一〕

〔一〕康字叔夜。案《嵇氏谱》：康父昭，字子远，督军粮治书侍御史。兄喜，字公穆，晋扬州刺史、中正。喜为康传曰："家世儒学，少有俊才，旷迈不群，高亮任性，不修名誉，宽简有大量。学不师授，博洽多闻，长而好老、庄之业，恬静无欲。性好服食，尝采御上药。善属文论，弹琴咏诗，自足于怀抱之中。以为神仙者，禀之自然，非积学所致。至于导养得理，以尽性命，若安期、彭祖之伦，可以善求而得也；著《养生篇》。知自厚者所以丧其所生，其求益者必失其性，超然独达，遂放世事，纵意于尘埃之表。撰录上古以来圣贤、隐逸、遁心、遗名者，集为传赞，自混沌至于管宁，凡百一十有九人，盖求之于宇宙之内，而发之乎千载之外者矣。故世人莫得而名焉。"

虞预《晋书》曰：康家本姓奚，会稽人。先自会稽迁于谯之铚县，改为嵇氏，取"稽"字之上，〔加〕"山"以为姓，盖以志其本也。一曰铚有嵇山，家于其侧，遂氏焉。

---

① 嵇康，谯郡铚县人。铚县故城址在今安徽宿县西南四十六里。

《魏氏春秋》曰：康寓居河内之山阳县，与之游者，未尝见其喜愠之色。与陈留阮籍、河内山涛、河南向秀、籍兄子咸、琅邪王戎、沛人刘伶相与友善，游于竹林，号为七贤。钟会为大将军所昵，闻康名而造之。会，名公子，以才能贵幸，乘肥衣轻，宾从如云。康方箕踞而锻，会至，不为之礼。康问会曰："何所闻而来？何所见而去？"会曰："有所闻而来，有所见而去。"会深衔之。大将军尝欲辟康。康既有绝世之言，又从子不善，避之河东，或云避世。及山涛为选曹郎，举康自代，康答书拒绝，因自说不堪流俗，而非薄汤、武。大将军闻而怒焉。初，康与东平吕昭子巽及巽弟安亲善。会巽淫安妻徐氏，而诬安不孝，囚之。安引康为证，康义不负心，保明其事，安亦至烈，有济世志力。钟会劝大将军因此除之，遂杀安及康。康临刑自若，援琴而鼓，既而叹曰："雅音于是绝矣！"时人莫不哀之。初，康采药于汲郡共北山中，见隐者孙登。康欲与之言，登默然不对。逾时将去，康曰："先生竟无言乎？"登乃曰："子才多识寡，难乎免于今之世。"及遭吕安事，为诗自责曰："欲寡其过，谤议沸腾。性不伤物，频致怨憎。昔惭柳下，今愧孙登。内负宿心，外赧良朋。"康所著诸文论六七万言，皆为世所玩咏。

《康别传》云：孙登谓康曰："君性烈而才俊，其能免乎？"称康临终之言曰："袁孝尼尝从吾学《广陵散》，吾每固之不与。《广陵散》于今绝矣！"与盛所记不同。

又《晋阳秋》云：康见孙登，登对之长啸，逾时不言。康辞还，曰："先生竟无言乎？"登曰："惜哉！"此二书皆孙盛所述，而自为殊异如此。

《康集目录》曰：登字公和，不知何许人，无家属，于汲县北山土窟中得之。夏则编草为裳，冬则被发自覆。好读《易》鼓琴，见者皆亲乐之。每所止家，辄给其衣服食饮，得无辞让。

《世语》曰：毌丘俭反，康有力，且欲起兵应之，以问山涛，涛曰："不可。"俭亦已败。

臣松之案《本传》云康以景元中坐事诛，而干宝、孙盛、习凿齿诸书，皆云正元二年，司马文王反自乐嘉，杀嵇康、吕安。盖缘《世语》云康欲举兵应毌丘俭，故谓破俭便应杀康也。其实不然。山涛为选官，欲举康自代，康书告绝，事之明审者也。案《涛行状》，涛始以景元二年除吏部郎耳。景元与正元相较七八年，以《涛行状》检之，如《本传》为审。又《钟会传》亦云会作司隶校尉时诛康；会作司隶，景元中也。干宝云：吕安兄巽善于钟会，巽为相国掾，俱有宠于司马文王，故遂抵安罪。寻文王以景元四年钟、邓平蜀后,始授相国位;若巽为相国掾时陷安,焉得以破毌丘俭年杀嵇、吕?此又干宝之疏谬,自相违伐也。

康子绍,字延祖,少知名。山涛启以为秘书郎,称绍平简温敏,有文思,又晓音,当成济者。帝曰:"绍如此,便可以为丞,不足复为郎也。"遂历显位。

《晋诸公赞》曰:绍与山涛子简、弘农杨准同好友善,而绍最有忠正之情。以侍中从惠帝北伐成都王,王师败绩,百官皆走,惟绍独以身扞卫,遂死于帝侧。故累见褒崇,追赠太尉,谥曰忠穆公。

景初中,下邳桓威出自孤微,年十八而著《浑舆经》,①依道以见意。从齐国门下书佐、司徒署吏,后为安成令。

吴质,济阴人,以文才为文帝所善,官至振威将军,假节都督河北诸军事,封列侯。〔一〕

〔一〕《魏略》曰:质字季重,以才学通博,为五官将及诸侯所礼爱;质亦善处其兄弟之间,若前世楼君卿之游五侯矣。及河北平定,(大将军)〔五官将〕为世子,质与刘桢等并在坐席。桢坐谴之际,质出为朝歌长,后迁元城令。其后大军西征,太子南在孟津小城,与质书曰:"季重无恙!途路虽局,官守有限,愿言之怀,良不可任。足下所治僻左,书问致简,益用增劳。每念昔日南皮之游,诚不可忘。既妙思六经,逍遥百氏,弹棋闲设,终以博弈,高谈娱心,哀筝顺耳。驰骛北场,旅食南馆,浮甘瓜于清泉,沉朱李于寒水,皦日既没,继以朗月,同乘并载,以游后园,舆轮徐动,宾从无声,清风夜起,悲笳微吟,乐往哀来,凄然伤怀。余顾而言,兹乐难常,足下之徒,咸以为然。今果分别,各在一方。元瑜长逝,化为异物,每一念至,何时可言?方今蕤宾纪辰,景风扇物,天气和暖,众果具繁。时驾而游,北遵河曲,从者鸣笳以启路,文学托乘于后车,节同时异,物是人非,我劳如何!今遣骑到邺,故使枉道相过,行矣,自爱!"二十三年,太子又与质书曰:"岁月易得,别来行复四年。三年不见,《东山》犹叹其远,况乃过之,思何可支?虽书疏往反,未足解其劳结。昔年疾疫,亲故多离其灾,徐、陈、应、刘,一时俱逝,痛何可言邪!昔日游处,行则同舆,止则接席,何尝须臾相失!每至觞酌流行,丝竹并

———————————

① 桓威《浑舆经》一卷,《隋书·经籍志》、《旧唐书·经籍志》、《新唐书·艺文志》均著录。宋以后亡佚。

奏,酒酣耳热,仰而赋诗,当此之时,忽然不自知乐也。谓百年已分,长共相保,何图数年之间,零落略尽,言之伤心。顷撰其遗文,都为一集。观其姓名,已为鬼录,追思昔游,犹在心目,而此诸子化为粪壤,可复道哉!观古今文人,类不护细行,鲜能以名节自立。而伟长独怀文抱质,恬淡寡欲,有箕山之志,可谓彬彬君子矣。著《中论》二十余篇,成一家之业,辞义典雅,足传于后,此子为不朽矣。德琏常斐然有述作意,才学足以著书,美志不遂,良可痛惜。闲历观诸子之文,对之拔泪,既痛逝者,行自念也。孔璋章表殊健,微为繁富。公幹有逸气,但未遒耳,至其五言诗,妙绝当时。元瑜书记翩翩,致足乐也。仲宣独自善于辞赋,惜其体弱,不足起其文,至于所善,古人无以远过也。昔伯牙绝弦于钟期,仲尼覆醢于子路,愍知音之难遇,伤门人之莫逮也。诸子但为未及古人,自一时之俊也,今之存者已不逮矣。后生可畏,来者难诬,然吾与足下不及见也。行年已长大,所怀万端,时有所虑,至乃通夕不瞑。何时复类昔日!已成老翁,但未白头耳。光武言‘年已三十,在军十年,所更非一’,吾德虽不及,年与之齐。以犬羊之质,服虎豹之文,无众星之明,假日月之光,动见观瞻,何时易邪?恐永不复得为昔日游也。少壮真当努力,年一过往,何可攀援?古人思秉烛夜游,良有以也。顷何以自娱?颇复有所造述不?东望于邑,裁书叙心。”

臣松之以本传虽略载太子此书,美辞多被删落,今故悉取《魏略》所述以备其文。

太子即王位,又与质书曰:“南皮之游,存者三人,烈祖龙飞,或将或侯。今惟吾子,栖迟下仕,从我游处,独不及门。瓶罄罍耻,能无怀愧。路不云远,今复相闻。”初,曹真、曹休亦与质等俱在渤海游处,时休、真亦以宗亲并受爵封,出为列将,而质故为长史。王顾质有望,故称二人以慰之。始质为单家,少游遨贵戚间,盖不与乡里相沉浮。故虽已出官,本国犹不与之士名。及魏有天下,文帝征质,与车驾会洛阳。到,拜北中郎将,封列侯,使持节督幽、并诸军事,治信都。太和中,入朝。质自以不为本郡所饶,谓司徒董昭曰:“我欲溺乡里耳。”昭曰:“君且止,我年八十,不能老为君溺攒也。”

《世语》曰:魏王尝出征,世子及临菑侯植并送路侧。植称述功德,发言有章,左右属目,王亦悦焉。世子怅然自失,吴质耳曰:“王当行,流涕可也。”及辞,世子泣而拜,王及左右咸歔欷,于是皆以植辞多华,而诚心不及也。

《质别传》曰:帝尝召质及曹休欢会,命郭后出见质等。帝曰:“卿仰谛视之。”其至亲如此。质黄初五年朝京师,诏上将军及特进以下皆会质所,大官给供具。酒酣,质欲尽欢。时上将军曹真性肥,中领军朱铄性瘦,质召优,使说肥瘦。真负贵,耻见戏,怒谓质曰:"卿欲以部曲将遇我邪?"骠骑将军曹洪、轻车将军王忠言:"将军必欲使上将军服肥,即自宜为瘦。"真愈恚,拔刀瞋目,言:"俳敢轻脱,吾斩尔。"遂骂坐。质案剑曰:"曹子丹,汝非屠几上肉,吴质吞尔不摇喉,咀尔不摇牙,何敢恃势骄邪?"铄因起曰:"陛下使吾等来乐卿耳,乃至此邪!"质顾叱之曰:"朱铄,敢坏坐!"诸将军皆还坐。铄性急,愈恚,还拔剑斩地。遂便罢也。及文帝崩,质思慕作诗曰:"怆怆怀殷忧,殷忧不可居。徙倚不能坐,出入步踟蹰。念蒙圣主恩,荣爵与众殊。自谓永终身,志气甫当舒。何意中见弃,弃我归黄垆。茕茕靡所恃,泪下如连珠。随没无所益,身死名不书。慷慨自佣俛,庶几烈丈夫。"太和四年,入为侍中。时司空陈群录尚书事,帝初亲万机,质以辅弼大臣,安危之本,对帝盛称"骠骑将军司马懿,忠智至公,社稷之臣也。陈群从容之士,非国相之才,处重任而不亲事。"帝甚纳之。明日,有切诏以督责群,而天下以司空不如长文,即群言无实也。质其年夏卒。质先以怙威肆行,谥曰丑侯。质子应仍上书论枉,至正元中乃改谥威侯。应字温舒,晋尚书。应子康,字子仲。知名于时,亦至大位。

——《魏书》二十一《王粲传》

钟会传

钟会字士季，颍川长社①人，太傅繇小子也。少敏惠夙成。〔一〕中护军蒋济著论，谓"观其眸子，足以知人。"会年五岁，繇遣见济，济甚异之，曰："非常人也。"及壮，有才数技艺，而博学精练名理，②以夜续昼，由是获声誉。正始中，以为秘书郎，迁尚书中书侍郎。〔二〕高贵乡公即尊位，赐爵关内侯。

〔一〕会为其母传曰："夫人张氏，字昌蒲，太原兹氏人，太傅定陵成侯之命妇也。世长吏二千石。夫人少丧父母，充成侯家，修身正行，非礼不动，为上下所称述。贵妾孙氏，摄嫡专家，心害其贤，数谗毁无所不至。孙氏辨博有智巧，言足以饰非成过，然竟不能伤也。及妊娠，愈更嫉妒，乃置药食中，夫人中食，觉而吐之，瞑眩者数日。或曰：'何不向公言之？'答曰：'嫡庶相害，破家危国，古今以为鉴诫。假如公信我，众谁能明其事？彼以心度我，谓我必言，固将先我；事由彼发，顾不快耶！'遂称疾不见。孙氏果谓成侯曰：'妾欲其得男，故饮以得男之药，反谓毒之！'成侯曰：'得男药佳事，阉于食中与人，非人情也。'遂讯侍者，具服，孙氏由是得罪出。成侯问夫人何能不言，夫人言其故，成侯大惊，益以此贤之。黄初六年，生会，恩宠愈隆。成侯既出孙氏，更纳正嫡贾氏。"

臣松之按：钟繇于时老矣，而方纳正室。盖《礼》所云宗子虽七十无无主妇之义也。

《魏氏春秋》曰：会母见宠于繇，繇为之出其夫人。卞太后以为言，文帝诏繇复之。繇恚愤，将引鸩，弗获，餐椒致噤，帝乃止。

〔二〕《世语》曰：司马景王命中书令虞松作表，再呈辄不可意，命松更定。以经时，松思竭不能改，心苦之，形于颜色。会察其有忧，问松，松以实答。会取视，为定五字。松悦服，以呈景王，王曰："不当尔邪，谁所定也？"松曰："钟会。向亦欲启

---

① 长社故城址在今河南长葛县西。

② 名理指辨名析理之学。魏晋玄学即注重辨名析理。

之,会公见问,不敢饕其能。"王曰:"如此,可大用,可令来。"会问松王所能,松曰:"博学明识,无所不贯。"会乃绝宾客,精思十日,平旦入见,至鼓二乃出。出后,王独拊手叹息曰:"此真王佐材也!"松字叔茂,陈留人,九江太守边让外孙。松弱冠有才,从司马宣王征辽东,宣王命作檄,及破贼,作露布。松从还,宣王辟为掾,时年二十四,迁中书郎,遂至太守。松子滂,字显弘,晋廷尉。

臣松之以为钟会名公之子,声誉夙著,弱冠登朝,已历显位,景王为相,何容不悉,而方于定虞松表然后乃蒙接引乎?设使先不相识,但见五字而便知可大用,虽圣人其犹病诸,而况景王哉?

毌丘俭作乱,大将军司马景王东征,会从,典知密事,卫将军司马文王为大军后继。景王薨于许昌,文王总统六军,会谋谟帷幄。时中诏①敕尚书傅嘏,以东南新定,权留卫将军屯许昌为内外之援,令嘏率诸军还。会与嘏谋,使嘏表上,辄与卫将军俱发,还到雒水南屯住。于是朝廷拜文王为大将军、辅政,会迁黄门侍郎,封东武亭侯,邑三百户。

甘露二年,征诸葛诞为司空,时会丧宁在家,策诞必不从命,驰白文王。文王以事已施行,不复追改。〔一〕及诞反,车驾住项,②文王至寿春,③会复从行。

〔一〕会时遭所生母丧。其母传曰:"夫人性矜严,明于教训,会虽童稚,勤见规诲。年四岁授《孝经》,七岁诵《论语》,八岁诵《诗》,十岁诵《尚书》,十一诵《易》,十二诵《春秋左氏传》、《国语》,十三诵《周礼》、《礼记》,十四诵成侯《易记》,十五使入太学问四方奇文异训。谓会曰:'学狠则倦,倦则意怠;吾惧汝之意怠,故以渐训汝,今可以独学矣。'雅好书籍,涉历众书,特好《易》、《老子》,每读《易》孔子说鸣鹤在阴、劳谦君子、籍用白茅、不出户庭之义,每使会反复读之,曰:'《易》三百余爻,仲尼特说此者,以谦恭慎密,枢机之发,行己至要,荣身所由故也,顺斯术已往,足为君子矣。'正始八年,会为尚书郎,夫人执会手而诲之曰:'汝弱冠见叙,

① 中诏者,诏自中出,君主之意。当时诏命多以司马氏之意行之,此诏出自禁中,所以称为中诏。
② 项县故城址在今河南项城东北。
③ 寿春,今安徽寿县。

人情不能不自足，则损在其中矣，勉思其戒！'是时大将军曹爽专朝政，日纵酒沉醉，会兄侍中毓宴还，言其事。夫人曰：'乐则乐矣，然难久也。居上不骄，制节谨度，然后乃无危溢之患。今奢僭若此，非长守富贵之道。'嘉平元年，车驾朝高平陵，会为中书郎，从行。相国宣文侯始举兵，众人恐惧，而夫人自若。中书令刘放、侍郎卫瓘、夏侯和等家皆怪问：'夫人一子在危难之中，何能无忧？'答曰：'大将军奢僭无度，吾常疑其不安。太傅义不危国，必为大将军举耳。吾儿在帝侧何忧？闻且出兵无他重器，其势必不久战。'果如其言，一时称明。会历机密十余年，颇豫政谋。夫人谓曰：'昔范氏少子为赵简子设伐邾之计，事从民悦，可谓功矣。然其母以为乘伪作诈，末业鄙事，必不能久。其识本深远，非近人所言，吾常乐其为人。汝居心正，吾知免矣。但当修所志以辅益时化，不忝先人耳。'常言：'人谁能皆体自然，但力行不倦，抑亦其次。'虽接鄙贱，必以言信。取与之间，分画分明。或问：'此无乃小乎？'答曰：'君子之行，皆积小以致高大，若以小善为无益而弗为，此乃小人之事耳。希通慕大者，吾所不好。'会自幼少，衣不过青绀，亲营家事，自知恭俭。然见得思义，临财必让。会前后赐钱帛数百万计，悉送供公家之用，一无所取。年五十有九，甘露二年二月暴疾薨。比葬，天子有手诏，命大将军高都侯厚加赗赠，丧事无巨细，一皆供给。议者以为公侯有夫人，有世妇，有妻，有妾，所谓外命妇也。依《春秋》成风、定姒之义，宜崇典礼，不得总称妾名，于是称成侯命妇。殡葬之事，有取于古制，礼也。"

初，吴大将全琮，孙权之婚亲重臣也，琮子怿、孙静、从子端、翮、缉等，皆将兵来救诞。怿兄子辉、仪留建业，与其家内争讼，携其母，将部曲数十家渡江，自归文王。会建策，密为辉、仪作书，使辉、仪所亲信赍入城告怿等，说吴中怒怿等不能拔寿春，①欲尽诛诸将家，故逃来归命。怿等恐惧，遂将所领开东城门出降，皆蒙封宠，城中由是乖离。寿春之破，会谋居多，亲待日隆，时人谓之子房。② 军还，迁为太仆，固辞不就。以中郎在大将军府管记室事，为腹心之任。以讨诸葛诞功，进爵陈侯，屡让不受。诏曰："会典综军事，参同计策，料敌制胜，有谋谟之勋，而推宠固让，辞指款实，前后累重，志不可夺。

————

① 所谓"不能拔寿春"，就是说不能将诸葛诞等寿春的部队从围城中救出来。
② 汉张良，字子房，善于谋画。

夫成功不处，古人所重，其听会所执，以成其美。"迁司隶校尉。① 虽在外司，时政损益，当世与夺，无不综典。嵇康等见诛，皆会谋也。

文王以蜀大将姜维屡扰边陲，料蜀国小民疲，资力单竭，欲大举图蜀。惟会亦以为蜀可取，豫共筹度地形，考论事势。景元三年冬，以会为镇西将军、假节都督关中诸军事。文王敕青、徐、兖、豫、荆、扬诸州，并使作船，又令唐咨作浮海大船，外为将伐吴者。四年秋，乃下诏使邓艾、诸葛绪各统诸军三万余人，艾趣甘松、沓中②连缀维，绪趣武街、桥头③绝维归路。会统十余万众，分从斜谷、骆谷④入。先命牙门将许仪在前治道，会在后行，而桥穿，马足陷，于是斩仪。仪者，许褚之子，有功王室，犹不原贷。诸军闻之，莫不震竦。蜀令诸围皆不得战，退还汉、乐二城⑤守。魏兴太守刘钦趣子午谷，⑥诸军数道平行，至汉中。蜀监军王含守乐城，护军蒋斌守汉城，兵各五千。会使护军荀恺、前将军李辅各统万人，恺围汉城，辅围乐城。会径过，西出阳安口，⑦遣人祭诸葛亮之墓，使护军胡烈等行前，攻破关城，得库藏积谷。姜维自沓中还，至阴平，⑧合集士众，欲赴关城，未到，闻其已破，退趣白水，⑨与蜀

① 魏司隶校尉督察京畿诸郡：河南、荥阳、河东、平阳、河内、弘农。
② 甘松在今四州松潘县西北三百里，岷江发源之地。沓中在今甘肃龙叠县以西，岷县以南。
③ 武街在今甘肃旧成县；桥头在今甘肃文县东南，跨白水江上。
④ 斜谷在陕西旧郿县西南三十里；骆谷在陕西盩厔县西南一百二十里。从斜谷入，南至褒谷（在旧褒城县北），即所谓褒斜道。从骆谷入，南至傥谷（在洋县北三十里），即所谓傥骆道。
⑤ 汉、乐二城皆诸葛亮所筑。汉城在今陕西沔县东南，乐城在今陕西城固县。
⑥ 子午谷北口在陕西西安市南百里，南口在洋县东一百六十里。子，北方，午，南方，言通南北道相当，故谓之"子午"。
⑦ 阳安口即阳安关，在今陕西宁强县西北一百里，关城东西径二里，南倚鸡公山，北傍嘉陵江。下文所谓"关城"，即指此。此地后世以为阳平关，并非古阳平关，古阳平关在今沔县西北，已见《魏武帝纪》建安二十年注中。
⑧ 阴平故城址在今甘肃文县西北。
⑨ 白水县故城址在今四川旧昭化县西北。

将张翼、廖化等合守剑阁①拒会。会移檄蜀将吏士民曰：

往者汉祚衰微，率土分崩，生民之命，几于泯灭。太祖武皇帝神武圣哲，拨乱反正，拯其将坠，造我区夏。② 高祖文皇帝应天顺民，受命践阼。列祖明皇帝奕世重光，恢拓洪业。然江山之外，异政殊俗，率土齐民，③未蒙王化，此三祖所以顾怀遗恨也。今主上圣德钦明，绍隆前绪，宰辅忠肃明允，劬劳王室，布政垂惠而万邦协和，④施德百蛮而肃慎致贡。⑤ 悼彼巴蜀，独焉匪民，⑥愍此百姓，劳役未巳。是以命授六师，⑦龚行天罚，⑧征西、雍州、镇西诸军，五道并进。⑨ 古之行军，以仁为本，以义治之；王者之师，有征无战；故虞舜舞干戚而服有苗，⑩周武有散财、发廪、表闾之义。⑪ 今镇西奉辞衔命，摄统戎重，庶弘文告之训，以济元元之命，非欲穷武极战，以快一朝之政，故略陈安危之要，其敬听话言。⑫

益州先主以命世英才，兴兵朔野，困踬冀、徐之郊，制命绍、布⑬之

---

① 剑阁在今四川旧昭化县南，剑阁县北。"连山绝险，飞阁通衢，故谓之剑阁。"（《水经·漾水注》）
② 《尚书·康诰》："用肇造我区夏。"区，区域。
③ 齐民，平民。
④ 《尚书·尧典》说，尧为君时能"协和万邦"。
⑤ 古代儒家认为：舜为君时，德教通于四海之外，肃慎、北发、渠搜、氐羌皆来归顺。肃慎，古部族名，约在今黑龙江宁安以北松花江南北地区。
⑥ 《诗经·小雅·何草不黄》："哀我征夫，独为匪民。"言征夫终年劳苦，他们岂非人民吗？
⑦ 周制，天子六师。
⑧ 《尚书·牧誓》："今予发惟恭行天之罚。"发，周武王名。恭又作龚。班固《两都赋》："龚行天罚。"
⑨ 魏伐蜀诸将，邓艾为征西将军，诸葛绪为雍州刺史，钟会为镇西将军。所谓"五道并进"，邓艾趋甘松、沓中，诸葛绪趋武街、桥头，钟会所统兵则从褒斜道、傥骆道、子午道并进。
⑩ 古代传说，舜修文教，舞干戚于两阶而有苗来服。干，盾。戚，斧。
⑪ 周武王灭殷商，至朝歌，式商容（殷贤臣）之间，散鹿台之财，发巨桥之粟。
⑫ 话言，善言。
⑬ 绍、布，指袁绍、吕布。

手,太祖拯而济之,与隆大好。中更背违,弃同即异,诸葛孔明仍规秦川,姜伯约屡出陇右,劳动我边境,侵扰我氐、羌,方国家多故,未遑修九伐①之征也。今边境乂清,方内无事,畜力待时,并兵一向,而巴蜀一州之众,分张守备,难以御天下之师。段谷、侯和沮伤之气,②难以敌堂堂之陈。比年以来,曾无宁岁,征夫勤瘁,难以当子来③之民。此皆诸贤所亲见也。蜀相壮见禽于秦,④公孙述授首于汉,⑤九州之险,是非一姓。⑥ 此皆诸贤所备闻也。明者见危于无形,智者规祸于未萌,是以微子去商,长为周宾,陈平背项,立功于汉。岂晏安鸩毒,⑦怀禄而不变哉? 今国朝隆天覆之恩,宰辅弘宽恕之德,先惠后诛,好生恶杀。往者吴将孙壹举众内附,位为上司,宠秩殊异。⑧ 文钦、唐咨为国大害,叛主仇贼,还为戎首。咨困逼禽获,钦二子还降,皆将军、封侯;咨与闻国事。⑨ 壹等穷踧归命,犹加盛宠,况巴蜀贤知见机而作者哉! 诚能深鉴成败,邈然高蹈,投迹微子之踪,错身陈平之轨,则福同古人,庆流来裔,百姓士民,安堵旧业,农不易亩,市不回肆,去累卵之危,就永安之福,岂不美与! 若偷安旦夕,迷而不反,大兵一发,玉石皆碎,虽欲悔之,亦无及已。其详择利害,自求多福,各具宣布,咸使闻知。

---

① 《周礼》:“以九伐之法正邦国。”
② 魏高贵乡公甘露元年(二五六年),邓艾击败姜维于段谷(甘肃天水东南);魏元帝景元三年(二六二年),邓艾又破姜维于侯和(甘肃临潭南)。
③ 《诗经·大雅·灵台》:“经始勿亟,庶民子来。”朱熹注:“文王心恐烦民,戒令勿亟,而民心乐之,如子趣父事,不召自来也。”
④ 战国时,秦惠王灭蜀之后,封子通国为蜀侯,以陈壮为相。后来陈壮反,杀蜀侯通国,秦遣兵伐蜀,诛陈壮。
⑤ 新莽末年,公孙述割据蜀中,后为汉光武帝所灭。
⑥ 《左传》昭公四年:司马侯曰:“九州之险也,是不一姓。”言九州中的险要地区,都不是某一姓的统治者能长久占据的。
⑦ “晏安鸩毒”,管仲语,见《左传》闵公元年,言苟且偷安之为害,如同鸩毒一样。
⑧ 吴孙壹为江夏太守,降魏,魏以孙壹为车骑将军,封吴侯。
⑨ 魏文钦、唐咨从诸葛诞举兵,反,司马昭讨之。诸葛诞杀文钦,文钦的儿子文鸯、文虎投降,司马昭命他们为将军,各赐爵关内侯。唐咨亦出降,拜安远将军。

邓艾追姜维到阴平,简选精锐,欲从汉德阳入江由、左儋道诣绵竹,①趣成都,与诸葛绪共行。绪以本受节度邀姜维,西行非本诏,遂进军前向白水,与会合。会遣将军田章等从剑阁西,径出江由。未至百里,章先破蜀伏兵三校,艾使章先登。遂长驱而前。会与绪军向剑阁,会欲专军势,密白绪畏懦不进,槛车征还。军悉属会,〔一〕进攻剑阁,不克,引退,蜀军保险拒守。艾遂至绵竹,大战,斩诸葛瞻。维等闻瞻已破,率其众东入于巴。② 会乃进军至涪,③遣胡烈、田续、庞会等追维。艾进军向成都,刘禅诣艾降,遣使敕维等令降于会。维至广汉郪县,④令兵悉放器仗,送节传于胡烈,便从东道诣会降。会上言曰:"贼姜维、张翼、廖化、董厥等逃死遁走,欲趣成都。臣辄遣司马夏侯咸、护军胡烈等,经从剑阁,出新都、大渡⑤截其前,参军爰彰、⑥将军句安等蹑其后,参军皇甫闿、将军王买等从涪南出冲其腹,臣据涪县为东西势援。维等所统步骑四五万人,擐甲厉兵,塞川填谷,数百里中首尾相继,凭恃其众,方轨而西。臣敕咸、闿等令分兵据势,广张罗罔,南杜走吴之道,西塞成都之路,北绝越逸之径,四面云集,首尾并进,蹊路断绝,走伏无地。臣又手书申喻,开示生路,群寇困逼,知命穷数尽,解甲投戈,面缚委质,印绶万数,资器山积。昔舜无干戚,有苗自服;牧野之师,商旅倒戈:有征无战,帝王之盛业。全国为上,破国次之;全军为上,破军次之;用兵之令典。陛下圣德,

---

① 江由故城址在今四川江油县东。左儋道即马阁山,在今四川平武县东北,山路峻峭艰险,行人右肩所负担者不能更换,所以叫做"左儋道"。汉德阳即《邓艾传》中之"汉德阳亭",胡三省《通鉴注》:"据《钟会传》,艾自德阳亭入江由、左儋道,则德阳亭盖当马阁山之路。"其说近是。绵竹故城址在今四川德阳县北三十五里。

② "巴"大概指巴西郡,不是巴郡。巴郡治江州,在今重庆市,相距甚远;巴西郡治阆中(今四川阆中),在剑阁东南百余里。

③ 涪在今四川绵阳。

④ 郪县故城址在今四川三台县南。

⑤ 新都故城址在今四川旧新都县东二里。大渡,亭名,"渡"亦作"度"。大度亭在今四川金堂县境。

⑥ 彰,音静。

侔踪前代，翼辅忠明，齐轨公旦。① 仁育群生，义征不谦，②殊俗向化，无思不服，师不逾时，兵不血刃，万里同风，九州共贯。臣辄奉宣诏命，导扬恩化，复其社稷，安其闾伍，舍其赋调，弛其征役，训之德礼以移其风，示之轨仪以易其俗，百姓欣欣，人怀逸豫，后来其苏，③义无以过。”会于是禁检士众不得钞略，虚己诱纳，以接蜀之群司，与维情好欢甚。〔二〕十二月诏曰：“会所向摧弊，前无强敌，缄制众城，罔罗迸逸。蜀之豪帅，面缚归命，谋无遗策，举无废功。凡所降诛，动以万计，全胜独克，有征无战。拓平西夏，方隅清晏。其以会为司徒，进封县侯，增邑万户。封子二人亭侯，邑各千户。”

〔一〕按《百官名》：绪入晋为太常崇礼卫尉。子冲，廷尉。

荀绰《兖州记》曰：冲子诠，字德林，玫字仁林，并知名显达。诠，兖州刺史。玫，侍中、御史中丞。

〔二〕《世语》曰：夏侯霸奔蜀，蜀朝问“司马公如何德”？ 霸曰：“自当作家门。”“京师俊士”？ 曰：“有钟士季，其人管朝政，吴、蜀之忧也。”

《汉晋春秋》曰：初，夏侯霸降蜀，姜维问之曰：“司马懿既得彼政，当复有征伐之志不？”霸曰：“彼方营立家门，未遑外事。有钟士季者，其人虽少，终为吴、蜀之忧，然非非常之人亦不能用也。”后十五年而会果灭蜀。按习凿齿此言，非出他书，故采用《世语》而附益也。

会内有异志，因邓艾承制专事，密白艾有反状，〔一〕于是诏书槛车征艾。司马文王惧艾或不从命，敕会并进军成都，监军卫瓘在会前行，以文王手笔令宣喻艾军，艾军皆释仗，遂收艾入槛车。会所惮惟艾，艾既禽而会寻至，独统大众，威震西土。自谓功名盖世，不可复为人下，加猛将锐卒皆在己手，遂谋反。欲使姜维等皆将蜀兵出斜谷，会自将大众随其后。既至长安，令骑士从陆道，步兵从水道顺流浮渭入河，以为五日可到孟津，与骑会洛阳，一旦天

---

① 公旦即周公旦。
② 《汉书·司马相如传》：“陛下仁育群生，义征不谦。”谦，音惠，顺。
③ 《孟子·梁惠王》：“《书》曰：‘徯我后，后来其苏。’”（此处所引《尚书》两句，可能是《汤征》篇文，后作伪《古文尚书》者，窜入《仲虺之诰》中。）徯，待。后，君。苏，复生。他国之民，欢迎商汤，希望他来，使自己得到苏息。

下可定也。会得文王书云："恐邓艾或不就征，今遣中护军贾充将步骑万人径入斜谷，屯乐城，吾自将十万屯长安，相见在近。"会得书，惊呼所亲语之曰："但取邓艾，相国知我能独办之；今来大重，必觉我异矣，便当速发。事成，可得天下；不成，退保蜀汉，不失作刘备也。我自淮南以来，画无遗策，四海所共知也。我欲持此安归乎！"会以五年正月十五日至，其明日，悉请护军、郡守、牙门骑督以上及蜀之故官，为太后发丧于蜀朝堂。① 矫太后遗诏，使会起兵废文王，皆班示坐人上，使下议讫，书版署置，更使所亲信代领诸军。所请群官，悉闭著益州诸曹屋中，城门宫门皆闭，严兵围守。会帐下督丘建本属胡烈，烈荐之文王，会请以自随，任爱之。建愍烈独坐，启会，使听内②一亲兵出取饮食，诸牙门随例各内一人。烈绐语亲兵及疏与其子曰："丘建密说消息，会已作大坑，白棓棓与棒同。数千，欲悉呼外兵入，人赐白帢，③苦治反。拜为散将，以次棓杀坑中。"诸牙门亲兵亦咸说此语，一夜传相告，皆遍。或谓会："可尽杀牙门骑督以上。"会犹豫未决。十八日日中，烈军兵与烈儿雷鼓④出门，诸军兵不期皆鼓噪出，曾无督促之者，而争先赴城。时方给与姜维铠杖，白外有匈匈声，似失火，有顷，白兵走向城。会惊，谓维曰："兵来似欲作恶，当云何？"维曰："但当击之耳。"会遣兵悉杀所闭诸牙门郡守，内人共举机以柱门，兵斫门，不能破。斯须，⑤门外倚梯登城，或烧城屋，蚁附乱进，矢下如雨，牙门、郡守各缘屋出，与其卒兵相得。姜维率会左右战，手杀五六人，众既格斩维，争赴杀会。会时年四十，将士死者数百人。〔二〕

〔一〕《世语》曰：会善效人书，于剑阁要艾章表白事，皆易其言，令辞指悖傲，多自矜伐。又毁文王报书，手作以疑之也。

〔二〕《晋诸公赞》曰：胡烈儿名渊，字世元，遵之孙也。遵，安定人，以才兼文武，累居藩镇，至车骑将军。子奋，字玄威，亦历方任。女为晋武帝贵人，有宠。太康中，

---

① 太后指明帝郭皇后，齐王芳即位以后，即尊为太后。郭太后卒于上年十二月。

② 内同纳。

③ 帢，音恰，曹操所制的一种帽子，状如弁，缺四角。

④ 雷鼓，击鼓。

⑤ 斯须，少顷。

以奋为尚书仆射,加镇军大将军、开府。弟广,字宣祖,少府。次烈,字玄武,秦州刺史。次岐,字玄嶷,并州刺史。广子喜,凉州刺史。渊小字鹦鸥,时年十八,既杀会救父,名震远近。后赵王伦篡位,三王兴义,伦使渊与张泓将兵御齐王,屡破齐军。会成都战克,渊乃归降伏法。

初,艾为太尉,会为司徒,皆持节、都督诸军如故,咸未受命而毙。会兄毓,以四年冬薨,会竟未知问。会兄子邕,随会与俱死。会所养兄子毅及峻、辿敕连反。等下狱,当伏诛。司马文王表天子下诏曰:“峻等祖父繇,三祖之世,极位台司,佐命立勋,飨食庙庭。父毓,历职内外,干事有绩。昔楚思子文之治,不灭斗氏之祀。① 晋录成宣之忠,用存赵氏之后。② 以会、邕之罪,而绝繇、毓之类,吾有愍然! 峻、辿兄弟特原,有官爵者如故。惟毅及邕息伏法。”或曰,毓曾密启司马文王,言会挟术难保,不可专任,故宥峻等云。〔一〕

〔一〕《汉晋春秋》曰:文王嘉其忠亮,笑答毓曰:“若如卿言,必不以及宗矣。”

初,文王欲遣会伐蜀,西曹属邵悌求见曰:“今遣钟会率十余万众伐蜀,愚谓会单身无重任,不若使余人行。”文王笑曰:“我宁当复不知此耶? 蜀为天下作患,使民不得安息,我今伐之,如指掌耳,而众人皆言蜀不可伐。夫人心豫怯则智勇并竭,智勇并竭而强使之,适为敌禽耳。惟钟会与人意同,今遣会伐蜀,必可灭蜀。灭蜀之后,就如卿所虑,当何所能一办耶? 凡败军之将不可以语勇,亡国之大夫不可与图存,心胆以破故也。若蜀以破,遗民震恐,不足与图事;中国将士各自思归,不肯与同也。若作恶,只自灭族耳。卿不须忧此,慎莫使人闻也。”及会白邓艾不轨,文王将西,悌复曰:“钟会所统,

---

① 春秋时,楚令尹子文,斗氏,治楚国有功。子文死后,他的侄子越椒执政,举兵攻楚王,楚王讨平之,遂灭斗氏。这时子文的孙子箴尹克黄出使齐国回来,自拘于司败以待罪。楚王思念子文治楚国之功,说:“子文无后,何以劝善?”于是赦免克黄,仍然命他作箴尹(《左传》宣公四年)。

② 春秋时,赵衰及其子赵盾都有功于晋国。赵盾之弟赵婴与赵盾子赵朔之妻赵庄姬私通,赵婴之兄原同、屏季将赵婴放逐出晋国。赵庄姬恨原同、屏季,向晋侯诬告他们要作乱。晋侯惩罚原同等,没收赵氏田地与祁奚。韩厥对晋侯说:“成季(赵衰)之勋,宣孟(赵盾)之忠,而无后,为善者其惧矣。”于是晋侯乃立赵朔之子赵武为赵氏之后,并且将田地归还他(《左传》成公八年)。

五六倍于邓艾，但可敕会取艾，不足自行。"文王曰："卿忘前时所言邪，而更
云可不须行乎？虽尔，此言不可宣也。① 我要自当以信义待人，但人不当负
我，我岂可先人生心哉！近日贾护军②问我，言：'颇疑钟会不？③'我答言：
'如今遣卿行，宁可复疑卿邪？'贾亦无以易我语也。我到长安，则自了④矣。"
军至长安，会果已死，咸如所策。〔一〕

〔一〕按《咸熙元年百官名》：邵悌字元伯，阳平人。

《汉晋春秋》曰：文王闻钟会功曹向雄之收葬会也，召而责之曰："往者王经之死，
卿哭于东市而我不问，今钟会躬为叛逆而又辄收葬，若复相容，其如王法何！"雄
曰："昔先王掩骼埋胔，仁流朽骨，当时岂先卜其功罪而后收葬哉？今王诛既加，
于法已备，雄感义收葬，教亦无阙。法立于上，教弘于下，以此训物，雄曰可矣！
何必使雄背死违生，以立于时。殿下雠对枯骨，捐之中野，百岁之后，为臧获所
笑，岂仁贤所掩哉？"王悦，与宴谈而遣之。

习凿齿曰：向伯茂可谓勇于蹈义也，哭王经而哀感市人，葬钟会而义动明主，彼
皆忠烈奋劲，知死而往，非存生也。况使经、会处世，或身在急难，而有不赴者
乎？故寻其奉死之心，可以见事生之情，览其忠贞之节，足以愧背义之士矣。王
加礼而遣，可谓明达。

会尝论《易》无互体、⑤才性同异。⑥ 及会死后，于会家得书二十篇，名曰

---

① 尔，如此。"虽尔，此言不可宣也。"这句话的意思是说，虽然如此，但是我们这里所商
量的话（即怀疑钟会有谋反之意）不可宣布。

② 贾护军指贾充，时为中护军。

③ 不，读否。

④ 了，办，决。

⑤ 古人解说《周易》，认为《易》卦六爻中，二至四，三至五，可以交互取象，谓之互体。譬
如《左传》庄公二十二年记陈敬仲之生，陈侯使筮之，遇《观》䷓（坤下巽上）之《否》䷋
（坤下乾上，《观》六四爻变为九）。从二至四，互体有艮䷳之象。坤为土，乾为天，艮
为山，于是解释说："有山之材，而照之以天光，于是乎居土上，故曰：'观国之光，利用
宾于王。'"钟会不赞成互体之说，曾著《周易无互体论》三卷，此书早已亡佚。

⑥ 钟会曾著《四本论》。四本者，言才性同，才性异，才性合，才性离。《四本论》早已亡
佚。

《道论》，而实刑名①也，其文似会。初，会弱冠与山阳王弼②并知名。弼好论儒道，辞才逸辩，注《易》及《老子》，③为尚书郎，年二十余卒。〔一〕

〔一〕弼字辅嗣。何劭为其传曰：弼幼而察慧，年十余，好《老氏》，通辩能言。父业，为尚书郎。时裴徽为吏部郎，弼未弱冠，往造焉。徽一见而异之，问弼曰："夫无者诚万物之所资也，然圣人莫肯致言，而老子申之无已者何？"弼曰："圣人体无，无又不可以训，故不说也。老子是有者也，故恒言无所不足。"寻亦为傅嘏所知。于时何晏为吏部尚书，甚奇弼，叹之曰："仲尼称后生可畏，若斯人者，可与言天人之际乎！"正始中，黄门侍郎累缺。晏既用贾充、裴秀、朱整，又议用弼。时丁谧与晏争衡，致高邑王黎于曹爽，爽用黎。于是以弼补台郎。初除，觐爽，请间，爽为屏左右，而弼与论道，移时，无所他及，爽以此嗤之。时爽专朝政，党与共相进用，弼通俊不治名高。寻黎无几时病亡，爽用王沈代黎，弼遂不得在门下，晏为之叹恨。弼在台既浅，事功亦雅非所长，益不留意焉。淮南人刘陶善论纵横，为当时所推。每与弼语，常屈弼。弼天才卓出，当其所得，莫能夺也。性和理，乐游宴，解音律，善投壶。其论道，傅会文辞，不如何晏，自然有所拔得，多晏也。颇以所长笑人，故时为士君子所疾。弼与钟会善，会论议以校练为家，然每服弼之高致。何晏以为圣人无喜怒哀乐，其论甚精，钟会等述之。弼与不同，以为圣人茂于人者神明也，同于人者五情也，神明茂故能体冲和以通无，五情同故不能无哀乐以应物，然则圣人之情，应物而无累于物者也。今以其无累，便谓不复应物，失之多矣。弼注《易》，颍川人荀融难弼《大衍义》。弼答其意，白书以戏之曰："夫明足以寻极幽微，而不能去自然之性。颜子之量，孔父之所预在，然遇之不能无乐，丧之不能无哀。又常狭斯人，以为未能以情从理者也，而今乃知自然之不可革。足下之量，虽已定乎胸怀之内，然而隔逾旬朔，何其相思之多乎？故知尼父之于颜子，可以无大过矣。"弼注《老子》，为之指略，致有理统。著《道略论》，注《易》，往往有高丽言。太原王济好谈，病《老》、《庄》，常云："见弼《易注》，所悟者多。"然弼为人浅而不识物情，初与王黎、荀融善，黎夺其黄门郎，于是恨黎，与融亦不终。正始十年，曹爽废，以公事免。其秋遇疠疾亡，时年二十四，无

---

① 刑与形古同音通假，刑名即是循名责实，乃法家的重要主张，所以刑名家即指法家。
② 王弼是山阳郡高平县人，高平已见《王粲传》注。
③ 王弼《周易注》六卷，《老子注》二卷，均流传于今日，为研究魏晋玄学的重要书籍。

子绝嗣。弼之卒也,晋景王闻之,嗟叹者累日,其为高识所惜如此。

孙盛曰:《易》之为书,穷神知化,非天下之至精,其孰能与于此?世之注解,殆皆妄也。况弼以傅会之辨而欲笼统玄旨者乎?故其叙浮义则丽辞溢目,造阴阳则妙赜无间,至于六爻变化,群象所效,日时岁月,五气相推,弼皆摈落,多所不关。虽有可观者焉,恐将泥夫大道。

《博物记》曰:初,王粲与族兄凯俱避地荆州,刘表欲以女妻粲,而嫌其形陋而用率,以凯有风貌,乃以妻凯。凯生业,业即刘表外孙也。蔡邕有书近万卷,末年载数车与粲,粲亡后,相国掾魏讽谋反,粲子与焉,既被诛,邕所与书悉入业。业字长绪,位至谒者仆射。子宏字正宗,司隶校尉。宏,弼之兄也。

《魏氏春秋》曰:文帝既诛粲二子,以业嗣粲。

——《魏书》二十八《钟会传》

华佗传

　　华佗字元化,沛国谯人也,一名旉。〔一〕游学徐土,兼通数经。沛相陈珪举孝廉,太尉黄琬辟,皆不就。晓养性之术,时人以为年且百岁而貌有壮容。又精方药,其疗疾,合汤不过数种,心解分剂,不复称量,煮熟便饮,语其节度,舍去辄愈。若当灸,不过一两处,每处不过七八壮,①病亦应除。若当针,亦不过一两处,下针言"当引某许,②若至,语人"。病者言"已到",应便拔针,病亦行差。若病结积在内,针药所不能及,当须刳割者,便饮其麻沸散,须臾便如醉死无所知,因破取。病若在肠中,便断肠湔洗,缝腹膏摩,四五日差,不痛,人亦不自寤,一月之间,即平复矣。

　　〔一〕臣松之案:古"敷"字与"旉"相似,写书者多不能别。寻佗字元化,其名宜为
　　　　旉也。

　　故甘陵相夫人有娠六月,腹痛不安,佗视脉,曰:"胎已死矣。"使人手摸知所在,在左则男,在右则女。人云"在左",于是为汤下之,果下男形,即愈。

　　县吏尹世苦四支烦,口中干,不欲闻人声,小便不利。佗曰:"试作热食,得汗则愈;不汗,后三日死。"即作热食而不汗出,佗曰:"藏③气已绝于内,当啼泣而绝。"果如佗言。

　　府吏兒寻、④李延共止,俱头痛身热,所苦正同。佗曰:"寻当下之,延当发汗。"或难⑤其异,佗曰:"寻外实,延内实,故治之宜殊。"即各与药,明旦

---

①　壮,伤。医用艾灸,一灼谓之一壮。
②　某许即某所。
③　藏同脏。
④　兒寻之兒同倪。
⑤　难,读去声,诘责。

并起。

盐渎严昕与数人共候佗，适至，佗谓昕曰："君身中佳否？"昕曰："自如常。"佗曰："君有急病见于面，莫多饮酒。"坐毕归，行数里，昕卒头眩堕车，人扶将还，载归家，中宿死。

故督邮顿子献得病已差，诣佗视脉，曰："尚虚，未得复，勿为劳事，御内即死。临死，当吐舌数寸。"其妻闻其病除，从百余里来省之，止宿交接，中间三日发病，一如佗言。

督邮徐毅得病，佗往省之。毅谓佗曰："昨使医曹吏刘租针胃管讫，便苦咳嗽，欲卧不安。"佗曰："刺不得胃管，误中肝也，食当日减，五日不救。"遂如佗言。

东阳陈叔山小男二岁得疾，下利①常先啼，日以羸困。问佗，佗曰："其母怀躯，阳气内养，乳中虚冷，儿得母寒，故令不时愈。"佗与四物女宛丸，十日即除。

彭城夫人夜之厕，虿②螫其手，呻呼无赖。③佗令温汤近热，渍手其中，卒可得寐，但旁人数为易汤，汤令暖之，其旦即愈。

军吏梅平得病，除名还家，家居广陵，未至二百里，止亲人舍。有顷，佗偶至主人许，主人令佗视平，佗谓平曰："君早见我，可不至此。今疾已结，促去可得与家相见，五日卒。"应时归，如佗所刻。

佗行道，见一人病咽塞，嗜食而不得下，家人车载欲往就医。佗闻其呻吟，驻车往视，语之曰："向来道边有卖饼家蒜齑大酢，④从取三升饮之，病自当去。"即如佗言，立吐蛇一枚，县车边，欲造佗。佗尚未还，小儿戏门前，逆见，自相谓曰："似逢我公，车边病是也。"疾者前入坐，见佗北壁县此蛇辈约

---

① 利同痢，泻。

② 虿（chài），蝎。

③ 无赖，无聊赖。此处言为蝎所螫，疼痛难忍之意。

④ 齑，音跻，碎，和。酢同醋，醋味酸，大酢即是很酸。沈钦韩曰："陶宏景《药总诀》云：'饼店蒜齑乃下蛇之药。'即是指此。"

以十数。

　　又有一郡守病，佗以为其人盛怒则差，乃多受其货而不加治，无何弃去，留书骂之。郡守果大怒，令人追捉杀佗。郡守子知之，属使勿逐。守瞋恚既甚，吐黑血数升而愈。

　　又有一士大夫不快，佗云："君病深，当破腹取。然君寿亦不过十年，病不能杀君，忍病十岁，寿俱当尽，不足故自刳裂。"士大夫不耐痛痒，必欲除之。佗遂下手，所患寻差，十年竟死。

　　广陵太守陈登得病，胸中烦懑，面赤不食。佗脉之曰："府君胃中有虫数升，欲成内疽，食腥物所为也。"即作汤二升，先服一升，斯须尽服之，食顷，吐出三升许虫，赤头皆动，半身是生鱼脍也，所苦便愈。佗曰："此病后三期①当发，遇良医乃可济救。"依期果发动，时佗不在，如言而死。

　　太祖闻而召佗，佗常在左右。太祖苦头风，每发，心乱目眩，佗针鬲，②随手而差。〔一〕

　　　〔一〕《佗别传》曰：有人病两脚躄不能行，舆诣佗，佗望见云："已饱针灸服药矣，不复须看脉。"便使解衣，点背数十处，相去或一寸，或五寸，纵邪不相当。言灸此各十壮，灸创愈即行。后灸处夹脊一寸，上下行端直均调，如引绳也。

　　李将军妻病甚，呼佗视脉，曰："伤娠而胎不去。"将军言："闻实伤娠，胎已去矣。"佗曰："案脉，胎未去也。"将军以为不然。佗舍去，妇稍小差。百余日复动，更呼佗，佗曰："此脉故事有胎。前当生两儿，一儿先出，血出甚多，后儿不及生。母不自觉，旁人亦不寤。不复迎，遂不得生。胎死，血脉不复归，必燥著母脊，故使多脊痛。令当与汤，并针一处，此死胎必出。"汤针既加，妇痛急如欲生者。佗曰："此死胎久枯，不能自出，宜使人探之。"果得一死男，手足完具，色黑，长可尺所。

　　佗之绝技，凡此类也。然本作士人，以医见业，意常自悔，后太祖亲理，得病笃重，使佗专视。佗曰："此近难济，恒事攻治，可延岁月。"佗久远家思

　　———————————

① 期，音基，一年。
② 鬲同隔，横隔膜。在胸部之下，腹部之上。

归，因曰："当得家书，方欲暂还耳。"到家，辞以妻病，数乞期不反。太祖累书呼，又敕郡县发遣。佗恃能厌食事，①犹不上道。太祖大怒，使人往检。若妻信病，赐小豆四十斛，宽假限日；若其虚诈，便收送之。于是传付许狱，考验首服。荀彧请曰："佗术实工，人命所县，②宜含宥之。"太祖曰："不忧，天下当无此鼠辈耶？"遂考竟佗。佗临死，出一卷书与狱吏，曰："此可以活人。"吏畏法不受，佗亦不强，索火烧之。佗死后，太祖头风未除。太祖曰："佗能愈此。小人养吾病，欲以自重，然吾不杀此子，亦终当不为我断此根原耳。"及后爱子仓舒病困，太祖叹曰："吾悔杀华佗，令此儿强死也。"

初，军吏李成苦咳嗽，昼夜不寤，时吐脓血，以问佗。佗言："君病肠臃，咳之所吐，非从肺来也。与君散两钱，当吐二升余脓血讫，快自养，一月可小起，好自将爱，一年便健，十八岁当一小发，服此散，亦行复差。若不得此药，故当死。"复与两钱散，成得药去。五六岁，亲中人有病如成者，谓成曰："卿今强健，我欲死，何忍无急去药，〔一〕以待不祥？先持贷我，我差，为卿从华佗更索。"成与之。已故到谯，适值佗见收，匆匆不忍从求。后十八岁，成病竟发，无药可服，以至于死。〔二〕

〔一〕臣松之案：古语以藏为去。

〔二〕《佗别传》曰：人有在青龙中见山阳太守广陵刘景宗，景宗说中平日数见华佗，其治病手脉之候，其验若神。琅琊刘勋为河内太守，有女年几二十，左脚膝里上有疮，痒而不痛。疮愈数十日复发，如此七八年，迎佗使视，佗曰："是易治之。当得稻穅黄色犬一头，好马二匹。"以绳系犬颈，使走马牵犬，马极辄易，计马走三十余里，犬不能行，复令步人拖曳，计向五十里。乃以药饮女，女即安卧不知人。因取大刀断犬腹近后脚之前，以所断之处向疮口，令去二三寸。停之须臾，有若蛇者从疮中而出，便以铁椎横贯蛇头。蛇在皮中动摇良久，须臾不动，乃牵出，长三尺所，纯是蛇，但有眼处而无童子，又逆鳞耳。以膏散著疮中，七月愈。又有人苦头眩，头不得举，目不得视，积年。佗使悉解衣倒悬，令头去地一二寸，濡

---

① 厌食事就是不愿意以医术受人役使。

② 县，悬本字。

布拭身体,令周匝,候视诸脉,尽出五色。佗令弟子数人以铍刀决脉,五色血尽,视赤血,乃下,以膏摩被覆,汗自出周匝,饮以亭历犬血散,立愈。又有妇人长病经年,世谓寒热注病者。冬十一月中,佗令坐石槽中,平旦用寒水汲灌,云当满百。始七八灌,会战欲死,灌者惧,欲止。佗令满数。将至八十灌,热气乃蒸出,嚣嚣高二三尺。满百灌,佗乃使然火温床,厚覆,良久汗治出,著粉,汗燥便愈。又有人病腹中半切痛,十余日中,鬓眉堕落。佗曰:"是脾半腐,可刳腹养治也。"使饮药令卧,破腹就视,脾果半腐坏。以刀断之,刮去恶肉,以膏傅疮,饮之以药,百日平复。

广陵吴普、彭城樊阿皆从佗学。普依准佗治,多所全济。佗语普曰:"人体欲得劳动,但不当使极尔。动摇则谷气得消,血脉流通,病不得生,譬犹户枢不朽是也。是以古之仙者为导引之事,熊颈鸱顾,①引挽腰体,动诸关节,以求难老。吾有一术,名五禽之戏,一曰虎,二曰鹿,三曰熊,四曰猨,五曰鸟,亦以除疾,并利蹄足,以当导引。体中不快,起作一禽之戏,沾濡汗出,因上著粉,身体轻便,腹中欲食。"普施行之,年九十余,耳目聪明,齿牙完坚。阿善针术。凡医咸言背及胸藏之间不可妄针,针之不过四分,而阿针背入一二寸,巨阙②胸藏针下五六寸,而病辄皆瘳。阿从佗求可服食益于人者,佗授以漆叶青黏散。漆叶屑一升,青黏屑十四两,以是为率,言久服去三虫,利五藏,轻体,使人头不白。阿从其言,寿百余岁。漆叶处所而有,青黏生于丰、沛、彭城及朝歌云。〔一〕

〔一〕《佗别传》曰:青黏者,一名地节,一名黄芝,主理五藏,益精气。本出于迷入山者,见仙人服之,以告佗。佗以为佳,辄语阿,阿又秘之。近者人见阿之寿而气力强盛,怪之,遂责阿所服,因醉乱误道之。法一施,人多服者,皆有大验。

文帝《典论》论郤俭等事曰:"颍川郤俭能辟谷,饵伏苓。甘陵甘始亦善行气,老有少容。庐江左慈知补导之术。并为军吏。初,俭之至,市伏苓价暴数倍。议郎安平李覃学其辟谷,餐伏苓,饮寒水,中泄利,殆至陨命。后始来,众人无不鸱

---

① 熊颈,若熊之攀枝自悬,鸱顾,若鸱之身不动而回顾。
② 巨阙是任脉经穴,其位置在肚脐沿腹白线上至"剑突"上的四分之一处(此条注释是成都中医学院提供的)。

视狼顾,呼吸吐纳。军谋祭酒弘农董芬为之过差,气闭不通,良久乃苏。左慈到,又竞受其补导之术,至寺人严峻,往从问受。阉竖真无事于斯术也,人之逐声,乃至于是。光和中,北海王和平亦好道术,自以当仙。济南孙邕少事之,从至京师。会和平病死,邕因葬之东陶,有书百余卷,药数囊,悉以送之。后弟子夏荣言其尸解。邕至今恨不取其宝书仙药。刘向惑于《鸿宝》之说,君游眩于子政之言,古今愚谬,岂唯一人哉!"

东阿王作《辩道论》曰:"世有方士,吾王悉所招致,甘陵有甘始,庐江有左慈,阳城有郗俭。始能行气导引,慈晓房中之术,俭善辟谷,悉号三百岁。卒所以集之于魏国者,诚恐斯人之徒,接奸宄以欺众,行妖慝以惑民,岂复欲观神仙于瀛洲,求安期于海岛,释金辂而履云舆,弃六骥而美飞龙哉?自家王与太子及余兄弟咸以为调笑,不信之矣。然始等知上遇之有恒,奉不过于员吏,赏不加于无功,海岛难得而游,六骥难得而佩,终不敢进虚诞之言,出非常之语。余尝试郗俭绝谷百日,躬与之寝处,行步起居自若也。夫人不食七日则死,而俭乃如是。然不必益寿,可以疗疾而不惮饥馑焉。左慈善修房内之术,差可终命,然自非有志至精,莫能行也。甘始者,老而有少容,自诸术士咸共归之。然始辞繁寡实,颇有怪言。余常辟左右,独与之谈,问其所行,温颜以诱之,美辞以导之,始语余:'吾本师姓韩字世雄,尝与师于南海作金,前后数四,投数万斤金于海。'又言:'诸梁时,西域胡来献香罽、腰带、割玉刀,时悔不取也。'又言:'车师之西国,儿生,擘背出脾,欲其食少而弩行也。'又言:'取鲤鱼五寸一双,合其一煮药,俱投沸膏中,有药者奋尾鼓鳃,游行沉浮,有若处渊,其一者已熟而可啖。'余时问:'言率可试不?'言:'是药去此逾万里,当出塞;始不自行不能得也。'言不尽于此,颇难悉载,故粗举其巨怪者。始若遭秦始皇、汉武帝,则复为徐市、栾大之徒也。"

——《魏书》二十九《华佗传》

杜夔传

杜夔字公良,河南①人也。以知音为雅乐郎,中平五年,疾去官。州郡、司徒礼辟,以世乱奔荆州。荆州牧刘表令与孟曜为汉主合雅乐,乐备,表欲庭观之,夔谏曰:"今将军号(不)为天子合乐,而庭作之,无乃不可乎!"表纳其言而止。后表子琮降太祖,太祖以夔为军谋祭酒,参太乐事,因令创制雅乐。

夔善钟律,聪思过人,丝竹八音,②靡所不能,惟歌舞非所长。时散郎邓静、尹齐善咏雅乐,歌师尹胡能歌宗庙郊祀之曲,舞师冯肃、服养晓知先代诸舞,夔总统研精,远考诸经,近采故事,教习讲肄,备作乐器,绍复先代古乐,皆自夔始也。

黄初中,为太乐令、协律都尉。汉铸钟工柴玉巧有意思,形器之中,多所造作,亦为时贵人见知。夔令玉铸铜钟,其声均③清浊多不如法,数毁改作。玉甚厌之,谓夔清浊任意,颇拒捍夔。夔、玉更相白于太祖,太祖取所铸钟,杂错更试,然〔后〕知夔为精而玉之妄也,于是罪玉及诸子,皆为养马士。文帝爱待玉,又尝令夔与(左愿)〔左骐〕等于宾客之中吹笙鼓琴,夔有难色,由是帝意不悦。后因他事系夔,使(愿)〔骐〕等就学,夔自谓所习者雅,仕宦有本,意犹不满,遂黜免以卒。

弟子河南邵登、张泰、桑馥,各至太乐丞,下邳陈颀司律中郎将。自左延

---

① 汉河南郡治洛阳县,故城址在今洛阳市白马寺东三里。
② 八音,金、石、丝、竹、匏、土、革、木。用此八种素材制成名种乐器:金制者有钟、镈、錞、铙等,石制者有磬,土制者有埙,革制者有鼓,丝制者如琴、瑟、筑、筝等,木制者有柷、敔,匏制者有笙、竽,竹制者有箫、笛等。
③ 均,古韵字。

年等虽妙于音,咸善郑声,①其好古存正莫及夔。〔一〕

〔一〕时有扶风马钧,巧思绝世。傅玄序之曰:"马先生,天下之名巧也,少而游豫,不
　　自知其为巧也。当此之时,言不及巧,焉可以言知乎?为博士,居贫,乃思绫机
　　之变,不言而世人知其巧矣。旧绫机五十综者五十蹑,六十综者六十蹑,先生患
　　其丧功费日,乃皆易以十二蹑。其奇文异变,因感而作者,犹自然之成形,阴阳
　　之无穷,此轮扁之对不可以言言者,又焉可以言校也。先生为给事中,与常侍高
　　堂隆、骁骑将军秦朗争论于朝,言及指南车,二子谓古无指南车,记言之虚也。
　　先生曰:'古有之,未之思耳,夫何远之有!'二子哂之曰:'先生名钧字德衡,钧者
　　器之模,而衡者所以定物之轻重;轻重无准而莫不模哉!'先生曰:'虚争空言,不
　　如试之易效也。'于是二子遂以白明帝,诏先生作之,而指南车成。此一异也,又
　　不可以言者也,从是天下服其巧矣。居京都,城内有地,可以为园,患无水以灌
　　之,乃作翻车,令童儿转之,而灌水自覆,更入更出,其巧百倍于常。此二异也。
　　其后人有上百戏者,能设而不能动也。帝以问先生:'可动否?'对曰:'可动。'帝
　　曰:'其巧可益否?'对曰:'可益。'受诏作之。以大木雕构,使其形若轮,平地施
　　之,潜以水发焉。设为女乐舞象,至令木人击鼓吹箫;作山岳,使木人跳丸掷剑,
　　缘绳倒立,出入自在;百官行署,舂磨斗鸡,变巧百端。此三异也。先生见诸葛
　　亮连弩,曰:'巧则巧矣,未尽善也。'言作之可令加五倍。又患发石车,敌人之于
　　楼边县湿牛皮,中之则堕,石不能连属而至。欲作一轮,县大石数十,以机鼓轮
　　为常,则以断县石飞击敌城,使首尾电至。尝试以车轮县瓴甓数十,飞之数百步
　　矣。有裴子者,上国之士也,精通见理,闻而哂之。乃难先生,先生口屈不对。
　　裴子自以为难得其要,言之不已。傅子谓裴子曰:'子所长者言也,所短者巧也。
　　马氏所长者巧也,所短者言也。以子所长,击彼所短,则不得不屈。以子所短,
　　难彼所长,则必有所不解者矣。夫巧,天下之微事也,有所不解而难之不已,其
　　相击刺,必已远矣。心乖于内,口屈于外,此马氏所以不对也。'傅子见安乡侯,
　　言及裴子之论,安乡侯又与裴子同。傅子曰:'圣人具体备物,取人不以一揆也:
　　有以神取之者,有以言取之者,有以事取之者。有以神取之者,不言而诚心先

---

① 春秋时郑国的新乐,多淫靡之音。《论语·卫灵公》:"子曰:'放郑声,远佞人;郑声
　　淫,佞人殆。'"后人用"郑声"指当时俗乐,对古代的雅乐而言。

达,德行颜渊之伦是也。以言取之者,以变辩是非,言语宰我、子贡是也。以事取之者,若政事冉有、季路,文学子游、子夏。虽圣人之明尽物,如有所用,必有所试,然则试冉、季以政,试游、夏以学矣。游、夏犹然,况自此而降者乎!何者?悬言物理,不可以言尽也,施之于事,言之难尽而试之易知也。今若马氏所欲作者,国之精器,军之要用也。费十寻之木,劳二人之力,不经时而是非定。难试易验之事而轻以言抑人异能,此犹以己智任天下之事,不易其道以御难尽之物,此所以多废也。马氏所作,因变而得是,则初所言者不皆是矣。其不皆是,因不用之,是不世之巧无由出也。夫同情者相妒,同事者相害,中人所不能免也。故君子不以人害人,必以考试为衡石;废衡石而不用,此美玉所以见诬为石,荆和所以抱璞而哭之也。'于是安乡侯悟,遂言之武安侯,武安侯忽之,不果试之。此既易试之事,又马氏巧名已定,犹忽而不察,况幽深之才,无名之璞乎?后之君子其鉴之哉!马先生之巧,虽古公输般、墨翟、王尔,近汉世张平子,不能过也。公输般、墨翟皆见用于时,乃有益于世。平子虽为侍中,马先生虽给事省中,俱不典工官,巧无益于世。用人不当其才,闻贤不试以事,良可恨也。"裴子者,裴秀。安乡侯者,曹羲。武安侯者,曹爽也。

——《魏书》二十九《杜夔传》

乌丸鲜卑传

　　《书》载"蛮夷猾夏",①《诗》称"狎狁孔炽",②久矣其为中国患也。秦、汉以来,匈奴久为边害。孝武虽外事四夷,东平两越、朝鲜,西讨贰师、大宛,开邛笮、夜郎之道,然皆在荒服之外,不能为中国轻重。而匈奴最逼于诸夏,胡骑南侵则三边受敌,是以屡遣卫、霍之将,深入北伐,穷追单于,夺其饶衍之地。后遂保塞称藩,世以衰弱。建安中,呼厨泉南单于入朝,遂留内侍,使右贤王抚其国,而匈奴折节,过于汉旧。然乌丸、鲜卑稍更强盛,亦因汉末之乱,中国多事,不遑外讨,故得擅(汉)〔漠〕南之地,寇暴城邑,杀略人民,北边仍受其困。会袁绍兼河北,乃抚有三郡乌丸,③宠其名王而收其精骑。其后尚、熙又逃于蹋顿。蹋顿又骁武,边长老皆比之冒顿,④恃其阻远,敢受亡命,以雄百蛮。太祖潜师北伐,出其不意,一战而定之,夷狄慑服,威振朔土。遂引乌丸之众服从征讨,而边民得用安息。后鲜卑大人轲比能复制御群狄,尽收匈奴故地,自云中、五原⑤以东抵辽水,皆为鲜卑庭。数犯塞寇边,幽、并苦之。田豫有马城之围,毕轨有陉北之败。青龙中,帝乃听王雄,遣剑客刺之。然后种落离散,互相侵伐,强者远遁,弱者请服。由是边陲差安,(汉)〔漠〕南少事,虽时颇钞盗,不能复相扇动矣。乌丸、鲜卑即古所谓东胡也。其习俗、前事,撰汉记者已录而载之矣。故但举汉末魏初以来,以备四夷之变云。〔一〕

---

① 《尚书·尧典》:"蛮夷猾夏。"猾,扰乱。
② 《诗经·小雅·六月》:"狎狁孔炽。"狎狁,周代北方少数民族,即匈奴的祖先。孔,甚。炽,盛。
③ 所谓"三郡乌丸",指辽西、上谷、右北平三郡,观下文自明。
④ 冒顿,读作墨毒。冒顿单于是西汉初匈奴的统治者,他在位时匈奴很强盛。
⑤ 东汉云中郡治云中县,今内蒙古自治区托克托县;五原郡治九原县,今内蒙古自治区五原县。

〔一〕《魏书》曰：乌丸者，东胡也。汉初，匈奴冒顿灭其国，余类保乌丸山，因以为号焉。俗善骑射，随水草放牧，居无常处，以穹庐为宅，皆东向。日弋猎禽兽，食肉饮酪，以毛毳为衣。贵少贱老，其性悍骜，怒则杀父兄，而终不害其母，以母有族类，父兄以己为种，无复报者故也。常推募勇健能理决斗讼相侵犯者为大人，邑落各有小帅，不世继也。数百千落自为一部，大人有所召呼，刻木为信，邑落传行，无文字，而部众莫敢违犯。氏姓无常，以大人健者名字为姓。大人已下，各自畜牧治产，不相徭役。其嫁娶皆先私通，略将女去，或半岁百日，然后遣媒人送马牛羊以为聘娶之礼。婿随妻归，见妻家无尊卑，旦起皆拜，而不自拜其父母。为妻家仆役二年，妻家乃厚遣送女，居处财物，一出妻家。故其俗从妇人计，至战斗时，乃自决之。父子男女，相对蹲踞，悉髡头以为轻便。妇人至嫁时乃养发，分为髻，著句决，饰以金碧，犹中国有冠步摇也。父兄死，妻后母执嫂；若无执嫂者，则己子以亲之次妻伯叔焉，死则归其故夫。俗识鸟兽孕乳，时以四节，耕种常用布谷鸣为候。地宜青穄、东墙，东墙似蓬草，实如葵子，至十月熟，能作白酒，而不知作曲蘖。米常仰中国。大人能作弓矢鞍勒，锻金铁为兵器，能刺韦作文绣，织缕毡褐。有病，知以艾灸，或烧石自熨，烧地卧上，或随痛病处，以刀决脉出血，及祝天地山川之神，无针药。贵兵死，敛尸有棺，始死则哭，葬则歌舞相送。肥养犬，以采绳婴牵，并取亡者所乘马、衣物、生时服饰，皆烧以送之。特属累犬，使护死者神灵归乎赤山。赤山在辽东西北数千里，如中国人以死之魂神归泰山也。至葬日，夜聚亲旧员坐，牵犬马历位，或歌哭者，掷肉与之，使二人口颂呪文，使死者魂神径至，历险阻，勿令横鬼遮护，达其赤山，然后杀犬马、衣物烧之。敬鬼神，祠天地日月星辰山川，及先大人有健名者，亦同祠以牛羊，祠毕皆烧之。饮食必先祭。其约法，违大人言死，盗不止死。其相残杀，令部落自相报，相报不止，诣大人平之，有罪者出其牛羊以赎死命，乃止。自杀其父兄无罪。其亡叛为大人所捕者，诸邑落不肯受，皆逐使至雍狂地。地无山，有沙漠、流水、草木，多蝮蛇，在丁令之西南，乌孙之东北，以穷困之。自其先为匈奴所破之后，人众孤弱，为匈奴臣服，常岁输牛马羊，过时不具，辄虏其妻子。至匈奴壹衍鞮单于时，乌丸转强，发掘匈奴单于冢，将以报冒顿所破之耻。壹衍鞮单于大怒，发二万骑以击乌丸。大将军霍光闻之，遣度辽将军范明友将三万骑出辽东追击匈奴。比明友兵至，匈奴已引去。乌丸新被匈奴兵，乘其衰弊，遂进

击乌丸,斩首六千余级,获三王首还。后数复犯塞,明友辄征破之。至王莽末,
并与匈奴为寇。光武定天下,遣伏波将军马援将三千骑,从五原关出塞征之,无
利,而杀马千余匹。乌丸遂盛,钞击匈奴,匈奴转徙千里,漠南地空。建武二十
五年,乌丸大人郝旦等九千余人率众诣阙,封其渠帅为侯王者八十余人,使居塞
内,布列辽东属国、辽西、右北平、渔阳、广阳、上谷、代郡、雁门、太原、朔方诸郡
界,招来种人,给其衣食,置校尉以领护之,遂为汉侦备,击匈奴、鲜卑。至永平
中,渔阳乌丸大人钦志贲帅种人叛,鲜卑还为寇害,辽东太守祭肜募杀志贲,遂
破其众。至安帝时,渔阳、右北平、雁门乌丸率众王无何等复与鲜卑、匈奴合,钞
略代郡、上谷、涿郡、五原,乃以大司农何熙行车骑将军,左右羽林五营士,发缘
边七郡黎阳营兵合二万人击之。匈奴降,鲜卑、乌丸各还塞外。是后,乌丸稍复
亲附,拜其大人戎末廆为都尉。至顺帝时,戎末廆率将王侯咄归、去延等从乌丸
校尉耿晔出塞击鲜卑有功,还皆拜为率众王,赐束帛。

汉末,辽西①乌丸大人丘力居,众五千余落,上谷②乌丸大人难楼,众九
千余落,各称王,而辽东属国③乌丸大人苏仆延,众千余落,自称峭王,右北
平④乌丸大人乌延,众八百余落,自称汗鲁王,皆有计策勇健。中山太守张纯
叛入丘力居众中,自号弥天安定王,为三郡乌丸元帅,寇略青、徐、幽、冀四
州,杀略吏民。灵帝末,以刘虞为幽州牧,募胡斩纯首,北州乃定。后丘力居
死,子楼班年小,从子蹋顿有武略,代立,总摄三王部,众皆从其教令。袁绍
与公孙瓒连战不决,蹋顿遣使诣绍求和亲,助绍击瓒,破之。绍矫制赐蹋顿、
(难)峭王、汗鲁王印绶,皆以为单于。〔一〕

〔一〕《英雄记》曰:绍遣使即拜乌丸三王为单于,皆安车、华盖、羽旄、黄屋、左纛。版
　　文曰:"使持节大将军督幽、青、并领冀州牧阮乡侯绍,承制诏辽东属国率众王颂
　　下、乌丸辽西率众王蹋顿、右北平率众王汗卢:维乃祖慕义迁善,款塞内附,北捍
　　猃狁,东拒濊貊,世守北陲,为百姓保障,虽时侵犯王略,命将徂征厥罪,率不旋

----

① 东汉辽西郡治阳乐县,故城址当在今辽宁锦州市之东,辽水之西,晋时移于今河北抚
　 宁县西。
② 东汉上谷郡治沮阳县,故城址在今河北怀来县南。
③ 东汉辽东属国治昌黎县,故城址在今辽宁义县西北。
④ 东汉右北平郡治土垠县,故城址在今河北丰润县东十里。

时,悔恚变改,方之外夷,最又聪惠者也。始有千夫长、百夫长以相统领,用能悉
乃心,克有勋力于国家,稍受王侯之命。自我王室多故,公孙瓒作难,残夷厥土
之君,以侮天慢主,是以四海之内,并执干戈以卫社稷。三王奋气裔土,忿奸忧
国,控弦与汉兵为表里,诚甚忠孝,朝所嘉焉。然而虎兕长蛇,相随塞路,王官爵
命,否而无闻。夫有勋不赏,俾勤者怠。今遣行谒者杨林,赍单于玺绶车服,以
对尔劳。其各绥静部落,教以谨慎,无使作凶作慝。世复尔祀位,长为百蛮长。
厥有咎有不臧者,泯于尔禄,而丧于乃庸,可不勉乎! 乌桓单于都护部众,左右
单于受其节度,他如故事。"

　　后楼班大,峭王率其部众奉楼班为单于,蹋顿为王。然蹋顿多画计策。
广阳①阎柔,少没乌丸、鲜卑中,为其种所归信。柔乃因鲜卑众,杀乌丸校尉
邢举代之,绍因宠慰以安北边。后袁尚败奔蹋顿,凭其势,复图冀州。会太
祖平河北,柔帅鲜卑、乌丸归附,遂因以柔为校尉,犹持汉使节,治广宁②如
旧。建安十一年,太祖自征蹋顿于柳城,潜军诡道,未至百余里,虏乃觉。尚
与蹋顿将众逆战于凡城,③兵马甚盛。太祖登高望虏陈,(柳)〔抑〕军未进,观
其小动,乃击破其众,临陈斩蹋顿首,死者被野。速附丸、④楼班、乌延等走辽
东,辽东悉斩,传送其首。其余遗迸皆降。及幽州、并州柔所统乌丸万余落,
悉徙其族居中国,帅从其侯王大人种众与征伐。由是三郡乌丸为天下
名骑。〔一〕

　　〔一〕《魏书》曰:景初元年秋,遣幽州刺史毌丘俭率众军讨辽东。右北平乌丸单于寇
　　　　娄敦、辽西乌丸都督率众王护留叶,昔随袁尚奔辽西,闻俭军至,率众五千余人
　　　　降。寇娄敦遣弟(阿罗奖)〔阿罗槃〕等诣阙朝贡,封其渠帅三十余为王,赐舆马缯
　　　　采各有差。

　　鲜卑〔一〕步度根既立,众稍衰弱,中兄扶罗韩亦别拥众数万为大人。建安
中,太祖定幽州,步度根与轲比能等因乌丸校尉阎柔上贡献。后代郡乌丸能

────────────

① 东汉广阳郡治蓟县,故城址在今北京市南。
② 广宁故城址在今河北宣化市西。
③ 凡城在今河北平泉县东南。
④ 速附丸即上文所说的辽东属国乌丸大人苏仆延。

臣氐等叛,求属扶罗韩,扶罗韩将万余骑迎之。到桑乾,①氐等议,以为扶罗韩部威禁宽缓,恐不见济,更遣人呼轲比能。比能即将万余骑到,当共盟誓。比能便于会上杀扶罗韩,扶罗韩子泄归泥及部众悉属比能。比能自以杀归泥父,特又善遇之。步度根由是怨比能。文帝践阼,田豫为乌丸校尉,持节并护鲜卑,屯昌平。② 步度根遣使献马,帝拜为王。后数与轲比能更相攻击,步度根部众稍寡弱,将其众万余落保太原、雁门郡。③ 步度根乃使人招呼泄归泥曰:"汝父为比能所杀,不念报仇,反属怨家。今虽厚待汝,是欲杀汝计也。不如还我,我与汝是骨肉至亲,岂与仇等?"由是归泥将其部落逃归步度根,比能追之弗及。至黄初五年,步度根诣阙贡献,厚加赏赐,是后一心守边,不为寇害,而轲比能众遂强盛。明帝即位,务欲绥和戎狄,以息征伐,羁縻两部而已。至青龙元年,比能诱步度根深结和亲,于是步度根将泄归泥及部众,悉保④比能,寇钞并州,杀略吏民。帝遣骁骑将军秦朗征之,归泥叛比能,将其部众降,拜归义王,赐幢麾、曲盖、鼓吹,⑤居并州如故。步度根为比能所杀。

〔一〕《魏书》曰:鲜卑亦东胡之余也,别保鲜卑山,因号焉。其言语习俗与乌丸同。其地东接辽水,西当西城。常以季春大会,作乐水上,嫁女娶妇,髡头饮宴。其兽异于中国者,野马、原羊、端牛。端牛角为弓,世谓之角端者也。又有貂、豽、鼲子,皮毛柔蠕,故天下以为名裘。鲜卑自为冒顿所破,远窜辽东塞外,不与余国争衡,未有名通于汉,而(由)自与乌丸相接。至光武时,南北单于更相攻伐,匈奴损耗,而鲜卑遂盛。建武三十年,鲜卑大人於仇贲率种人诣阙朝贡,封於仇贲为王。永平中,祭肜为辽东太守,诱赂鲜卑,使斩叛乌丸钦志贲等首,于是鲜卑自敦煌、酒泉以东邑落大人,皆诣辽东受赏赐,青、徐二州给钱,岁二亿七千万以

---

① 桑乾故城址在今河北蔚县东北。
② 昌平故城址在今北京市昌平县东南。
③ 魏太原郡治晋阳,今山西太原市区旧晋源县。魏雁门郡治广武,今山西代县西十五里。
④ 保,依靠。
⑤ 幢麾,旌旗之类;曲盖,曲柄的盖;鼓吹,鼓、钲、箫、笳等合奏之乐曲。这些都是当时大将所有,以表示尊荣者。

为常。和帝时，鲜卑大都护校尉廆帅部众从乌丸校尉任尚击叛者，封校尉廆为率众王。殇帝延平中，鲜卑乃东入塞，杀渔阳太守张显。安帝时，鲜卑大人燕荔阳入朝，汉赐鲜卑王印绶，赤车参驾，止乌丸校尉所治宁下。通胡市，筑南北两部质宫，受邑落质者〔百〕二十部。是后或反或降，或与匈奴、乌丸相攻击。安帝末，发缘边步骑二万余人，屯列冲要。后鲜卑八九千骑穿代郡及马城塞入害长吏，汉遣度辽将军邓遵、中郎将马续出塞追破之。鲜卑大人乌伦、其至鞬等七千余人诣遵降，封乌伦为王，其至鞬为侯，赐采帛。遵去后，其至鞬复反，围乌丸校尉于马城，度辽将军耿夔及幽州刺史救解之。其至鞬遂盛，控弦数万骑，数道入塞，趣五原(宁貊)〔曼柏〕，攻匈奴南单于，杀左奥鞬日逐王。顺帝时，复入塞，杀代郡太守。汉遣黎阳营兵屯中山，缘边郡兵屯塞下，调五营弩帅令教战射，南单于将步骑万余人助汉击却之。后乌丸校尉耿晔将率众王出塞击鲜卑，多斩首虏，于是鲜卑三万余落，诣辽东降。匈奴及北单于遁逃后，余种十余万落，诣辽东杂处，皆自号鲜卑兵。投鹿侯从匈奴军三年，其妻在家，有子。投鹿侯归，怪欲杀之。妻言："尝昼行闻雷震，仰天视而电入其口，因吞之，遂妊身，十月而产，此子必有奇异，且长之。"投鹿侯固不信。妻乃语家，令收养焉，号檀石槐，长大勇健，智略绝众。年十四五，异部大人卜贲邑钞取其外家牛羊，檀石槐策骑追击，所向无前，悉还得所亡。由是部落畏服，施法禁，〔平〕曲直，莫敢犯者，遂推以为大人。檀石槐既立，乃为庭于高柳北三百余里弹汗山啜仇水上，东西部大人皆归焉。兵马甚盛，南钞汉边，北拒丁令，东却夫余，西击乌孙，尽据匈奴故地，东西万二千余里，南北七千余里，网罗山川、水泽、盐池甚广。汉患之，桓帝时使匈奴中郎将张奂征之，不克。乃更遣使者赍印绶，即封檀石槐为王，欲与和亲。檀石槐拒不肯受，寇钞滋甚。乃分其地为中东西三部。从右北平以东至辽，(辽)〔东〕接夫余、〔濊〕貊为东部。二十余邑，其大人曰弥加、阙机、素利、槐头。从右北平以西至上谷为中部，十余邑，其大人曰柯最、阙居、慕容等，为大帅。从上谷以西至敦煌，西接乌孙为西部，二十余邑，其大人曰置鞬落罗、日律推演、宴荔游等，皆为大帅，而制属檀石槐。至灵帝时，大钞略幽、并二州。缘边诸郡，无岁不被其毒。(嘉)〔熹〕平六年，遣护乌丸校尉夏育，破鲜卑中郎将田晏，匈奴中郎将臧旻与南单于出雁门塞，三道并进，径二千余里征之。檀石槐帅部众逆击，旻等败走，兵马还者什一而已。鲜卑众日多，田畜射猎，不足给食。后檀石槐乃案行乌侯秦水,广袤数百里,渟不流,中有鱼而不能得。闻汗人善捕鱼,于是檀石槐东击汗国,得千余家,徙置乌侯秦水上,使捕鱼以助粮。至于今,乌侯秦水上有汗人数百户。檀石槐年四十五死,子和连代立。和连材力不及父,而贪淫,断法不平,众叛者半。灵帝末年数为寇钞,攻北地,北地庶人善弩射者射中和连,和连即死。其子骞曼小,兄子魁头代立。魁头既立后,骞曼长大,与魁头争国,众遂离散。魁头死,弟步度根代立。自檀石槐死后,诸大人遂世相袭也。

　　轲比能本小种鲜卑,以勇健,断法平端,不贪财物,众推以为大人。部落近塞,自袁绍据河北,中国人多亡叛归之,教作兵器铠楯,颇学文字。故其勒御部众,拟则中国,出入弋猎,建立旌麾,以鼓节为进退。建安中,因阎柔上贡献。太祖西征关中,田银反河间,比能将三千余骑随柔击破银。后代郡①乌丸反,比能复助为寇害,太祖以鄢陵侯彰为骁骑将军,北征,大破之。比能走出塞,后复通贡献。延康初,比能遣使献马,文帝亦立比能为附义王。黄初二年,比能出诸魏人在鲜卑者五百余家,还居代郡。明年,比能帅部落大人小子代郡乌丸修武卢等三千余骑,驱牛马七万余口交市,遣魏人千余家居上谷。后与东部鲜卑大人素利及步度根三部争斗,更相攻击。田豫和合,使不得相侵。五年,比能复击素利,豫帅轻骑径进掎其后。比能使别小帅琐奴拒豫,豫进讨,破走之,由是怀贰。乃与辅国将军鲜于辅书曰:"夷狄不识文字,故校尉阎柔保我于天子。我与素利为仇,往年攻击之,而田校尉助素利。我临陈使琐奴往,闻使君来,即便引军退。步度根数数钞盗,又杀我弟,而诬我以钞盗。我夷狄虽不知礼义,兄弟子孙受天子印绶,牛马尚知美水草,况我有人心邪! 将军当保明我于天子。"辅得书以闻,帝复使豫招纳安慰。比能众遂强盛,控弦十余万骑。每钞略得财物,均平分付,一决目前,终无所私,故得众死力,余部大人皆敬惮之,然犹未能及檀石槐也。

　　太和二年,豫遣译夏舍诣比能女婿郁筑鞬部,舍为鞬所杀。其秋,豫将

---

①　东汉代郡治高柳县,故城址在今山西阳高县西北。

西部鲜卑蒲头、泄归泥出塞讨郁筑鞬，大破之。还至马城，①比能自将三万骑围豫七日。上谷太守阎志，柔之弟也，素为鲜卑所信。志往解喻，即解围去。后幽州刺史王雄并领校尉，抚以恩信。比能数款塞，诣州奉贡献。至青龙元年，比能诱纳步度根，使叛并州，与结和亲，自勒万骑迎其累重于陉北。② 并州刺史毕轨遣将军苏尚、董弼等击之，比能遣子将骑与尚等会战于楼烦，③临陈害尚、弼。至三年中，雄遣勇士韩龙刺杀比能，更立其弟。

　　素利、弥加、厥机皆为大人，在辽西、右北平、渔阳④塞外，道远初不为边患，然其种众多于比能。建安中，因阎柔上贡献，通市，太祖皆表宠以为王。厥机死，又立其子沙末汗为亲汉王。延康初，又各遣使献马。文帝立素利、弥加为归义王。素利与比能更相攻击。太和二年，素利死，子小，以弟成律归为王，代摄其众。

——《魏书》三十《乌丸鲜卑传》

---

① 马城故城址在今河北怀安县北。
② 陉音刑。陉北，陉岭之北。陉岭在今山西代县境内。
③ 楼烦在今山西雁门关北。
④ 东汉渔阳郡治渔阳县，故城址在今北京市密云县西南三十里。

诸葛亮传

诸葛亮字孔明，琅邪阳都①人也。汉司隶校尉诸葛丰后也。父珪，字君贡，汉末为太山郡丞。亮早孤，从父玄为袁术所署豫章太守，玄将亮及亮弟均之官。会汉朝更选朱皓代玄。玄素与荆州牧刘表有旧，往依之。〔一〕玄卒，亮躬耕陇亩，好为《梁父吟》。〔二〕②身长八尺，③每自比于管仲、乐毅，时人莫之许也。惟博陵崔州平、颍川徐庶元直与亮友善，谓为信然。〔三〕

〔一〕《献帝春秋》曰：初，豫章太守周术病卒，刘表上诸葛玄为豫章太守，治南昌。汉朝闻周术死，遣宋皓代玄。皓从扬州太守刘繇求兵击玄，玄退屯西城，皓入南昌。建安二年正月，西城民反，杀玄，送首诣繇。此书所云，与本传不同。

〔二〕《汉晋春秋》曰：亮家于南阳之邓县，在襄阳城西二十里，号曰隆中。

〔三〕按《崔氏谱》：州平，太尉烈子，均之弟也。

《魏略》曰：亮在荆州，以建安初与颍川石广元、徐元直、汝南孟公威等俱游学，三人务于精熟，而亮独观其大略。每晨夜从容，常抱膝长啸，而谓三人曰："卿三人仕进可至刺史郡守也。"三人问其所至，亮但笑而不言。后公威思乡里，欲北归，亮谓之曰："中国饶士大夫，遨游何必故乡邪！"

臣松之以为《魏略》此言，谓诸葛亮为公威计者可也，若谓兼为己言，可谓未达其心矣。老氏称知人者智，自知者明，凡在贤达之流，固必兼而有焉。以诸葛亮之鉴识，岂不能自审其分乎？夫其高吟俟时，情见乎言，志气所存，既已定于其始矣。若使游步中华，骋其龙光，岂夫多士所能沉翳哉！委质魏氏，展其器能，诚非陈长文、司马仲达所能颉颃，而况于余哉！苟不患功业不就，道之不行，虽志

---

① 阳都故城址在今山东沂水县南。

② 《梁父吟》，古歌谣名。

③ 汉代一尺当清营造尺七寸二分，今市尺六寸九分，合〇.二三公尺；八尺约当营造尺五尺七寸多，今市尺五尺五寸多，合一.八四公尺。

恢宇宙而终不北向者，盖以权御已移，汉祚将倾，方将翊赞宗杰，以兴微继绝克复为己任故也。岂其区区利在边鄙而已乎！此相如所谓"鹍鹏已翔于辽廓，而罗者犹视于薮泽"者矣。公威名建，在魏亦贵达。

　　时先主屯新野。徐庶见先主，先主器之，谓先主曰："诸葛孔明者，卧龙也，将军岂愿见之乎？"〔一〕先主曰："君与俱来。"庶曰："此人可就见，不可屈致也。将军宜枉驾顾之。"由是先主遂诣亮，凡三往，乃见。因屏①人曰："汉室倾颓，奸臣窃命，主上蒙尘。孤不度德量力，欲信②大义于天下，而智术浅短，遂用猖〔獗〕〔蹶〕，③至于今日。然志犹未已，君谓计将安出？"亮答曰："自董卓已来，豪杰并起，跨州连郡者不可胜数。曹操比于袁绍，则名微而众寡，然操遂能克绍，以弱为强者，非惟天时，抑亦人谋也。今操已拥百万之众，挟天子而令诸侯，此诚不可与争锋。孙权据有江东，已历三世，国险而民附，贤能为之用，此可以为援而不可图也。荆州北据汉、沔，利尽南海，东连吴会，④西通巴、蜀，此用武之国，而其主不能守，此殆天所以资将军，将军岂有意乎？益州险塞，沃野千里，天府之土，高祖因之以成帝业。刘璋闇弱，张鲁在北，民殷国富而不知存恤，智能之士思得明君。将军既帝室之胄，信义著于四海，总揽英雄，思贤如渴，若跨有荆、益，保其岩阻，西和诸戎，南抚夷越，外结好孙权，内修政理，天下有变，则命一上将将荆州之军以向宛、洛，将军身率益州之众出于秦川，百姓孰敢不箪食壶浆⑤以迎将军者乎？诚如是，则霸业可成，汉室可兴矣。"先主曰："善！"于是与亮情好日密。关羽、张飞等不悦，先主解之曰："孤之有孔明，犹鱼之有水也。愿诸君勿复言。"羽、飞乃止。〔二〕

　　〔一〕《襄阳记》曰：刘备访世事于司马德操。德操曰："儒生俗士，岂识时务？识时务者在乎俊杰。此间自有伏龙、凤雏。"备问为谁，曰："诸葛孔明、庞士元也。"

　　〔二〕《魏略》曰：刘备屯于樊城。是时曹公方定河北，亮知荆州次当受敌，而刘表性

---

① 屏，读丙，退。

② 信，与伸字音义同。

③ 猖蹶，披猖、颠蹶。

④ 吴会，吴郡与会稽郡。

⑤ 《孟子·梁惠王》："箪食壶浆，以迎王师。"箪，竹器；食读嗣，饭。

缓,不晓军事。亮乃北行见备,备与亮非旧,又以其年少,以诸生意待之。坐集既毕,众宾皆去,而亮独留,备亦不问其所欲言。备性好结毦,时适有人以髦牛尾与备者,备因手自结之。亮乃进曰:"明将军当复有远志,但结毦而已邪!"备知亮非常人也,乃投毦而答曰:"是何言与!我聊以忘忧耳。"亮遂言曰:"将军度刘镇南孰与曹公邪?"备曰:"不及。"亮又曰:"将军自度何如也?"备曰:"亦不如。"曰:"今皆不及,而将军之众不过数千人,以此待敌,得无非计乎!"备曰:"我亦愁之,当若之何?"亮曰:"今荆州非少人也,而著籍者寡,平居发调,则人心不悦,可语镇南,令国中凡有游户,皆使自实,因录以益众可也。"备从其计,故众遂强。备由此知亮有英略,乃以上客礼之。《九州春秋》所言亦如之。

臣松之以为亮表云"先帝不以臣卑鄙,猥自枉屈,三顾臣于草庐之中,谘臣以当世之事",则非亮先诣备,明矣。虽闻见异辞,各生彼此,然乖背至是,亦良为可怪。

刘表长子琦,亦深器亮。表受后妻之言,爱少子琮,不悦于琦。琦每欲与亮谋自安之术,亮辄拒塞,未与处画。琦乃将亮游观后园,共上高楼,饮宴之间,令人去梯,因谓亮曰:"今日上不至天,下不至地,言出子口,入于吾耳,可以言未?"亮答曰:"君不见申生在内而危,重耳在外而安乎?"①琦意感悟,阴规②出计。会黄祖死,得出,遂为江夏太守。俄而表卒,琮闻曹公来征,遣使请降。先主在樊闻之,率其众南行,亮与徐庶并从,为曹公所追破,获庶母。庶辞先主而指其心曰:"本欲与将军共图王霸之业者,以此方寸之地也。今已失老母,方寸乱矣,无益于事,请从此别。"遂诣曹公。〔一〕

〔一〕《魏略》曰:庶先名福,本单家子,少好任侠击剑。中平末,尝为人报仇,白垩突面,被发而走,为吏所得,问其姓字,闭口不言。吏乃于车上立柱维磔之,击鼓以令于市廛,莫敢识者,而其党伍共篡解之,得脱。于是感激,弃其刀戟,更疏巾单衣,折节学问。始诣精舍,诸生闻其前作贼,不肯与共止。福乃卑躬早起,常独扫除,动静先意,听习经业,义理精熟。遂与同郡石韬相亲爱。初平中,中州兵

---

① 申生与重耳皆春秋时晋献公之子。申生是太子,为献公的宠妃骊姬所谗,自缢而死。重耳在蒲,闻难出奔,周游诸国十余年,后返国为君,是为晋文公。

② 规,图谋。

起,乃与韬南客荆州,到,又与诸葛亮特相善。及荆州内附,孔明与刘备相随去,福与韬俱来北。至黄初中,韬仕历郡守、典农校尉,福至右中郎将、御史中丞。逮大和中,诸葛亮出陇右,闻元直、广元仕财如此,叹曰:"魏殊多士邪! 何彼二人不见用乎?"庶后数年病卒,有碑在彭城,今犹存焉。

先主至于夏口,亮曰:"事急矣,请奉命求救于孙将军。"时权拥军在柴桑,①观望成败,亮说权曰:"海内大乱,将军起兵据有江东,刘豫州亦收众汉南,与曹操并争天下。今操芟夷大难,略已平矣,遂破荆州,威震四海。英雄无所用武,故豫州遁逃至此。将军量力而处之:若能以吴、越之众与中国抗衡,不如早与之绝;若不能当,何不案兵束甲,北面而事之! 今将军外托服从之名,而内怀犹豫②之计,事急而不断,祸至无日矣!"权曰:"苟如君言,刘豫州何不遂事之乎?"亮曰:"田横,齐之壮士耳,犹守义不辱,③况刘豫州王室之胄,英才盖世,众士慕仰,若水之归海,若事之不济,此乃天也,安能复为之下乎!"权勃然曰:"吾不能举全吴之地,十万之众,受制于人。吾计决矣! 非刘豫州莫可以当曹操者,然豫州新败之后,安能抗此难乎?"亮曰:"豫州军虽败于长阪,④今战士还者及关羽水军精甲万人,刘琦合江夏战士亦不下万人。曹操之众,远来疲弊,闻追豫州,轻骑一日一夜行三百余里,此所谓'强弩之末,势不能穿鲁缟'⑤者也。故兵法忌之,曰'必蹶上将军'。⑥ 且北方之人,

---

① 柴桑故城址在今江西九江市西南。

② 犹豫,迟疑不决之意。犹豫是双声连绵字,因声见义,不从字面上去解释。(《经义述闻》卷三十一)

③ 田横是战国末齐国的宗室,楚汉相争时,自立为齐王。汉灭楚,田横率领了五百人逃亡入海。居于岛中。汉高帝使人召之曰:"田横来,大者王,小者乃侯耳。不来,且举兵加诛焉。"田横乃与其客二人赴洛阳。未至三十里,田横对他的客二人说:"横始与汉王俱南面称孤,今汉王为天子,而横乃为亡虏而北面事之,其耻固已甚矣。"遂自杀(《史记·田儋传》)。

④ 长阪在今湖北当阳县境东北绿林山区西部的天柱山(胡国瑞《长阪地址订误》,载一九六一年六月二十三日《光明日报》)。

⑤ 《汉书·韩安国传》:"强弩之末,力不能入鲁缟。"颜师古注:"缟,素也。曲阜之地,俗善作之,尤为轻细,故以取喻。"

⑥ 《孙子·军争》篇:"五十里而争利,则蹶上将军。"蹶犹挫。

不习水战；又荆州之民附操者，逼兵势耳，非心服也。今将军诚能命猛将统兵数万，与豫州协规同力，破操军必矣。操军破，必北还，如此则荆、吴之势强，鼎足之形成矣。成败之机，在于今日。"权大悦，即遣周瑜、程普、鲁肃等水军三万，随亮诣先主，并力拒曹公。〔一〕曹公败于赤壁，引军归邺。先主遂收江南，以亮为军师中郎将，使督零陵、桂阳、长沙三郡，①调其赋税，以充军实。〔二〕

〔一〕《袁子》曰：张子布荐亮于孙权，亮不肯留。人问其故，曰："孙将军可谓人主，然观其度，能贤亮而不能尽亮，吾是以不留。"

臣松之以为袁孝尼著文立论，甚重诸葛之为人，至如此言则失之殊远。观亮君臣相遇，可谓希世一时，终始之分，谁能间之？宁有中违断金，甫怀择主，设使权尽其量，便当翻然去就乎？葛生行己，岂其然哉！关羽为曹公所获，遇之甚厚，可谓能尽其用矣，犹义不背本，曾谓孔明之不若云长乎！

〔二〕《零陵先贤传》云：亮时住临烝。

建安十六年，益州牧刘璋遣法正迎先主，使击张鲁。亮与关羽镇荆州。先主自葭萌还攻璋，亮与张飞、赵云等率众溯江，分定郡县，与先主共围成都。成都平，以亮为军师将军，署左将军府事。先主外出，亮常镇守成都，足食足兵。二十六年，群下劝先主称尊号，先主未许，亮说曰："昔吴汉、耿弇等初劝世祖即帝位，世祖辞让，前后数四，耿纯进言曰：'天下英雄喁喁，冀有所望。如不从议者，士大夫各归求主，无为从公也。'世祖感纯言深至，遂然诺之。今曹氏篡汉，天下无主，大王刘氏苗族，绍世而起，今即帝位，乃其宜也。士大夫随大王久勤苦者，亦欲望尺寸之功如纯言耳。"先主于是即帝位，策亮为丞相曰："朕遭家不造，②奉承大统，兢兢业业，不敢康宁，思靖百姓，惧未能绥。於戏！③丞相亮其悉朕意，无怠，辅朕之阙，助宣重光，以照明天下，君其

① 零陵、桂阳、长沙三郡均在今湖南境内。零陵郡治泉陵县，今零陵县；桂阳郡治郴县，今郴县；长沙郡治临湘县，今长沙市。
② 《诗经·周颂·闵予小子》，"闵予小子，遭家不造。"郑笺："造犹成也。"或谓，不造即是不幸之意。
③ 於戏同呜呼。

勖哉！"亮以丞相录尚书事，假节。张飞卒后，领司隶校尉。〔一〕

〔一〕《蜀记》曰：晋初扶风王骏镇关中，司马高平刘宝、长史荥阳桓隰诸官属士大夫共
　　论诸葛亮，于时谭者多讥亮托身非所，劳困蜀民，力小谋大，不能度德量力。金
　　城郭冲以为亮权智英略，有逾管、晏，功业未济，论者惑焉，条亮五事隐没不闻于
　　世者，宝等亦不能复难。扶风王慨然善冲之言。
　　臣松之以为亮之异美，诚所愿闻，然冲之所说，实皆可疑，谨随事难之如左：
　　其一事曰：亮刑法峻急，刻剥百姓，自君子小人咸怀怨叹。法正谏曰："昔高祖入
　　关，约法三章，秦民知德，今君假借威力，跨据一州，初有其国，未垂惠抚；且客主
　　之义，宜相降下，愿缓刑弛禁，以慰其望。"亮答曰："君知其一，未知其二。秦以
　　无道，政苛民怨，匹夫大呼，天下土崩，高祖因之，可以弘济。刘璋暗弱，自焉已
　　来有累世之恩，文法羁縻，互相承奉，德政不举，威刑不肃。蜀土人士，专权自
　　恣，君臣之道，渐以陵替；宠之以位，位极则贱，顺之以恩，恩竭则慢。所以致弊，
　　实由于此。吾今威之以法，法行则知恩，限之以爵，爵加则知荣；荣恩并济，上下
　　有节。为治之要，于斯而著。"难曰：案法正在刘主前死，今称法正谏，则刘主在
　　也。诸葛职为股肱，事归元首，刘主之世，亮又未领益州，庆赏刑政，不出于己。
　　寻冲所述亮答，专自有其能，有违人臣自处之宜。以亮谦顺之体，殆必不然。又
　　云亮刑法峻急，刻剥百姓，未闻善政以刻剥为称。
　　其二事曰：曹公遣刺客见刘备，方得交接，开论伐魏形势，甚合备计。稍欲亲近，
　　刺者尚未得便会，既而亮人，魏客神色失措。亮因而察之，亦知非常人。须臾，
　　客如厕，备谓亮曰："向得奇士，足以助君补益。"亮问所在，备曰："起者其人也。"
　　亮徐叹曰："观客色动而神惧，视低而忤数，奸形外漏，邪心内藏，必曹氏刺客
　　也。"追之，已越墙而走。难曰：凡为刺客，皆暴虎冯河，死而无悔者也。刘主有
　　知人之鉴，而惑于此客，则此客必一时之奇士也。又语诸葛云"足以助君补益"，
　　则亦诸葛之流亚也。凡如诸葛之俦，鲜有为人作刺客者矣，时主亦当惜其器用，
　　必不投之死地也。且此人不死，要应显达为魏，竟是谁乎？何其寂蔑而无闻！

章武三年春，先主于永安①病笃，召亮于成都，属②以后事，谓亮曰："君

①　蜀汉改鱼复县曰永安，故城址在今四川奉节白帝城。
②　属，音烛，托付。

才十倍曹丕，必能安国，终定大事。若嗣子可辅，辅之；如其不才，君可自取。"亮涕泣曰："臣敢竭股肱之力，效忠贞之节，继之以死！"先主又为诏敕后主曰："汝与丞相从事，事之如父。"〔一〕建兴元年，封亮武乡侯，①开府治事。顷之，又领益州牧。政事无巨细，咸决于亮。南中②诸郡，并皆叛乱，亮以新遭大丧，故未便加兵，且遣使聘吴，因结和亲，遂与国。〔二〕

〔一〕孙盛曰：夫杖道扶义，体存信顺，然后能匡主济功，终定大业。语曰："弈者举棋不定犹不胜其偶"，况量君之才否而二三其节，可以摧服强邻囊括四海者乎？备之命亮，乱孰甚焉！世或有谓备欲以固委付之诚，且以一蜀人之志。君子曰，不然；苟所寄忠贤，则不须若斯之诲，如非其人，不宜启篡逆之涂。是以古之顾命，必贻话言；诡伪之辞，非托孤之谓。幸值刘禅闇弱，无猜险之性，诸葛威略，足以检卫异端，故使异同之心无由自起耳。不然，殆生疑隙不逞之衅。谓之为权，不亦惑哉！

〔二〕《亮集》曰：是岁，魏司徒华歆、司空王朗、尚书令陈群、太史令许芝、谒者仆射诸葛璋各有书与亮，陈天命人事，欲使举国称藩。亮遂不报书，作《正议》曰："昔在项羽，起不由德，虽处华夏，秉帝者之势，卒就汤镬，为后永戒。魏不审鉴，今次之矣；免身为幸，戒在子孙。而二三子各以耆艾之齿，承伪指而进书，有若崇、竦称莽之功，亦将逼于元祸苟免者邪！昔世祖之创迹旧基，奋赢卒数千，摧莽强旅四十余万于昆阳之郊。夫据道讨淫，不在众寡。及至孟德，以其谲胜之力，举数十万之师，救张郃于阳平，势穷虑悔，仅能自脱，辱其锋锐之众，遂丧汉中之地，深知神器不可妄获，旋还未至，感毒而死。子桓淫逸，继之以篡。纵使二三子多逞苏、张诡靡之说，奉进驩兜滔天之辞，欲以诬毁唐帝，讽解禹、稷，所谓徒丧文藻烦劳翰墨者矣。夫大人君子之所不为也。又《军诫》曰：'万人必死，横行天下。'昔轩辕氏整卒数万，制四方，定海内，况以数十万之众，据正道而临有罪，可得干拟者哉！"

---

① 诸葛亮受封之武乡，前人解释为南郑之武乡谷，非是。潘眉谓：武乡是琅邪郡的一个县；三国时封爵之制，多以受封者本郡之县为封土，虽不在本国版图之内者，亦可遥领之。诸葛亮是琅邪郡人，因以琅邪之武乡封之，犹张飞涿郡人，封西乡侯，西乡是涿郡的县名，皆县侯，非乡侯（《三国志考证》卷六）。

② 今云南、贵州及四川西昌一带，当时为少数民族聚居地区，称为"南中"。

三年春，亮率众南征，〔一〕其秋悉平。军资所出，国以富饶，〔二〕乃治戎讲武，以俟大举。五年，率诸军北驻汉中，临发，上疏曰：

　　先帝创业未半而中道崩殂，今天下三分，益州疲弊，此诚危急存亡之秋也。然侍卫之臣不懈于内，忠志之士忘身于外者，盖追先帝之殊遇，欲报之于陛下也。诚宜开张圣听，以光先帝遗德，恢弘志士之气，不宜妄自菲薄，引喻失义，①以塞忠谏之路也。宫中府中，②俱为一体，陟罚臧否，不宜异同。若有作奸犯科③及为忠善者，宜付有司论其刑赏，以昭陛下平明之理，不宜偏私，使内外异法也。侍中、侍郎郭攸之、费祎、董允等，④此皆良实，志虑忠纯，是以先帝简拔以遗陛下。愚以为宫中之事，事无大小，悉以咨之，然后施行，必能裨补阙漏，有所广益。将军向宠，性行淑均，晓畅军事，试用于昔日，先帝称之曰能，是以众议举宠为督。愚以为营中之事，悉以咨之，必能使行陈和睦，优劣得所。亲贤臣，远小人，此先汉所以兴隆也；亲小人，远贤臣，此后汉所以倾颓也。先帝在时，每与臣论此事，未尝不叹息痛恨于桓、灵也。侍中、尚书、长史、参军，⑤此悉贞良死节之臣，愿陛下亲之信之，则汉室之隆，可计日而待也。

　　臣本布衣，躬耕于南阳，⑥苟全性命于乱世，不求闻达于诸侯。先帝不以臣卑鄙，猥自枉屈，三顾臣于草庐之中，咨臣以当世之事，由是感激，遂许先帝以驱驰。后值倾覆，受任于败军之际，奉命于危难之间，尔来二十有一年矣。〔三〕先帝知臣谨慎，故临崩寄臣以大事也。受命以来，

---

① 引喻是援引譬况之意；失义，失宜。蜀汉后主是一个庸碌的人，所以诸葛亮劝他要自己振作，效法古之贤君，不可以引喻失当，甘为庸君。
② 宫中指君主禁中；府中指诸官府。
③ 科，律条。
④ 这时郭攸之、费祎（音伊）为侍中，董允为黄门侍郎。
⑤ 侍中即指上文所提到的郭攸之、费祎，尚书指陈震；长史（长读上声）、参军，指张裔与蒋琬，当时诸葛亮北伐，出驻汉中，张裔领留府长史，蒋琬迁参军，统留府事。
⑥ 有人认为南阳是襄阳附近的墟名，不是指南阳郡。有人认为南阳是指南阳郡，因为诸葛亮居于襄阳城西二十里之隆中，属邓县，而邓县是属南阳郡的。

夙夜忧叹,恐托付不效,以伤先帝之明,故五月渡泸,①深入不毛。〔四〕②
今南方已定,兵甲已足,当奖率三军,北定中原,庶竭驽钝,攘除奸凶,兴
复汉室,还于旧都。此臣所以报先帝,而忠陛下之职分也。

　　至于斟酌损益,进尽忠言,则攸之、祎、允之任也。愿陛下托臣以讨贼
兴复之效;不效,则治臣之罪,以告先帝之灵。〔若无兴德之言,则〕责攸
之、祎、允等之慢,以彰其咎。陛下亦宜自谋,以谘诹善道,察纳雅言。③ 深
追先帝遗诏,臣不胜受恩感激。今当远离,临表涕零,不知所言。

遂行,屯于沔阳。〔五〕④

〔一〕诏赐亮金鈇钺一具,曲盖一,前后羽葆鼓吹各一部,虎贲六十人。事在《亮集》。

〔二〕《汉晋春秋》曰:亮至南中,所在战捷。闻孟获者,为夷、汉所服,募生致之。既
　　得,使观于营陈之间,问曰:"此军何如?"获对曰:"向者不知虚实,故败。今蒙赐
　　观看营陈,若只如此,即定易胜耳。"亮笑,纵使更战,七纵七禽,而亮犹遣获。获
　　止不去,曰:"公,天威也,南人不复反矣。"遂至滇池。南中平,皆即其渠率而用
　　之。或以谏亮,亮曰:"若留外人,则当留兵,兵留则无所食,一不易也;加夷新伤
　　破,父兄死丧,留外人而无兵者,必成祸患,二不易也;又夷累有废杀之罪,自嫌
　　衅重,若留外人,终不相信,三不易也;今吾欲使不留兵,不运粮,而纲纪粗定,
　　夷、汉粗安故耳。"

〔三〕臣松之按:刘备以建安十三年败,遣亮使吴,亮以建兴五年抗表北伐,自倾覆至
　　此整二十年。然则备始与亮相遇,在败军之前一年时也。

〔四〕《汉书·地理志》曰:泸惟水出牂牁郡句町县。

〔五〕郭冲三事曰:亮屯于阳平,遣魏延诸军并兵东下,亮惟留万人守城。晋宣帝率二
　　十万众拒亮,而与延军错道,径至前,当亮六十里所,侦候白宣帝说亮在城中兵
　　少力弱。亮亦知宣帝垂至,已与相逼,欲前赴延军,相去又远,回迹反追,势不相
　　及,将士失色,莫知其计。亮意气自若,敕军中皆卧旗息鼓,不得妄出庵幔,又令

---

① 泸水即今之金沙江。

② 地不生草木者为不毛。

③ 谘事为诹(音邹)。雅,正。

④ 沔阳故城址在今陕西沔县东南。

大开四城门，扫地却洒。宣帝常谓亮持重，而猥见势弱，疑其有伏兵，于是引军北趣山。明日食时，亮谓参佐拊手大笑曰："司马懿必谓吾怯，将有强伏，循山走矣。"候逻还白，如亮所言。宣帝后知，深以为恨。难曰：案阳平在汉中。亮初屯阳平，宣帝尚为荆州都督，镇宛城，至曹真死后，始与亮于关中相抗御耳。魏尝遣宣帝自宛由西城伐蜀，值霖雨，不果。此之前后，无复有于阳平交兵事。就如冲言，宣帝既举二十万众，已知亮兵少力弱，若疑其有伏兵，正可设防持重，何至便走乎？案《魏延传》云："延每随亮出，辄欲请精兵万人，与亮异道会于潼关，亮制而不许；延常谓亮为怯，叹己才用之不尽也。"亮尚不以延为万人别统，岂得如冲言，顿使将重兵在前，而以轻弱自守乎？且冲与扶风王言，显彰宣帝之短，对子毁父，理所不容，而云"扶风王慨然善冲之言"，故知此书举引皆虚。

六年春，扬声由斜谷道取郿，①使赵云、邓芝为疑军，据箕谷，②魏大将军曹真举众拒之。亮身率诸军攻祁山，③戎陈整齐，赏罚肃而号令明，南安、天水、安定三郡④叛魏应亮，关中响震。〔一〕魏明帝西镇长安，命张郃拒亮，亮使马谡督诸军在前，与郃战于街亭。⑤谡违亮节度，举动失宜，大为郃所破。亮拔西县⑥千余家，还于汉中。〔二〕戮谡以谢众，上疏曰："臣以弱才，叨窃非据，亲秉旄钺以厉三军，不能训章明法，临事而惧，⑦至有街亭违命之阙，箕谷不戒之失，咎皆在臣授任无方。臣明不知人，恤事多闇，《春秋》责帅，臣职是当。请自贬三等，以督厥咎。"于是以亮为右将军，行丞相事，所总统如前。〔三〕

〔一〕《魏略》曰：始，国家以蜀中惟有刘备。备既死，数岁寂然无声，是以略无备预；而卒闻亮出，朝野恐惧，陇右、祁山尤甚，故三郡同时应亮。

---

① 郿县故城址在今陕西旧郿县东北。
② 箕谷在今陕西旧褒城县北十五里箕山中。
③ 祁山在今甘肃旧西和县西北。
④ 南安郡治豲道，今甘肃陇西县东北。天水郡治冀县，今甘肃旧甘谷县南。安定郡见《魏武帝纪》注。
⑤ 街亭在今甘肃秦安县东北。
⑥ 西县在今甘肃天水市西南一百二十里。
⑦ 《论语·述而》篇："子路曰：'子行三军，则谁与？'子曰：'暴虎（徒搏）冯河（冯音凭，冯河是徒涉），死而无悔者，吾不与也；必也，临事而惧，好谋而成者也。'""临事而惧"是说用兵时应存戒慎之心，不可轻忽大意。

〔二〕郭冲四事曰：亮出祁山，陇西、南安二郡应时降，围天水，拔冀城，虏姜维，驱略士女数千人还蜀。人皆贺亮，亮颜色愀然有戚容，谢曰："普天之下，莫非汉民，国家威力未举，使百姓困于豺狼之吻。一夫有死，皆亮之罪，以此相贺，能不为愧。"于是蜀人咸知亮有吞魏之志，非惟拓境而已。难曰：亮有吞魏之志久矣，不始于此众人方知也，且于时师出无成，伤缺而反者众，三郡归降而不能有。姜维，天水之匹夫耳，获之则于魏何损？拔西县千家，不补街亭所丧，以何为功，而蜀人相贺乎？

〔三〕《汉晋春秋》曰：或劝亮更发兵者，亮曰："大军在祁山、箕谷，皆多于贼，而不能破贼为贼所破者，则此病不在兵少也，在一人耳。今欲减兵省将，明罚思过，校变通之道于将来；若不能然者，虽兵多何益！自今已后，诸有忠虑于国，但勤攻吾之阙，则事可定，贼可死，功可跷足而待矣。"于是考微劳，甄烈壮，引咎责躬，布所失于天下，厉兵讲武，以为后图，戎士简练，民忘其败矣。亮闻孙权破曹休，魏兵东下，关中虚弱。十一月，上言曰："先帝虑汉、贼不两立，王业不偏安，故托臣以讨贼也。以先帝之明，量臣之才，故知臣伐贼才弱敌强也，然不伐贼，王业亦亡，惟坐待亡，孰与伐之？是故托臣而弗疑也。臣受命之日，寝不安席，食不甘味，思惟北征，宜先入南，故五月渡泸，深入不毛，并日而食。臣非不自惜也，顾王业不得偏全于蜀都，故冒危难以奉先帝之遗意也，而议者谓为非计。今贼适疲于西，又务于东，兵法乘劳，此进趋之时也。谨陈其事如左：高帝明并日月，谋臣渊深，然涉险被创，危然后安。今陛下未及高帝，谋臣不如良、平，而欲以长计取胜，坐定天下，此臣之未解一也。刘繇、王朗各据州郡，论安言计，动引圣人，群疑满腹，众难塞胸，今岁不战，明年不征，使孙策坐大，遂并江东，此臣之未解二也。曹操智计殊绝于人，其用兵也，仿佛孙、吴，然困于南阳，险于乌巢，危于祁连，逼于黎阳，几败北山，殆死潼关，然后伪定一时耳，况臣才弱，而欲以不危而定之，此臣之未解三也。曹操五攻昌霸不下，四越巢湖不成，任用李服而李服图之，委夏侯而夏侯败亡，先帝每称操为能，犹有此失，况臣驽下，何能必胜？此臣之未解四也。自臣到汉中，中间期年耳，然丧赵云、阳群、马玉、阎芝、丁立、白寿、刘郃、邓铜等及曲长屯将七十余人，突将、无前、賨叟、青羌、散骑、武骑一千余人，此皆数十年之内所纠合四方之精锐，非一州之所有；若复数年，则损三分之二也，当何以图敌？此臣之未解五也。今民穷兵疲，而事不可息，事不可息，则住与行劳费正等,而不及今图之,欲以一州之地与贼持久,此臣之未解六也。夫难平者,事也。昔先帝败军于楚,当此时,曹操拊手,谓天下以定。然后先帝东连吴、越,西取巴、蜀,举兵北征,夏侯授首,此操之失计而汉事将成也。然后吴更违盟,关羽毁败,秭归蹉跌,曹丕称帝。凡事如是,难可逆见。臣鞠躬尽力,死而后已,至于成败利钝,非臣之明所能逆睹也。"于是有散关之役。此表,《亮集》所无,出张俨《默记》。

冬,亮复出散关,围陈仓,曹真拒之,亮粮尽而还。魏将王双率骑追亮,亮与战,破之,斩双。七年,亮遣陈式攻武都、阴平。魏雍州刺史郭淮率众欲击式,亮自出至建威,①淮退还,遂平二郡。诏策亮曰:"街亭之役,咎由马谡,而君引愆,深自贬抑,重违君意,听顺所守。前年耀师,馘斩王双,今岁爰征,郭淮遁走,降集氐、羌,兴复二郡,威镇凶暴,功勋显然。方今天下骚扰,元恶未枭,君受大任,干国之重,而久自挹损,非所以光扬洪烈矣。今复君丞相,君其勿辞。"〔一〕

〔一〕《汉晋春秋》曰:是岁,孙权称尊号,其群臣以并尊二帝来告。议者咸以为交之无益,而名体弗顺,宜显明正义,绝其盟好。亮曰:"权有僭逆之心久矣,国家所以略其衅情者,求掎角之援也。今若加显绝,仇我必深,便当移兵东(戍)〔伐〕,与之角力,须并其土,乃议中原。彼贤才尚多,将相缉穆,未可一朝定也。顿兵相持,坐而须老,使北贼得计,非算之上者。昔孝文卑辞匈奴,先帝优与吴盟,皆应权通变,弘思远益,非匹夫之为(分)〔忿〕者也。今议者咸以权利在鼎足,不能并力,且志望以满,无上岸之情,推此,皆似是而非也。何者?其智力不侔,故限江自保;权之不能越江,犹魏贼之不能渡汉,非力有余而利不取也。若大军致讨,彼高当分裂其地以为后规,下当略民广境,示武于内,非端坐者也。若就其不动而睦于我,我之北伐,无东顾之忧,河南之众不得尽西,此之为利,亦已深矣。权僭之罪,未宜明也。"乃遣卫尉陈震庆权正号。

九年,亮复出祁山,以木牛运,〔一〕粮尽退军,与魏将张郃交战,射杀

---

① 建威城在今甘肃旧成县西,后汉末所置戍守处。

部。〔二〕十二年春,亮悉大众由斜谷出,以流马运,据武功五丈原,①与司马宣王对于渭南。亮每患粮不继,使己志不申,是以分兵屯田,为久驻之基,耕者杂于渭滨居民之间,而百姓安堵,军无私焉。〔三〕相持百余日。其年八月,亮疾病,卒于军,时年五十四。〔四〕及军退,宣王案行其营垒处所,曰:"天下奇才也!"〔五〕

〔一〕《汉晋春秋》曰:亮围祁山,招鲜卑轲比能,比能等至故北地石城以应亮。于是魏大司马曹真有疾,司马宣王自荆州入朝,魏明帝曰:"西方事重,非君莫可付者。"乃使西屯长安,督张郃、费曜、戴陵、郭淮等。宣王使曜、陵留精兵四千守上邽,余众悉出,西救祁山。郃欲分兵驻雍、郿,宣王曰:"料前军能独当之者,将军言是也;若不能当而分为前后,此楚之三军所以为黥布禽也。"遂进。亮分兵留攻,自逆宣王于上邽。郭淮、费曜等徼亮,亮破之,因大芟刈其麦,与宣王遇于上邽之东,敛兵依险,军不得交,亮引而还。宣王寻亮至于卤城。张郃曰:"彼远来逆我,请战不得,谓我利在不战,欲以长计制之也。且祁山知大军以在近,人情自固,可止屯于此,分为奇兵,示出其后,不宜进前而不敢逼,坐失民望也。今亮县军食少,亦行去矣。"宣王不从,故寻亮。既至,又登山掘营,不肯战。贾诩、魏平数请战,因曰:"公畏蜀如虎,奈天下笑何!"宣王病之。诸将咸请战。五月辛巳,乃使张郃攻无当监何平于南围,自案中道向亮。亮使魏延、高翔、吴班赴拒,大破之,获甲首三千级,玄铠五千领,角弩三千一百张,宣王还保营。

〔二〕郭冲五事曰:魏明帝自征蜀,幸长安,遣宣王督张郃诸军,雍、凉劲卒三十余万,潜军密进,规向剑阁。亮时在祁山,旌旗利器,守在险要,十二更下,在者八万。时魏军始陈,幡兵适交,参佐咸以贼众强盛,非力不制,宜权停下兵一月,以并声势。亮曰:"吾统武行师,以大信为本,得原失信,古人所惜;去者束装以待期,妻子鹤望而计日,虽临征难,义所不废。"皆催遣令去。于是去者感悦,愿留一战,住者愤踊,思致死命。相谓曰:"诸葛公之恩,死犹不报也。"临战之日,莫不拔刃争先,以一当十,杀张郃,却宣王,一战大克,此信之由也。难曰:臣松之案:亮前出祁山,魏明帝身至长安耳,此年不复自来。且亮大军在关、陇,魏人何由得越亮径向剑阁?亮既在战场,本无久住之规,而方休兵还蜀,皆非经通之言。孙

---

① 武功在今陕西旧郿县,五丈原在旧郿县西南。

盛、习凿齿搜求异同,罔有所遗,而并不载冲言,知其乖剌多矣。

〔三〕《汉晋春秋》曰:亮自至,数挑战。宣王亦表固请战。使卫尉辛毗持节以制之。姜维谓亮曰:"辛佐治仗节而到,贼不复出矣。"亮曰:"彼本无战情,所以固请战者,以示武于其众耳。将在军,君命有所不受,苟能制吾,岂千里而请战邪!"

《魏氏春秋》曰:亮使至,问其寝食及其事之烦简,不问戎事。使对曰:"诸葛公夙兴夜寐,罚二十以上,皆亲擥焉;所啖食不至数升。"宣王曰:"亮将死矣。"

〔四〕《魏书》曰:亮粮尽势穷,忧恚欧血,一夕烧营遁走,入谷,道发病卒。

《汉晋春秋》曰:亮卒于郭氏坞。

《晋阳秋》曰:有星赤而芒角,自东北西南流,投于亮营,三投再还,往大还小。俄而亮卒。

臣松之以为亮在渭滨,魏人蹑迹,胜负之形,未可测量,而云欧血,盖因亮自亡而自夸大也。夫以孔明之略,岂为仲达欧血乎?及至刘琨丧师,与晋元帝笺亦云"亮军败欧血",此则引虚记以为言也。其云入谷而卒,缘蜀人入谷发丧故也。

〔五〕《汉晋春秋》曰:杨仪等整军而出,百姓奔告宣王,宣王追焉。姜维令仪反旗鸣鼓,若将向宣王者,宣王乃退,不敢逼。于是仪结陈而去,入谷然后发丧。宣王之退也,百姓为之谚曰:"死诸葛走生仲达。"或以告宣王,宣王曰:"吾能料生,不便料死也。"

亮遗命葬汉中定军山,①因山为坟,冢足容棺,敛以时服,不须器物。诏策曰:"惟君体资文武,明睿笃诚,受遗托孤,匡辅朕躬,继绝兴微,志存靖乱;爰整六师,无岁不征,神武赫然,威镇八荒,将建殊功于季汉,参伊、周之巨勋。如何不吊,②事临垂克,遘疾陨丧!朕用伤悼,肝心若裂。夫崇德序功,纪行命谥,所以光昭将来,刊载不朽。今使使持节左中郎将杜琼,赠君丞相武乡侯印绶,谥君为忠武侯。魂而有灵,嘉兹宠荣。呜呼哀哉!呜呼哀哉!"

初,亮自表后主曰:"成都有桑八百株,薄田十五顷,子弟衣食,自有余饶。至于臣在外任,无别调度,随身衣食,悉仰于官,不别治生,以长尺寸。若臣死之日,不使内有余帛,外有赢财,以负陛下。"及卒,如其所言。

---

① 定军山在今陕西沔县东南。

② 吊字有祥善之意,不吊即不祥、不幸(《经义述闻》卷三十一)。

亮性长于巧思,损益连弩,木牛流马,皆出其意;推演兵法,作八陈图,咸得其要云。〔一〕亮言教书奏多可观,别为一集。

〔一〕《魏氏春秋》曰:亮作八务、七戒、六恐、五惧,皆有条章,以训厉臣子。又损益连弩,谓之元戎,以铁为矢,矢长八寸,一弩十矢俱发。

《亮集》载作木牛流马法曰:"木牛者,方腹曲头,一脚四足,头入领中,舌著于腹。载多而行少,宜可大用,不可小使;特行者数十里,群行者二十里也。曲者为牛头,双者为牛脚,横者为牛领,转者为牛足,覆者为牛背,方者为牛腹,垂者为牛舌,曲者为牛肋,身者为牛齿,立者为牛角,细者为牛鞅,摄者为牛鞦轴。牛仰双辕,人行六尺,牛行四步。载一岁粮,日行二十里,而人不大劳。流马尺寸之数,肋长三尺五寸,广三寸,厚二寸二分,左右同。前轴孔分墨去头四寸,径中二寸。前脚孔分墨二寸,去前轴孔四寸五分,广一寸。前杠孔去前脚孔分墨二寸七分,孔长二寸,广一寸。后轴孔去前杠分墨一尺五分,大小与前同。后脚孔分墨去后轴孔三寸五分,大小与前同。后杠孔去后脚孔分墨二寸七分,后载克去后杠孔分墨四寸五分。前杠长一尺八寸,广二寸,厚一寸五分。后杠与等版方囊二枚,厚八分,长二尺七寸,高一尺六寸五分,广一尺六寸,每枚受米二斛三斗。从上杠孔去肋下七寸,前后同。上杠孔去下杠孔分墨一尺三寸,孔长一寸五分,广七分,八孔同。前后四脚,广二寸,厚一寸五分。形制如象,靬长四寸,径面四寸三分。孔径中三脚杠,长二尺一寸,广一寸五分,厚一寸四分,同杠耳。"

景耀六年春,诏为亮立庙于沔阳。〔一〕秋,魏镇西将军钟会征蜀,至汉川,祭亮之庙,令军士不得于亮墓所左右刍牧樵采。亮弟均,官至长水校尉。亮子瞻,嗣爵。〔二〕

〔一〕《襄阳记》曰:亮初亡,所在各求为立庙,朝议以礼秩不听,百姓遂因时节私祭之于道陌上。言事者或以为可听立庙于成都者,后主不从。步兵校尉习隆、中书郎向充等共上表曰:"臣闻周人怀召伯之德,甘棠为之不伐;越王思范蠡之功,铸金以存其像。自汉兴以来,小善小德而图形立庙者多矣。况亮德范遐迩,勋盖季世,王室之不坏,实斯人是赖,而蒸尝止于私门,庙像阙而莫立,使百姓巷祭,戎夷野祀,非所以存德念功,述追在昔者也。今若尽顺民心,则渎而无典,建之京师,又逼宗庙,此圣怀所以惟疑也。臣愚以为宜因近其墓,立之于沔阳,使所亲属以时赐祭,凡其臣故吏欲奉祠者,皆限至庙。断其私祀,以崇正礼。"于是始从之。

〔二〕《襄阳记》曰：黄承彦者，高爽开列，为沔南名士，谓诸葛孔明曰："闻君择妇；身有丑女，黄头黑色，而才堪相配。"孔明许，即载送之。时人以为笑乐，乡里为之谚曰："莫作孔明择妇，正得阿承丑女。"

诸葛氏集目录

开府作牧第一	权制第二	南征第三	北出第四
计算第五	训厉第六	综核上第七	综核下第八
杂言上第九	杂言下第十	贵和第十一	兵要第十二
传运第十三	与孙权书第十四	与诸葛瑾书第十五	与孟达书第十六
废李平第十七	法检上第十八	法检下第十九	科令上第二十
科令下第二十一	军令上第二十二	军令中第二十三	军令下第二十四

右二十四篇，凡十万四千一百一十二字。

臣寿等言：臣前在著作郎，侍中领中书监济北侯臣荀勖、中书令关内侯臣和峤奏，使臣定故蜀丞相诸葛亮故事。亮毗佐危国，负阻不宾，然犹存录其言，耻善有遗，诚是大晋光明至德，泽被无疆，自古以来，未之有伦也。辄删除复重，随类相从，凡为二十四篇，篇名如右。

亮少有逸群之才，英霸之器，身长八尺，容貌甚伟，时人异焉。遭汉末扰乱，随叔父玄避难荆州，躬耕于野，不求闻达。时左将军刘备以亮有殊量，乃三顾亮于草庐之中；亮深谓备雄姿杰出，遂解带写诚，厚相结纳。及魏武帝南征荆州，刘琮举州委质，而备失势众寡，无立锥之地。亮时年二十七，乃建奇策，身使孙权，求援吴会。权既宿服仰备，又睹亮奇雅，甚敬重之，即遣兵三万人以助备。备得用与武帝交战，大破其军，乘胜克捷，江南悉平。后备又西取益州。益州既定，以亮为军师将军。备称尊号，拜亮为丞相，录尚书事。及备殂没，嗣子幼弱，事无巨细，亮皆专之。于是外连东吴，内平南越，立法施度，整理戎旅，工械技巧，物究其极，科教严明，赏罚必信，无恶不惩，无善不显，至于吏不容奸，人怀自厉，道不拾遗，强不侵弱，风化肃然也。

当此之时，亮之素志，进欲龙骧虎视，苞括四海，退欲跨陵边疆，震荡宇内。又自以为无身之日,则未有能蹈涉中原、抗衡上国者,是以用兵不戢,屡耀其武。然亮才,于治戎为长,奇谋为短,理民之干,优于将略。而所与对敌,或值人杰,加众寡不侔,攻守异体,故虽连年动众,未能有克。昔萧何荐韩信,①管仲举王子城父,②皆忖己之长,未能兼有故也。亮之器能政理,抑亦管、萧之亚匹也,而时之名将无城父、韩信,故使功业陵迟,大义不及邪?盖天命有归,不可以智力争也。

青龙二年春,亮帅众出武功,分兵屯田,为久驻之基。其秋病卒,黎庶追思,以为口实。至今梁、益之民,咨述亮者,言犹在耳,虽《甘棠》之咏召公,③郑人之歌子产,④无以远譬也。孟轲有云:"以逸道使民,虽劳不怨;以生道杀人,虽死不忿。"信矣!论者或怪亮文彩不艳,而过于丁宁周至。臣愚以为咎繇⑤大贤也,周公圣人也,考之《尚书》,咎繇之谟略而雅,周公之诰烦而悉。何则?咎繇与舜、禹共谈,周公与群下矢誓故也。亮所与言,尽众人凡士,故其文指不得及远也。然其声教遗言,皆经事综物,公诚之心,形于文墨,足以知其人之意理,而有补于当世。

伏惟陛下迈踪古圣,荡然无忌,故虽敌国诽谤之言,咸肆其辞而无所革讳,所以明大通之道也。谨录写上诣著作。臣寿诚惶诚恐,顿首顿首,死罪死罪。泰始十年二月一日癸巳,平阳侯相臣陈寿上。

乔字伯松,亮兄瑾之第二子也,本字仲慎。与兄元逊俱有名于时,论者以为乔才不及兄,而性业过之。初,亮未有子,求乔为嗣,瑾启孙权遣乔来

---

① 刘邦为汉王,想出兵争天下,萧何推荐韩信说:"诸将易得,至如信,国士无双,必欲争天下,非信无可与计事者。"刘邦于是任命韩信为大将(《汉书·韩信传》)。

② 管仲对齐桓公说:"平原广圃,车不结轨,士不旋踵,鼓之而三军之士视死若归,则臣不若王子成甫,请置以为大司马。"(《新序》卷四)"成甫"又作"城父"。

③ 《诗经·召南·甘棠》:"蔽芾甘棠,勿翦勿伐,召伯所茇。"蔽芾,盛貌。茇,草舍也。召伯循行南国,舍于甘棠之下,后人怀念召伯的恩惠,所以作这首诗。

④ 子产治理郑国,有惠政,郑人诵之曰:"我有子弟,子产诲之。我有田畴,子产殖之。子产而死,谁其嗣之?"(《左传》襄公三十年)

⑤ 咎繇即皋陶,《尚书》有《皋陶谟》。

西,亮以乔为己適①子,故易其字焉。拜为驸马都尉,随亮至汉中。〔一〕年二十五,建兴(元)〔六〕年卒。子攀,官至行护军翊武将军,亦早卒。诸葛恪见诛于吴,子孙皆尽,而亮自有胄裔,故攀还复为瑾后。

〔一〕亮与兄瑾书曰:"乔本当还成都,今诸将子弟皆得传运,思惟宜同荣辱。今使乔督五六百兵,与诸子弟传于谷中。"书在《亮集》。

瞻字思远。建兴十二年,亮出武功,与兄瑾书曰:"瞻今已八岁,聪慧可爱,嫌其早成,恐不为重器耳。"年十七,尚公主,拜骑都尉。其明年为羽林中郎将,屡迁射声校尉、侍中、尚书仆射,加军师将军。瞻工书画,强识念,蜀人追思亮,咸爱其才敏。每朝廷有一善政佳事,虽非瞻所建倡,百姓皆传相告曰:"葛侯之所为也。"是以美声溢誉,有过其实。景耀四年,为行都护卫将军,与辅国大将军南乡侯董厥并平尚书事。六年冬,魏征西将军邓艾伐蜀,自阴平由景谷道②旁入。瞻督诸军至涪停住,前锋破,退还,住绵竹。艾遣书诱瞻曰:"若降者必表为琅邪王。"瞻怒,斩艾使。遂战,大败,临陈死,时年三十七,众皆离散。艾长驱至成都,瞻长子尚,与瞻俱没。〔一〕次子京及攀子显等,咸熙元年内移河东。〔二〕

〔一〕干宝曰:瞻虽智不足以扶危,勇不足以拒敌,而能外不负国,内不改父之志,忠孝存焉。

《华阳国志》曰:尚叹曰:"父子荷国重恩,不早斩黄皓,以致倾败,用生何为!"乃驰赴魏军而死。

〔二〕案《诸葛氏谱》云:京字行宗。

《晋泰始起居注》载诏曰:"诸葛亮在蜀,尽其心力,其子瞻临难而死义,天下之善一也。其孙京,随才署吏。"后为郿令。

尚书仆射山涛启事曰:"郿令诸葛京,祖父亮,遇汉乱分隔,父子在蜀,虽不达天命,要为尽心所事。京治郿自复有称,臣以为宜以补东宫舍人,以明事人之理,副梁、益之论。"京位至江州刺史。

①　適同嫡。
②　景谷道在今甘肃文县南。

董厥者,丞相亮时为府令史,亮称之曰:"董令史,良士也。吾每与之言,思慎宜适。"徙为主簿。亮卒后,稍迁至尚书仆射,代陈祗为尚书令,迁大将军平台事,而义阳樊建代焉。〔一〕延熙(二)十四年,以校尉使吴,值孙权病笃,不自见建。权问诸葛恪曰:"樊建何如宗预也?"恪对曰:"才识不及预,而雅性过之。"后为侍中,守尚书令。自瞻、厥、建统事,姜维常征伐在外,宦人黄皓窃弄机柄,咸共将护,无能匡矫,〔二〕然建特不与皓和好往来。蜀破之明年春,厥、建俱诣京都,同为相国参军,其秋并兼散骑常侍,使蜀慰劳。〔三〕

〔一〕案《晋百官表》:董厥字龚袭,亦义阳人。建字长元。

〔二〕孙盛《异同记》曰:瞻、厥等以维好战无功,国内疲弊,宜表后主,召还为益州刺史,夺其兵权;蜀长老犹有瞻表以阎宇代维故事。晋永和三年,蜀史常璩说蜀长老云:"陈寿尝为瞻吏,为瞻所辱,故因此事归恶黄皓,而云瞻不能匡矫也。"

〔三〕《汉晋春秋》曰:樊建为给事中,晋武帝问诸葛亮之治国,建对曰:"闻恶必改,而不矜过,赏罚之信,足感神明。"帝曰:"善哉!使我得此人以自辅,岂有今日之劳乎!"建稽首曰:"臣窃闻天下之论,皆谓邓艾见枉,陛下知而不理,此岂冯唐之所谓'虽得颇、牧而不能用'者乎!"帝笑曰:"吾方欲明之,卿言起我意。"于是发诏治艾焉。

评曰:诸葛亮之为相国也,抚百姓,示仪轨,约官职,从权制,开诚心,布公道;尽忠益时者虽雠必赏,犯法怠慢者虽亲必罚,服罪输情者虽重必释,游辞巧饰者虽轻必戮;善无微而不赏,恶无纤而不贬;庶事精练,物理其本,循名责实,虚伪不齿;终于邦域之内,咸畏而爱之,刑政虽峻而无怨者,以其用心乎而劝戒明也。可谓识治之良才,管、萧之亚匹矣。然连年动众,未能成功,盖应变将略,非其所长欤!〔一〕

〔一〕《袁子》曰:或问诸葛亮何如人也,袁子曰:张飞、关羽与刘备俱起,爪牙腹心之臣,而武人也。晚得诸葛亮,因以为佐相,而群臣悦服,刘备足信、亮足重故也。及其受六尺之孤,摄一国之政,事凡庸之君,专权而不失礼,行君事而国人不疑,如此即以为君臣百姓之心欣戴之矣。行法严而国人悦服,用民尽其力而下不怨。及其兵出入如宾,行不寇,刍荛者不猎,如在国中。其用兵也,止如山,进退如风,兵出之日,天下震动,而人心不忧。亮死至今数十年,国人歌思,如周人之思召公也,孔子曰"雍也可使南面",诸葛亮有焉。又问诸葛亮始出陇右,南安、天水、安定三郡人反应之,若亮速进,则三郡非中国之有也,而亮徐行不进;既而官兵上陇,三郡复,亮无尺寸之功,失此机,何也?袁子曰:蜀兵轻锐,良将少,亮始出,未知中国强弱,是以疑而尝之;且大会者不求近功,所以不进也。曰:何以知其疑也?袁子曰:初出迟重,屯营重复,后转降未进兵欲战,亮勇而能斗,三郡反而不速应,此其疑征也。曰:何以知其勇而能斗也?袁子曰:亮之在街亭也,前军大破,亮屯去数里,不救?官兵相接,又徐行,此其勇也。亮之行军,安静而坚重;安静则易动,坚重则可以进退。亮法令明,赏罚信,士卒用命,赴险而不顾,此所以能斗也。曰:亮率数万之众,其所兴造,若数十万之功,是其奇者也。所至营垒、井灶、圊溷、藩篱、障塞皆应绳墨,一月之行,去之如始至,劳费而徒为饰好,何也?袁子曰:蜀人轻脱,亮故坚用之。曰:何以知其然也?袁子曰:亮治实而不治名,志大而所欲远,非求近速者也。曰:亮好治官府、次舍、桥梁、道路,此非急务,何也?袁子曰:小国贤才少,故欲其尊严也。亮之治蜀,田畴辟,仓廪实,器械利,蓄积饶,朝会不华,路无醉人。夫本立故末治,有余力而后及小事,此所以劝其功也。曰:子之论诸葛亮,则有证也。以亮之才而少其功,何也?袁子曰:亮,持本者也,其于应变,则非所长也,故不敢用其短。曰:然则吾子美之,何也?袁子曰:此固贤者之远矣,安可以备体责也。夫能知所短而不用,此贤者之大也;知所短则知所长矣。夫前识与言而不中,亮之所不用也,此吾之所谓可也。

吴大鸿胪张俨作《默记》,其《述佐篇》论亮与司马宣王书曰:汉朝倾覆,天下崩坏,豪杰之士,竞希神器。魏氏跨中土,刘氏据益州,并称兵海内,为世霸主。诸葛、司马二相,遭值际会,托身明主,或收功于蜀汉,或册名于伊、洛。丕、备既没,后嗣继统,各受保阿之任,辅翼幼主,不负然诺之诚,亦一国之宗臣,霸王之贤佐也。历前世以观近事,二相优劣,可得而详也。孔明起巴、蜀之地,蹈一州之土,方之大国,其战士人民,盖有九分之一也,而以贡赋大吴,抗对北敌,至使耕战有伍,刑法整齐,提步卒数万,长驱祁山,慨然有饮马河、洛之志。仲达据天下十倍之地,仗兼并之众,据牢城,拥精锐,无禽敌之意,务自保全而已。使彼孔明自来自去,若此人不亡,终其志意,连年运思,刻日兴谋,则凉、雍不解甲,中国不释鞍,胜负之势,亦已决矣。昔子产治郑,诸侯不敢加兵,蜀相其近之矣。方之司马，不亦优乎！或曰，兵者凶器，战者危事也，有国者不务保安境内，绥静百姓，而好开辟土地，征伐天下，未为得计也。诸葛丞相诚有匡佐之才，然处孤绝之地，战士不满五万，自可闭关守险，君臣无事。空劳师旅，无岁不征，未能进咫尺之地，开帝王之基，而使国内受其荒残，西土苦其役调。魏司马懿才用兵众，未易可轻，量敌而进，兵家所慎；若丞相必有以策之，则未见坦然之勋，若无策以裁之，则非明哲之谓，海内归向之意也。余窃疑焉，请闻其说。答曰：盖闻汤以七十里、文王以百里之地而有天下，皆用征伐而定之。揖让而登王位者，惟舜、禹而已。今蜀、魏为敌战之国，势不惧王，自操、备时，强弱县殊，而备犹出兵阳平，禽夏侯渊。羽围襄阳，将降曹仁，生获于禁，当时北边大小忧惧，孟德身出南阳，乐进、徐晃等为救，围不即解，故蒋子通言彼时有徙许渡河之计，会国家袭取南郡，羽乃解军。玄德与操，智力多少，士众众寡，用兵行军之道，不可同年而语，犹能暂以取胜，是时又无大吴掎角之势也。今仲达之才，减于孔明，当时之势，异于曩日，玄德尚与抗衡，孔明何以不可出军而图敌邪？昔乐毅以弱燕之众，兼从五国之兵，长驱强齐，下七十余城。今蜀汉之卒，不少燕军，君臣之接，信于乐毅，加以国家为唇齿之援，东西相应，首尾如蛇，形势重大，不比于五国之兵也，何惮于彼而不可哉？夫兵以奇胜，制敌以智，土地广狭，人马多少，未可偏恃也。余观彼治国之体，当时既肃整，遗教在后，及其辞意恳切，陈进取之图，忠谋謇謇，义形于主，虽古之管、晏，何以加之乎？

《蜀记》曰：晋永兴中，镇南将军刘弘至隆中，观亮故宅，立碣表闾，命太傅掾犍为李兴为文曰："天子命我，于沔之阳，听鼓鼙而永思，庶先哲之遗光，登隆山以远望，轼诸葛之故乡。盖神物应机，大器无方，通人靡滞，大德不常。故谷风发而驺虞啸，云雷升而潜鳞骧；挈瓶褐于三聘，尼得招而褰裳，管豹变于受命，贡感激以回庄，异徐生之摘宝，释卧龙于深藏，伟刘氏之倾盖，嘉吾子之周行。夫有知己之主，则有竭命之良，固所以三分我汉鼎，跨带我边荒，抗衡我北面，驰聘我魏疆者也。英哉吾子，独含天灵。岂神之祇，岂人之精？何思之深，何德之清！异世通梦，恨不同生。推子八陈，不在孙、吴，木牛之奇，则非般模，神弩之功，一何微妙！千井齐甃，又何秘要！昔在颠、夭，有名无迹，孰若吾俦，良筹妙画？臧文既没，以言见称，又未若子，言行并征。夷吾反坫，乐毅不终，奚比于尔，明哲守冲。临终受寄，让过许由，负展莅事，民言不流。刑中于郑，教美于鲁，蜀民知耻,河、渭安堵。匪皋则伊,宁彼管、晏,岂徒圣宣,慷慨屡叹! 昔尔之隐,卜惟此宅,仁智所处,能无规廓。日居月诸,时殒其夕,谁能不殁,贵有遗格。惟子之勋,移风来世,咏歌余典,懦夫将厉。遐哉邈矣,厥规卓矣,凡若吾子,难可究已。畴昔之乖,万里殊涂;今我来思,觌尔故墟。汉高归魂于丰、沛,太公五世而反周,想罔两以髣髴,冀影响之有余。魂而有灵,岂其识诸!"

王隐《晋书》云:李兴,密之子;一名安。

——《蜀书》五《诸葛亮传》

李恢传

　　李恢字德昂,建宁俞元①人也。仕郡督邮,②姑夫爨习③为建伶④令,有违犯之事,恢坐习免官。太守董和⑤以习方土大姓,寝而不许。[一]后贡恢于州,涉道未至,闻先主自葭萌还攻刘璋。恢知璋之必败,先主必成,乃托名郡使,北诣先主,遇于绵竹。先主嘉之,从至雒城,⑥遣恢至汉中交好马超,超遂从命。成都既定,先主领益州牧,以恢为功曹书佐主簿。⑦后为亡虏所诬,引恢谋反,有司执送,先主明其不然,更迁恢为别驾从事。章武元年,庲降都督⑧邓方卒,先主问恢:"谁可代者?"恢对曰:"人之才能,各有长短,故孔子曰'其使人也器之'。且夫明主在上,则臣下尽情,是以先零之役,赵充国曰'莫若老臣'⑨。臣窃不自

----

① 俞元县在今云南澄江县境,汉时属益州郡,蜀汉后主建兴三年(二二五年),改益州郡为建宁郡。
② 督邮,郡太守属吏,督察各县,宣达教令。
③ 爨氏是南中的大姓。据《华阳国志》卷四《南中志》,南中大姓有焦、雍、娄、爨、孟、量、毛、李等。其中有少数民族,也有汉族。譬如孟获是夷族,雍闿是雍齿之后(《三国志》卷四十三《吕凯传》),是汉族。至于爨氏的族属问题,尚待研究。有的学者根据《爨龙颜碑》中所说,爨氏的祖先爨肃"魏尚书仆射河南尹,……流薄南人。"认为爨氏是汉族。但是据本篇,汉末建安中,爨习已经为建伶令,可见爨氏绝不是曹魏时才由中原迁入南中的,《爨龙颜碑》之言,可能是依托附会,不足为凭。爨氏也可能是南中夷族。李恢也是大姓李氏中人,所以他家与爨氏通婚姻。
④ 建伶在今云南昆明市西北。
⑤ 董和于刘璋时为益州郡太守。
⑥ 雒县故城址在今四川广汉县北。
⑦ 主簿是当时中央官或地方官的属吏,主管文书簿籍。
⑧ 建安十九年(二一四年),刘备定蜀,设置庲降都督,统领南中诸郡,初治南昌(今地未详),李恢移治平夷县。
⑨ 汉宣帝时,先零(读怜)羌等反叛,宣帝派人问赵充国:"谁可以带兵去攻打羌人?"赵充国说:"没有胜过老臣我的。"

揆，惟陛下察之。"先主笑曰："孤之本意，亦已在卿矣。"遂以恢为庲降都督，使持节领交州刺史，住平夷县。〔二〕①

〔一〕《华阳国志》曰：习后官至领军。

〔二〕臣松之讯之蜀人，云庲降地名，去蜀二千余里，时未有宁州，号为南中，立此职以总摄之。晋泰始中，始分为宁州。

先主薨，高定恣睢于越嶲，②雍闿跋扈于建宁，③朱褒反叛于牂牁。④丞相亮南征，先由越嶲，而恢案道向建宁。诸县大相纠合，围恢军于昆明。⑤时恢众少敌倍，又未得亮声息，绐谓南人曰："官军粮尽，欲规退还，吾中间久斥乡里，乃今得旋，不能复北，欲还与汝等同计谋，故以诚相告。"南人信之，故围守怠缓。于是恢出击，大破之，追奔逐北，南至槃江，⑥东接牂牁，与亮声势相连。南土平定，恢军功居多，封汉兴亭侯，加安汉将军。后军还，南夷复叛，杀害守将。恢身往扑讨，锄尽恶类，徙其豪帅于成都，赋出叟、濮⑦耕牛战马金银犀革，充继军资，于时费用不乏。

建兴七年，以交州属吴，解恢刺史。更领建宁太守，以还居本郡。徙居汉中，九年卒。子遗嗣。恢弟子球，羽林右部督，随诸葛瞻拒邓艾，临陈授命，死于绵竹。

——《蜀书》十三《李恢传》

---

① 平夷在今云南富源县境。
② 越嶲郡治邛都，今四川西昌。
③ 诸葛亮平南中后始改益州郡为建宁，此时尚无建宁之名，应称益州。汉益州郡治滇池县，今云南晋宁县东。此处文中用建宁，盖史家追书。
④ 牂牁郡治故且（音沮）兰，今贵州安顺一带。
⑤ 汉朝人称居住于今云南大理一带的少数民族为昆明，因之，这个地区亦称为昆明，洱海亦称昆明池，后人或以滇池为昆明池，是不对的，详见全祖望《鲒埼亭集》卷三十五《昆明池考》。但是本篇此处所说的昆明，以李恢作战路线推之，似乎不会远至今大理，所以卢弼认为此处昆明指滇池县。
⑥ 槃江即《水经注·叶榆水》篇所说的盘江。盘江源出律高县，律高县在今云南泸西、弥勒两县境。杨守敬说："郦氏之所谓盘江者，今无其水，据其所叙，似今弥勒瀑布河倒流入叶榆者。"（《水经注疏要删》）
⑦ 叟、濮皆南中少数民族名，有的学者认为叟即是今日彝族的祖先。

张嶷传

　　张嶷字伯岐，巴郡南充国人也。[一]①弱冠为县功曹。先主定蜀之际，山寇攻县，县长捐家逃亡，嶷冒白刃，携负夫人，夫人得免。由是显名，州召为从事。时郡内士人龚禄、姚伷位二千石，当世有声名，皆与嶷友善。建兴五年，丞相亮北住汉中，广汉、②绵竹山贼张慕等钞盗军资，劫掠吏民，嶷以都尉将兵讨之。嶷度其鸟散，难以战禽，乃诈与和亲，克期置酒。酒酣，嶷身率左右，因斩慕等五十余级，渠帅悉殄。寻其余类，旬日清泰。后得疾病困笃，家素贫匮，广汉太守蜀郡何祗，名为通厚，嶷宿与疏阔，乃自舆诣祗，托以治疾。祗倾财医疗，数年除愈。其党道信义皆此类也。拜为牙门将，属马忠，北讨汶山③叛羌，南平四郡蛮夷，辄有筹画战克之功。[二]十四年，武都氐王苻健请降，遣将军张尉往迎，过期不到，大将军蒋琬深以为念。嶷平④之曰："苻健求附款至，必无他变，素闻健弟狡黠，又夷狄不能同功，将有乖离，是以稽留耳。"数日，问至，健弟果将四百户就魏，独健来从。

　　〔一〕《益部耆旧传》曰：嶷出自孤微，而少有通壮之节。

　　〔二〕《益部耆旧传》曰：嶷受兵马三百人，随马忠讨叛羌。嶷别督数营在先，至他里。邑所在高峻，嶷随山立上四五里。羌于要厄作石门，于门上施床，积石于其上，过者下石槌击之，无不糜烂。嶷度不可得攻，乃使译告晓之曰："汝汶山诸种反叛，伤害良善，天子命将讨灭恶类。汝等若稽颡过军，资给粮费，福禄永隆，其报百倍。若终不从，大兵致诛，雷击电下，虽追悔之，亦无益也。"耆帅得命，即出诣嶷，给粮过军。军前讨余种，余种闻他里已下，悉恐怖失所，或迎军出降，或奔窜

---

① 南充国，今四川南部县。
② 广汉县故城址在今四川遂宁县东北。
③ 蜀汉汶山郡治绵虒道，今四川旧汶川县西。
④ 平，评议，又可作料字解。

山谷，放兵攻击，军以克捷。后南夷刘胄又反，以马忠为督庲降讨胄，嶷复属焉，战斗常冠军首，遂斩胄。平南事讫，牂柯兴古獠种复反，忠令嶷领诸营往讨，嶷内招降得二千人，悉传诣汉中。

初，越嶲郡自丞相亮讨高定之后，叟夷数反，杀太守龚禄、焦璜，是后太守不敢之郡，只住（安定）〔安上〕县，①去郡八百余里，其郡徒有名而已。时论欲复旧郡，除嶷为越嶲太守，嶷将所领往之郡，诱以恩信，蛮夷皆服，颇来降附。北徼捉马最骁劲，不承节度，嶷乃往讨，生缚其帅魏狼，又解纵告喻，使招怀余类。表拜狼为邑侯，种落三千余户皆安土供职。诸种闻之，多渐降服，嶷以功赐爵关内侯。

苏祁②邑君冬逢、逢弟隗渠等，已降复反。嶷诛逢。逢妻，旄牛③王女，嶷以计原之。而渠逃入西徼。渠刚猛捷悍，为诸种深所畏惮，遣所亲二人诈降嶷，实取消息。嶷觉之，许以重赏，使为反间，二人遂合谋杀渠。渠死，诸种皆安。又斯都④耆帅李求承，昔手杀龚禄，嶷求募捕得，数其宿恶而诛之。

始嶷以郡郛宇颓坏，更筑小坞。在官三年，徙还故郡，缮治城郭，夷种男女莫不致力。

定莋、台登、卑水三县⑤去郡三百余里，旧出盐铁及漆，而夷徼久自固⑥食。嶷率所领夺取，署长吏焉。嶷之到定莋，定莋率豪狼岑，槃木王舅，甚为

---

① 安上盖蜀汉新置县，今地未详。或谓当在今四川峨边、越西两县之间。

② 苏祁在今四川西昌县北。

③ 旄牛本是蜀西边徼少数民族中一个种属之名，汉朝统治者称之为"旄牛夷"，并于这个地区设置旄牛县，故城址在今四川汉源县南五十里。

④ 沈家本曰："斯都疑邛都之误。"按"斯"字不一定是误字。据《史记·西南夷传》，邛都之北有徙与筰都。徙音斯，此处所谓"斯都"，大概就是徙，其地在今四川天全县。

⑤ 定莋在今四川盐源县南。台登在今四川冕宁县东南。卑水县（卑读班）以沿卑水得名。卑水当即今石角河，卑水县故城址当在今四川雷波县西北境（谭其骧先生说，见所著《汉书地理志选释》，收入《中国古代地理名著选读》第一辑中）。

⑥ 固当作锢，禁锢。

蛮夷所信任,忿巂自侵,①不自来诣。巂使壮士数十直往收致,挞而杀之,持尸还种,厚加赏赐,喻以狼岑之恶,且曰:"无得妄动,动即殄矣!"种类咸面缚谢过。巂杀牛飨宴,重申恩信,遂获盐铁,器用周赡。

汉嘉郡②界旄牛夷种类四千余户,其率狼路,欲为姑婿冬逢报怨,遣叔父离将逢众相度形势。巂逆遣亲近赍牛酒劳赐,又令离(姊)逆逢妻宣畅意旨。离既受赐,并见其姊,姊弟欢悦,悉率所领将诣巂,巂厚加赏待,遣还。旄牛由是辄不为患。

郡有旧道,经旄牛中至成都,既平且近;自旄牛绝道,已百余年,更由安上,既险且远。巂遣左右赍货币赐路,重令路姑喻意,路乃率兄弟妻子悉诣巂,巂与盟誓,开通旧道,千里肃清,复古亭驿。奏封路为旄牛呴毗王,遣使将路朝贡。后主于是加巂抚戎将军,领郡如故。

巂初见费祎为大将军,恣性泛爱,待信新附太过,巂书戒之曰:"昔岑彭率师,来歙杖节,咸见害于刺客,③今明将军位尊权重,宜鉴前事,少以为警。"后祎果为魏降人郭循所害。

吴太傅诸葛恪以初破魏军,大兴兵众以图攻取。侍中诸葛瞻,丞相亮之子,恪从弟也,巂与书曰:"东主初崩,帝实幼弱,④太傅受寄托之重,亦何容易!亲以周公之才,犹有管、蔡流言之变,⑤霍光受任,亦有燕、盖、上官逆乱

---

① "忿巂自侵"即是"忿巂侵己",狼岑忿恨张巂侵犯自己。此句语法有点特殊,与本书《魏武帝纪》建安十六年(二一一年)"是时关中诸将疑繇欲自袭",语法相同。

② 蜀汉汉嘉郡治汉嘉县,在今四川雅安市北。

③ 岑彭奉东汉光武帝之命,伐蜀公孙述,溯江至武阳,蜀刺客诈为亡奴投降,夜间刺杀岑彭。来歙亦是奉东汉光武帝之命,监护诸将,进攻公孙述,公孙述使刺客刺死来歙。

④ "东主"指吴主孙权,吴在蜀东,故称其君为东主。"帝"指孙权的太子孙亮,这时继位为吴君。

⑤ 周武王死后,子成王即位,年幼,周公摄政。武王之弟管叔、蔡叔散放流言,说周公将不利于成王,与纣子武庚起兵反周。周公奉成王命东征,平定了这次乱事。

之谋,①赖成、昭之明,以免斯难耳。昔每闻东主杀生赏罚,不任下人,又今以垂没之命,卒②召太傅,属以后事,诚实可虑。加吴、楚剽急,乃昔所记,③而太傅离少主,履敌庭,恐非良计长算之术也。虽云东家④纲纪肃然,上下辑睦,百有一失,非明者之虑邪? 取古则今,今则古也,⑤自非郎君⑥进忠言于太傅,谁复有尽言者也! 旋军广农,务行德惠,数年之中,东西并举,实为不晚,愿深采察。"恪竟以此夷族。嶷识见多如是类。

在郡十五年,邦域安穆。屡乞求还,乃征诣成都。(夷民)〔民夷〕恋慕,扶毂泣涕,过旄牛邑,邑君襁负来迎,及追寻至蜀郡界,其督相率⑦随嶷朝贡者百余人。嶷至,拜荡寇将军,慷慨壮烈,士人咸多贵之,然放荡少礼,人亦以此讥焉,〔一〕是岁延熙十七年也。魏狄道⑧长李简密书请降,卫将军姜维率嶷等因简之资以出陇西。〔二〕⑨既到狄道,简悉率城中吏民出迎军。军前与魏将徐质交锋,嶷临陈陨身,然其所杀伤亦过倍。既亡,封长子瑛西乡侯,次子护雄袭爵。南土越巂民夷闻嶷死,无不悲泣,为嶷立庙,四时水旱辄祀之。〔三〕

〔一〕《益部耆旧传》曰:时车骑将军夏侯霸谓嶷曰:"虽与足下疏阔,然托心如旧,宜明此意。"嶷答曰:"仆未知子,子未知我,大道在彼,何云托心乎! 愿三年之后徐陈斯言。"有识之士以为美谈。

〔二〕《益部耆旧传》曰:嶷风湿固疾,至都浸笃,扶杖然后能起。李简请降,众议狐疑,而嶷曰必然。姜维之出,时论以嶷初还,股疾,不能在行中,由是嶷自乞肆力中

① 汉武帝死,子昭帝即位,年幼,霍光受遗诏辅政。燕王旦、盖长公主(公主嫁给盖侯王充,故称盖长公主)与上官桀父子阴谋作乱,使人上书诬告霍光。昭帝察知其诈,始终信任霍光。后来燕王旦、上官桀等的阴谋终于败露。
② 卒读猝。
③ 西汉周亚夫曾说:"吴楚剽轻。"司马迁也曾说:"楚俗剽轻易发怒。"
④ "东家"亦指吴国。
⑤ 则,刬劇。言取古事以刬劇今之事,今犹古。
⑥ 汉时门生故吏称恩门子弟为郎君。张嶷是诸葛亮的故吏,所以称诸葛瞻为郎君。
⑦ "其督相率"语意费解。朱邦衡曰:"'督率'乃'耆率'之误,蛮夷君长曰'耆率',不名'督'也。"按朱说近是。"相"字盖衍文。
⑧ 狄道在今甘肃临洮县西南。
⑨ 魏陇西郡治襄武县,今甘肃陇西县西南。

原,致身敌庭。临发,辞后主曰:"臣当值圣明,受恩过量,加以疾病在身,常恐一朝陨没,辜负荣遇。天不违愿,得豫戎事。若凉州克定,臣为藩表守将;若有未捷,杀身以报。"后主慨然为之流涕。

〔三〕《益部耆旧传》曰:余观张嶷仪貌辞令,不能骇人,而其策略足以入算,果烈足以立威,为臣有忠诚之节,处类有亮直之风,而动必顾典,后主深崇之。虽古之英士,何以远逾哉!

《蜀世谱》曰:嶷孙奕,晋梁州刺史。

——《蜀书》十三《张嶷传》

姜维传

姜维字伯约，天水冀人也。少孤，与母居。好郑氏学。〔一〕①仕郡上计掾，②州辟为从事。以父囧昔为郡功曹，值羌、戎叛乱，身卫郡将，没于战场，赐维官中郎，参本郡军事。建兴六年，丞相诸葛亮军向祁山，时天水太守适出案行，维及功曹梁绪、主簿尹赏、主记梁虔等从行。太守闻蜀军垂至，而诸县响应，疑维等皆有异心，于是夜亡保上邽。③维等觉太守去，追迟，至城门，城门已闭，不纳。维等相率还冀，冀亦不入维。维等乃俱诣诸葛亮。会马谡败于街亭，亮拔将西县千余家及维等还，故维遂与母相失。〔二〕亮辟维为仓曹掾，加奉义将军，封当阳亭侯，时年二十七。亮与留府长史张裔、参军蒋琬书曰："姜伯约忠勤时事，思虑精密，考其所有，永南、季常④诸人不如也。其人，凉州上士也。"又曰："须先教中虎步兵五六千人。⑤姜伯约甚敏于军事，既有胆义，深解兵意。此人心存汉室，而才兼于人，毕教军事，当遣诣宫，觐见主上。"〔三〕后迁中监军征西将军。

〔一〕《傅子》曰：维为人好立功名，阴养死士，不修布衣之业。

〔二〕《魏略》曰：天水太守马遵将维及诸官属随雍州刺史郭淮偶自西至洛门案行，会闻亮已到祁山，淮顾遵曰："是欲不善！"遂驱东还上邽。遵念所治冀县界在西偏，又恐吏民乐乱，遂亦随淮去。时维谓遵曰："明府当还冀。"遵谓维等曰："卿诸人〔回〕〔叵〕复信，皆贼也。"各自行。维亦无如遵何，而家在冀，遂与郡吏上官

---

① 郑氏学指郑玄的经学。

② 汉代制度，各郡国每年要派属吏将计簿（会计的簿籍）送到中央政府，谓之上计。上计掾即是掾属中专负责上计工作的。

③ 上邽在今甘肃天水市西南。

④ 永南，李邵字；季常，马良字。

⑤ 蜀汉职官中有虎步监，大概是羽林监一类的军官，虎步监有中、左、右三营。

子脩等还冀。冀中吏民见维等大喜，便推令见亮。二人不获已，乃共诣亮。亮见，大悦。未及遣迎冀中人，会亮前锋为张郃、费繇等所破，遂将维等却缩。维不得还，遂入蜀。诸军攻冀，皆得维母妻子，亦以维本无去意，故不没其家，但系保官以延之。此语与本传不同。

〔三〕孙盛《杂记》曰：初，姜维诣亮，与母相失，复得母书，令求当归。维曰："良田百顷，不在一亩，但有远志，不在当归也。"

十二年，亮卒，维还成都，为右监军辅汉将军，统诸军，进封平襄侯。延熙元年，随大将军蒋琬住汉中。琬既迁大司马，以维为司马，数率偏军西入。六年，迁镇西大将军，领凉州刺史。十年，迁卫将军，与大将军费祎共录尚书事。是岁，汶山平康①夷反，维率众讨定之。又出陇西、南安、金城②界，与魏大将军③郭淮、夏侯霸等战于洮西。④胡王治无戴等举部落降，维将还安处之。十二年，假维节，复出西平，⑤不克而还。维自以练西方风俗，兼负其才武，欲诱诸羌、胡以为羽翼，谓自陇以西可断而有也。每欲兴军大举，费祎常裁制不从，与其兵不过万人。〔一〕

〔一〕《汉晋春秋》曰：费祎谓维曰："吾等不如丞相亦已远矣；丞相犹不能定中夏，况吾等乎！且不如保国治民，敬守社稷，如其功业，以俟能者，无以为希冀徼幸而决成败于一举。若不如志，悔之无及。"

十六年春，祎卒。夏，维率数万人出石营，经董亭，⑥围南安，魏雍州刺史陈泰解围至洛门，⑦维粮尽退还。明年，加督中外军事。复出陇西，守狄道长李简举城降。进围襄武，与魏将徐质交锋，斩首破敌，魏军败退。维乘胜多

---

① 平康在今四川松潘西南百五十里。
② 魏金城郡治榆中（据洪亮吉《补三国疆域志》），在今甘肃榆中县西北。
③ 卢弼曰："'大将军''大'字衍，或衍'军'字。"
④ 洮水源出西倾山，东流，经吐谷浑中，又东经临洮、安故、狄道，又北至枹罕，入于黄河（《水经注》）。诸县都在洮水东，洮水西是羌胡所居。
⑤ 西平郡治西都县，今青海西宁市。
⑥ 石营在今甘肃旧西和县西北二百里；董亭在石营东北。
⑦ 洛门在天水郡冀县。

所降下，拔（河间）〔河关〕、狄道、临洮三县①民还。后十八年，复与车骑将军夏侯霸等俱出狄道，大破魏雍州刺史王经于洮西，经众死者数万人。经退保狄道城，维围之。魏征西将军陈泰进兵解围，维却住钟题。②

十九年春，就迁维为大将军。更整勒戎马，与镇西大将军胡济期会上邽，济失誓不至，故维为魏大将邓艾所破于段谷，星散流离，死者甚众。众庶由是怨讟，而陇已西亦骚动不宁，维谢过引负，求自贬削。为后将军，行大将军事。

二十年，魏征东大将军诸葛诞反于淮南，分关中兵东下。维欲乘虚向秦川，③复率数万人出骆谷，径至沈岭。④　时长城⑤积谷甚多而守兵乃少，闻维方到，众皆惶惧。魏大将军司马望拒之，邓艾亦自陇右，皆军于长城。维前住芒水，⑥皆倚山为营。望、艾傍渭坚围，维数下挑战，望、艾不应。景耀元年，维闻诞破败，乃还成都。复拜大将军。

初，先主留魏延镇汉中，皆实兵诸围以御外敌，敌若来攻，使不得入，及兴势之役，王平捍拒曹爽，皆承此制。⑦　维建议，以为错守诸围，虽合《周易》"重门"之义，⑧然适可御敌，不获大利，不若使闻敌至，诸围皆敛兵聚谷，退就汉、乐二城，使敌不得入平，且重关镇守以捍之。有事之日，令游军并进以伺其虚。敌攻关不克，野无散谷，千里县粮，自然疲乏。引退之日，然后诸城并

---

① 河关、狄道、临洮三县均属陇西郡。河关故城址在今甘肃临夏市西北。狄道已见《张嶷传》注。临洮故城址在今甘肃岷县。
② 钟题在今甘肃旧成县西北。
③ 秦地四塞以为固，渭水贯其中，渭水流域，土地肥沃，世谓之秦川。
④ 沈岭在陕西盩厔县南五十里。
⑤ 长城在盩厔县东南。
⑥ 芒水在长城之东，今盩厔县的黑水。
⑦ 蜀汉后主延熙七年（二四四年），魏曹爽率兵十余万攻汉中，前锋至骆谷。这时王平守汉中，兵不满三万，诸将或主张固守汉、乐二城，以等待后方援兵。王平说："不然，魏兵如果深入，占据关口，为害很大，现在应当先派兵据兴势（兴势县在陕西城固县境，有兴势山，在汉水北岸），我为后拒。"于是照王平的主张施行，后方援军亦到，魏兵遂退。
⑧ 《周易·系辞》："重门击柝，以待暴客。"

出，与游军并力搏之，此殄敌之术也。于是令督汉中胡济却住汉寿，①监军王含守乐城，护军蒋斌守汉城，又于西安、建威、武卫、石门、武城、建昌、临远皆立围守。②

五年，维率众出汉、侯和，为邓艾所破，还住沓中。维本羁旅托国，累年攻战，功绩不立，而宦官黄皓等弄权于内，右大将军阎宇与皓协比，而皓阴欲废维树宇。维亦疑之，故自危惧，不复还成都。〔一〕六年，维表后主："闻钟会治兵关中，欲规进取，宜并遣张翼、廖化督诸军分护阳安关口、阴平桥头以防未然。"皓征信鬼巫，谓敌终不自致，启后主寝其事，而群臣不知。及钟会将向骆谷，邓艾将入沓中，然后乃遣右车骑廖化诣沓中为维援，左车骑张翼、辅国大将军董厥等诣阳安关口以为诸围外助。比至阴平，闻魏将诸葛绪向建威，故住待之。月余，维为邓艾所摧，还住阴平。钟会攻围汉、乐二城，遣别将进攻关口，蒋舒开城出降，傅佥格斗而死。〔二〕会攻乐城，不能克，闻关口已下，长驱而前。翼、厥甫至汉寿，维、化亦舍阴平而退，适与翼、厥合，皆退保剑阁以拒会。会与维书曰："公侯以文武之德，怀迈世之略，功济巴、汉，声畅华夏，远近莫不归名。每惟畴昔，尝同大化，吴札、郑乔，③能喻斯好。"维不答书，列营守险。会不能克，粮运县远，将议还归。

〔一〕《华阳国志》曰：维恶黄皓恣擅，启后主欲杀之。后主曰："皓趋走小臣耳，往董允切齿，吾常恨之，君何足介意！"维见皓枝附叶连，惧于失言，逊辞而出。后主敕皓诣维陈谢。维说求沓中种麦，以避内逼耳。

〔二〕《汉晋春秋》曰：蒋舒将出降，乃诡谓傅佥曰："今贼至不击而闭城自守，非良图也。"佥曰："受命保城，惟全为功，今违命出战，若丧师负国，死无益矣。"舒曰："子以保城获全为功，我以出战克敌为功，请各行其志。"遂率众出。佥谓其战也，至阴平，以降胡烈。烈乘虚袭城，佥格斗而死，魏人义之。

① 汉寿即原来汉朝的葭萌县，蜀汉改名，在今四川旧昭化县南。
② 建威已见《诸葛亮传》注，武卫在今甘肃旧成县境，武城在今甘肃武山县西南，其余诸围未详。
③ 春秋时，吴季札聘于郑，见子产，如旧相识，赠送他缟带，子产也送纻衣与季札。子产名侨，文中"郑乔"应作"郑侨"。

《蜀记》曰：蒋舒为武兴督，在事无称。蜀命人代之，因留舒助汉中守。舒恨，故
开城出降。

　　而邓艾自阴平由景谷道傍入，遂破诸葛瞻于绵竹。后主请降于艾，艾前
据成都。维等初闻瞻破，或闻后主欲固守成都，或闻欲东入吴，或闻欲南入
建宁，①于是引军由广汉、郪道以审虚实。寻被后主敕令，乃投戈放甲，诣会
于涪军前，将士咸怒，拔刀砍石。〔一〕

　　〔一〕干宝《晋纪》云：会谓维曰："来何迟也？"维正色流涕曰："今日见此为速矣！"会甚
　　　奇之。

　　会厚待维等，皆权还其印号节盖。会与维出则同舆，坐则同席，谓长史
杜预曰："以伯约比中土名士，公休、太初②不能胜也。"〔一〕会既构邓艾，艾槛
车征，因将维等诣成都，自称益州牧以叛。〔二〕欲授维兵五万人，使为前驱。魏
将士愤怒，杀会及维，维妻子皆伏诛。〔三〕

　　〔一〕《世语》曰：时蜀官属皆天下英俊，无出维右。
　　〔二〕《汉晋春秋》曰：会阴怀异图，维见而知其心，谓可构成扰乱以图克复也，乃诡说
　　　会曰："闻君自淮南已来，算无遗策，晋道克昌，皆君之力。今复定蜀，威德振世，
　　　民高其功，主畏其谋，欲以此安归乎！夫韩信不背汉于扰攘，以见疑于既平，大
　　　夫种不从范蠡于五湖，卒伏剑而妄死，彼岂闇主愚臣哉？利害使之然也。今君
　　　大功既立，大德已著，何不法陶朱公泛舟绝迹，全功保身，登峨嵋之岭，而从赤松
　　　游乎？"会曰："君言远矣，我不能行，且为今之道，或未尽于此也。"维曰："其他则
　　　君智力之所能，无烦于老夫矣。"由是情好欢甚。
　　　《华阳国志》曰：维教会诛北来诸将，既死，徐欲杀会，尽坑魏兵，还复蜀祚，密书
　　　与后主曰："愿陛下忍数日之辱，臣欲使社稷危而复安，日月幽而复明。"
　　　孙盛《晋阳秋》曰：盛以永和初从安西将军平蜀，见诸故老，及姜维既降之后密与
　　　刘禅表疏，说欲伪服事钟会，因杀之以复蜀土，会事不捷，遂至泯灭，蜀人于今伤
　　　之。盛以为古人云，非所困而困焉名必辱，非所据而据焉身必危，既辱且危，死
　　　其将至，其姜维之谓乎！邓艾之入江由，士众鲜少，维进不能奋节绵竹之下，退

───────────────

①　诸葛亮平南中后，改益州郡为建宁郡，治味县，今云南曲靖县西十五里。
②　诸葛诞，字公休。夏侯玄，字太初。

不能总帅五将，拥卫蜀主，思后图之计，而乃反复于逆顺之间，希违情于难冀之会，以衰弱之国，而屡观兵于三秦，已灭之邦，冀理外之奇举，不亦阇哉！

臣松之以为盛之讥维，又为不当。于时钟会大众既造剑阁，维与诸将列营守险，会不得进，已议还计，全蜀之功，几乎立矣。但邓艾诡道傍入，出于其后，诸葛瞻既败，成都自溃。维若回军救内，则会乘其背。当时之势，焉得两济？而责维不能奋节绵竹，拥卫蜀主，非其理也。会欲尽坑魏将以举大事，授维重兵，使为前驱。若令魏将皆死，兵事在维手，杀会复蜀，不为难矣。夫功成理外，然后为奇，不可以事有差牙，而抑谓之不然。设使田单之计，邂逅不会，复可谓之愚阇哉！

〔三〕《世语》曰：维死时见剖，胆如（斗）〔升〕大。

　　郤正著论论维曰："姜伯约据上将之重，处群臣之右，宅舍弊薄，资财无余，侧室无妾媵之亵，后庭无声乐之娱，衣服取供，舆马取备，饮食节制，不奢不约，官给费用，随手消尽；察其所以然者，非以激贪厉浊，抑情自割也，直谓如是为足，不在多求。凡人之谈，常誉成毁败，扶高抑下，咸以姜维投厝无所，身死宗灭，以是贬削，不复料摘，异乎《春秋》褒贬之义矣。如姜维之乐学不倦，清素节约，自一时之仪表也。"〔一〕

〔一〕孙盛曰：异哉郤氏之论也！夫士虽百行，操业万殊，至于忠孝义节，百行之冠冕也。姜维策名魏室，而外奔蜀朝，违君徇利，不可谓忠；捐亲苟免，不可谓孝；害加旧邦，不可谓义；败不死难，不可谓节；且德政未敷而疲民以逞，居御侮之任而致敌丧守，于夫智勇，莫可云也；凡斯六者，维无一焉。实有魏之遗臣，亡国之乱相，而云人之仪表，斯亦惑矣。纵维好书而微自藻洁，岂异夫盗者分财之义，而程、郑降阶之善也？

臣松之以为郤正此论，取其可称，不谓维始终行事皆可准则也。所云"一时仪表"，止在好学与俭素耳。本传及《魏略》皆云维本无叛心，以急逼归蜀。盛相讥贬，惟可责其背母。余既过苦，又非所以难郤正也。

　　维昔所俱至蜀，梁绪官至大鸿胪，尹赏执金吾，梁虔大长秋，皆先蜀亡没。

——《蜀书》十四《姜维传》

吴主传

孙权字仲谋。兄策既定诸郡,时权年十五,以为阳羡长。[一]①郡察孝廉,州举茂才,行奉义校尉。汉以策远修职贡,遣使者刘琬加锡命。琬语人曰:"吾观孙氏兄弟虽各才秀明达,然皆禄祚不终,惟中弟孝廉,形貌奇伟,骨体不恒,有大贵之表,年又最寿,尔试识之。"

[一]《江表传》曰:坚为下邳丞时,权生,方颐大口,目有精光,坚异之,以为有贵象。

及坚亡,策起事江东,权常随从,性度弘朗,仁而多断,好侠养士,始有知名,侔于父兄矣。每参同计谋,策甚奇之,自以为不及也。每请会宾客,常顾权曰:"此诸君,汝之将也。"

建安四年,从策征庐江②太守刘勋。勋破,进讨黄祖于沙羡。③

五年,策薨,以事授权,权哭未及息。策长史张昭谓权曰:"孝廉,此宁哭时邪?且周公立法而伯禽不师,非欲违父,时不得行也。[一]况今奸宄竞逐,豺狼满道,乃欲哀亲戚,④顾礼制,是犹开门而揖盗,未可以为仁也。"乃改易权服,扶令上马,使出巡军。是时惟有会稽、吴郡、丹杨、豫章、庐陵,⑤然深险之地犹未尽从,而天下英豪布在州郡,宾旅寄寓之士以安危去就为意,未有君臣之固。张昭、周瑜等谓权可与共成大业,故委心而服事焉。曹公表权为讨

---

① 阳羡故城址在今江苏宜兴县南五里。
② 东汉庐江郡治舒县,建安初,刘勋为太守,移治皖县。舒县故城址在今安徽庐江县西;皖县故城址在今安徽安庆市。
③ 沙羡在今湖北武昌西南。羡音夷。黄祖为江夏太守,屯沙羡。
④ 顾炎武说:"古人称其父子兄弟亦曰亲戚。"(《日知录》卷二十四"亲戚"条)张昭此处所谓"亲戚",即指孙权之兄孙策。
⑤ 东汉会稽郡治山阴,今浙江绍兴市;吴郡治吴县,今江苏苏州市;丹杨郡已见《魏武帝纪》注;豫章郡已见《郑浑传》注;孙策初定江东,分豫章郡置庐陵郡,治高昌,今江西吉安市。

虏将军，领会稽太守，屯吴。使丞之郡行文书事，待张昭以师傅之礼，而周瑜、程普、吕范等为将率。招延俊秀，聘求名士，鲁肃、诸葛瑾等始为宾客。分部诸将，镇抚山越，①讨不从命。〔二〕

〔一〕臣松之按《礼记·曾子问》子夏曰："三年之丧，金革之事无避也者，礼与？初有司与？"孔子曰："吾闻诸老聃曰，昔者鲁公伯禽有为为之也。"郑玄注曰："周人卒哭而致事。时有徐戎作难，伯禽卒哭而征之，急王事也。"昭所云"伯禽不师"，盖谓此也。

〔二〕《江表传》曰：初策表用李术为庐江太守，策亡之后，术不肯事权，而多纳其亡叛。权移书求索，术报曰："有德见归，无德见叛，不应复还。"权大怒，乃以状白曹公曰："严刺史昔为公所用，又是州举将，而李术凶恶，轻犯汉制，残害州司，肆其无道，宜速诛灭，以惩丑类。今欲讨之，进为国朝扫除鲸鲵，退为举将报塞怨仇，此天下达义，夙夜所甘心。术必惧诛，复诡说求救。明公所居，阿衡之任，海内所瞻，愿敕执事，勿复听受。"是岁举兵攻术于皖城。术闭门自守，求救于曹公。曹公不救。粮食乏尽，妇女或丸泥而吞之。遂屠其城，枭术首，徙其部曲三万余人。

七年，权母吴氏薨。

八年，权西伐黄祖，破其舟军，惟城未克，而山寇复动。还过豫章，使吕范平鄱阳，②（会稽）程普讨乐安，③太史慈领海昏，④韩当、周泰、吕蒙等为剧县⑤令长。

九年，权弟丹杨太守翊为左右所害，以从兄瑜代翊。〔一〕

〔一〕《吴录》曰：是时权大会官寮，沈友有所是非，令人扶出，谓曰："人言卿欲反。"友知不得脱，乃曰："主上在许，有无君之心者，可谓非反乎？"遂杀之。友字子正，吴郡人。年十一，华歆行风俗，见而异之，因呼曰："沈郎，可登车

---

① 两汉时，今苏南、皖南、浙江、江西诸地区的越族人民多移居于深山中，时人谓之"山越"。
② 鄱阳县故城址在今江西波阳县东。
③ 乐安故城址在今江西德兴县东。
④ 海昏在今江西永修县。
⑤ 剧，艰，甚。言其地当山越之区，艰剧难治。

语乎？"友逡巡却曰："君子讲好，会宴以礼，今仁义陵迟，圣道渐坏，先生衔命，将以裨补先王之教，整齐风俗，而轻脱威仪，犹负薪救火，无乃更崇其炽乎！"歆惭曰："自桓、灵以来，虽多英彦，未有幼童若此者。"弱冠博学，多所贯综，善属文辞。兼好武事，注《孙子兵法》。又辩于口，每所至，众人皆默然，莫与为对，咸言其笔之妙，舌之妙，刀之妙，三者皆过绝于人。权以礼聘，既至，论王霸之略，当时之务，权敛容敬焉。陈荆州宜并之计，纳之。正色立朝，清议峻厉，为庸臣所谮，诬以谋反。权亦以终不为己用，故害之，时年二十九。

十年，权使贺齐讨上饶，①分为建平县。②

十二年，西征黄祖，虏其人民而还。

十三年春，权复征黄祖，祖先遣舟兵拒军，都尉吕蒙破其前锋，而凌统、董袭等尽锐攻之，遂屠其城。祖挺身亡走，骑士冯则追枭其首，虏其男女数万口。是岁，使贺齐讨黝、歙，③黝音伊。歙音摄。分歙为始新、新定、〔一〕犁阳、休阳县，〔二〕④以六县为新都郡。荆州牧刘表死，鲁肃乞奉命吊表二子，且以观变。肃未到，而曹公已临其境，表子琮举众以降。刘备欲南济江，肃与相见，因传权旨，为陈成败。备进住夏口，使诸葛亮诣权，权遣周瑜、程普等行。是时曹公新得表众，形势甚盛，诸议者皆望风畏惧，多劝权迎之。〔三〕惟瑜、肃执拒之议，意与权同。瑜、普为左右督，各领万人，与备俱进，遇于赤壁，大破曹公军。公烧其余船引退，士卒饥疫，死者大半。备、瑜等复追至南郡，曹公遂北还，留曹仁、徐晃于江陵，使乐进守襄阳。时甘宁在夷陵，为仁党所围，用吕蒙计，留凌统以拒仁，以其半救宁，军以胜反。权自率众围合肥，使张昭攻九江之当涂。⑤昭兵不利，权攻城逾月不能下。曹公自荆州还，遣张喜将

---

① 上饶故城址在今江西上饶市西。
② 建平在今福建建阳县。
③ 黝县故城址在今安徽黟县东。歙县在今安徽歙县。
④ 始新本歙县东乡，在今浙江淳安县西六十里，新都郡治此。新定本歙县南乡，在今浙江遂安县东。犁阳在今安徽休宁县东南。休阳在今休宁县东七里。
⑤ 当涂故城址在今安徽怀远县东南。

骑赴合肥,未至,权退。

〔一〕《吴录》曰:晋改新定为遂安。

〔二〕《吴录》曰:晋改休阳为海宁。

〔三〕《江表传》载曹公与权书曰:"近者奉辞伐罪,旄麾南指,刘琮束手。今治水军八
　　十万众,方与将军会猎于吴。"权得书以示群臣,莫不向震失色。

十四年,瑜、仁相守岁余,所杀伤甚众。仁委城走。权以瑜为南郡太守。
刘备表权行车骑将军,领徐州牧。备领荆州牧,屯公安。①

十五年,分豫章为鄱阳郡;②分长沙为汉昌郡,③以鲁肃为太守,屯
陆口。④

十六年,权徙治秣陵。⑤ 明年,城石头,⑥改秣陵为建业。闻曹公将来
侵,作濡须坞。⑦

十八年正月,曹公攻濡须,权与相拒月余。曹公望权军,叹其齐肃,乃
退。〔一〕初,曹公恐江滨郡县为权所略,征令内移。民转相惊,自庐江、九江、蕲
春、广陵⑧户十余万皆东渡江,江西遂虚,合肥以南惟有皖城。

〔一〕《吴历》曰:曹公出濡须,作油船,夜渡洲上。权以水军围取,得三千余人,其没溺

---

① 公安在今湖北公安县境。

② 鄱阳郡治鄱阳县,注见前。

③ 汉昌郡治汉昌县,今湖南平江县东。

④ 陆口,今湖北旧蒲圻县西北八十里陆溪口。

⑤ 秣陵在今南京市。建安十六年(二一一年)孙权自京(镇江市)徙治秣陵,改名建业,
　遂为孙吴京都。晋武帝平吴后,复以为秣陵;太康二年(二八一年)分秣陵北为建邺,
　改"业"为"邺"。西晋末,避愍帝讳,改为建康。东晋及宋、齐、梁、陈,均建都于此,连
　孙吴在内,共六个朝代。"六朝"之名,即由此而来。

⑥ 石头城在建业之西,楚灭越,置金陵邑于此,孙权加修,因山势筑城,改名石头城,储
　藏军粮器械。

⑦ 濡须水已见《魏武帝纪》注,孙权夹濡须水立坞,以拒魏兵,谓之濡须坞。濡须坞在今
　安徽无为县东北五十里。

⑧ 庐江郡已见前注。东汉九江郡治阴陵,故城址在今安徽定远县西北六十五里。曹魏
　改为淮南郡,治寿春。蕲春郡本汉江夏郡地,建安十三年,孙权击斩黄祖,遂得江夏
　郡南境,置蕲春郡,后来大概又为曹氏所得。蕲春郡治蕲春县,今湖北蕲春县。广陵
　郡,东汉时治广陵县,今江苏扬州市东北。汉末徙治射阳,曹魏时徙治淮阴。

者亦数千人。权数挑战,公坚守不出。权乃自来,乘轻船,从濡须口入公军。诸将皆以为是挑战者,欲击之。公曰:"此必孙权欲身见吾军部伍也。"敕军中皆精严,弓弩不得妄发。权行五六里,回还作鼓吹。公见舟船器仗军伍整肃,喟然叹曰:"生子当如孙仲谋,刘景升儿子若豚犬耳!"权为笺与曹公,说:"春水方生,公宜速去。"别纸言:"足下不死,孤不得安。"曹公语诸将曰:"孙权不欺孤。"乃彻军还。

《魏略》曰:权乘大船来观军,公使弓弩乱发,箭著其船,船偏重将覆,权因回船,复以一面受箭,箭均船平,乃还。

十九年五月,权征皖城。闰月,克之,获庐江太守朱光及参军董和,男女数万口。是岁刘备定蜀。权以备已得益州,令诸葛瑾从求荆州诸郡。备不许,曰:"吾方图凉州,凉州定,乃尽以荆州与吴耳。"权曰:"此假而不反,而欲以虚辞引岁。"遂置南三郡长吏,关羽尽逐之。权大怒,乃遣吕蒙督鲜于丹、徐忠、孙规等兵二万取长沙、零陵、桂阳三郡,使鲁肃以万人屯巴丘[一]以御关羽。权住陆口,为诸军节度。蒙到,二郡皆服,惟零陵太守郝普未下。会备到公安,使关羽将三万兵至益阳,①权乃召蒙等使还助肃。蒙使人诱普,普降,尽得三郡将守,因引军还,与孙皎、潘璋并鲁肃兵并进,拒羽于益阳。未战,会曹公入汉中,备惧失益州,使使求和。权令诸葛瑾报,更寻盟好,遂分荆州,长沙、江夏、桂阳以东属权,南郡、零陵、武陵②以西属备。备归,而曹公已还。权反自陆口,遂征合肥。合肥未下,彻军还。兵皆就路,权与凌统、甘宁等在津③北为魏将张辽所袭,统等以死扞权,权乘骏马越津桥得去。[二]

〔一〕巴丘今曰巴陵。

〔二〕《献帝春秋》曰:张辽问吴降人:"向有紫髯将军,长上短下,便马善射,是谁?"降人答曰:"是孙会稽。"辽及乐进相遇,言不早知之,急追自得,举军叹恨。

《江表传》曰:权乘骏马上津桥,桥南已见彻,丈余无版。谷利在马后,使权持鞍缓控,利于后著鞭,以助马势,遂得超度。权既得免,即拜利都亭侯。谷利者,本

① 益阳在今湖南益阳县东。
② 武陵郡治临沅县,今湖南常德市西。
③ 津指逍遥津,在合肥东,是肥水的支流。

左右给使也,以谨直为亲近监,性忠果亮烈,言不苟且,权爱信之。

二十一年冬,曹公次于居巢,遂攻濡须。

二十二年春,权令都尉徐详诣曹公请降,公报使修好,誓重结婚。

二十三年十月,权将如吴,亲乘马射虎于庱亭。① 庱音摅陵反。马为虎所伤,权投以双戟,虎却废,常从张世击以戈,获之。

二十四年,关羽围曹仁于襄阳,曹公遣左将军于禁救之。会汉水暴起,羽以舟兵尽虏禁等步骑三万送江陵,惟城未拔。权内惮羽,外欲以为己功,笺与曹公,乞以讨羽自效。曹公且欲使羽与权相持以斗之,驿传权书,使曹仁以弩射示羽。羽犹豫不能去。闰月,权征羽,先遣吕蒙袭公安,获将军士仁。蒙到南郡,南郡太守麋芳以城降。蒙据江陵,抚其老弱,释于禁之囚。陆逊别取宜都,②获秭归、③枝江、④夷道,还屯夷陵,⑤守峡口⑥以备蜀。关羽还当阳,⑦西保麦城。⑧ 权使诱之。羽伪降,立幡旗为象人于城上,因遁走,兵皆解散,尚十余骑。权先使朱然、潘璋断其径路。十二月,璋司马马忠获羽及其子平、都督赵累等于章乡,⑨遂定荆州。是岁大疫,尽除荆州民租税。曹公表权为骠骑将军,假节领荆州牧,封南昌侯。权遣校尉梁寓奉贡于汉,及令王惇市马,又遣朱光等归。〔一〕

〔一〕《魏略》曰:梁寓字孔儒,吴人也。权遣寓观望曹公,曹公因以为掾,寻遣还南。

二十五年春正月,曹公薨,太子丕代为丞相魏王,改年为延康。秋,魏将梅敷使张俭求见抚,纳南阳阴、酂、筑阳、筑音逐。山都、中庐五县民五千家来附。冬,魏嗣王称尊号,改元为黄初。二年四月,刘备称帝于蜀。〔一〕权自公安

---

① 庱(líng)亭,在今江苏丹阳县东四十七里。
② 宜都郡,刘备所置,治夷道,在今湖北宜都县西北。
③ 秭归在今湖北秭归县。
④ 枝江在今湖北枝江县东。
⑤ 夷陵在今湖北宜昌市东。
⑥ 峡口指西陵峡口,在今宜昌西二十五里,三峡中最东的一个峡。
⑦ 当阳在今湖北当阳县东北。
⑧ 麦城在今当阳县东南五十里。
⑨ 章乡在今当阳县东北。《吕蒙传》作"漳乡"。

都鄂，①改名武昌，以武昌、下雉、寻阳、阳新、柴桑、沙羡六县为武昌郡。五月，建业言甘露降。八月，城武昌，下令诸将曰："夫存不忘亡，安必虑危，古之善教。昔隽不疑汉之名臣，于安平之世而刀剑不离于身，②盖君子之于武备，不可以已。况今处身疆畔，豺狼交接，而可轻忽不思变难哉？顷闻诸将出入，各尚谦约，不从人兵，甚非备虑爱身之谓。夫保己遗名，以安君亲，孰与危辱？宜深警戒，务崇其大，副孤意焉。"自魏文帝践阼，权使命称藩，及遣于禁等还。十一月，策命权曰："盖圣王之法，以德设爵，以功制禄；劳大者禄厚，德盛者礼丰。故叔旦有夹辅之勋，太公有鹰扬③之功，并启土宇，并受备物，所以表章元功，殊异贤哲也。近汉高祖受命之初，分裂膏腴以王八姓，④斯则前世之懿事，后王之元龟⑤也。朕以不德，承运革命，君临万国，秉统天机，思齐先代，坐而待旦。惟君天资忠亮，命世作佐，深睹历数，达见废兴，远遣行人，浮于潜汉。㈠望风影附，抗疏称藩，兼纳纤缔南方之贡，普遣诸将来还本朝，忠肃内发，款诚外昭，信著金石，义盖山河，朕甚嘉焉。今封君为吴王，使使持节太常高平侯贞，⑥授君玺绶策书、金虎符第一至第五、左竹使符第一至第十，以大将军使持节督交州，领荆州牧事，锡君青土，苴以白茅，对扬朕命，以尹东夏。其上故骠骑将军南昌侯印绶符策。今又加君九锡，其敬听后命。以君绥安东南，纲纪江外，民夷安业，无或携贰，是用锡君大辂、戎辂各一，玄牡二驷。君务财劝农，仓库盈积，是用锡君衮冕之服，赤舄副焉。

---

① 鄂县在今湖北鄂城。

② 隽不疑，西汉勃海郡人。暴胜之为直指使者，到勃海，请隽不疑相见。隽不疑戴进贤冠，带櫑具剑，盛服至门，上谒。看门的人要隽不疑解下宝剑。隽不疑说："剑者，君子武备，所以卫身，不可解。"（《汉书·隽不疑传》）

③ 《诗经·大雅·大明》："维师尚父，时维鹰扬。"这两句是说周武王伐纣时，太公望（号尚父）率兵作战，如鹰之飞扬，言其猛。

④ 汉高帝初即位时，韩信为楚王，彭越为梁王，英布为淮南王，吴芮为长沙王，张敖为赵王，韩信（此另一韩信）为韩王，臧荼为燕王，臧荼反汉被杀，又封卢绾为燕王。所谓"分裂膏腴，以王八姓"，即指此。

⑤ 元龟是大龟，古人用以占卜。此处用"元龟"，表示借鉴之意。

⑥ 高平侯贞是邢贞。

君化民以德,礼教兴行,是用锡君轩县之乐。君宣导休风,怀柔百越,是用锡君朱户以居。君运其才谋,官方任贤,是用锡君纳陛以登。君忠勇并奋,清除奸慝,是用锡君虎贲之士百人。君振威陵迈,宣力荆南,枭灭凶丑,罪人斯得,是用锡君铁钺各一。君文和于内,武信于外,是用锡君彤弓一、彤矢百、玈弓十、玈矢千。君以忠肃为基,恭俭为德,是用锡君秬鬯一卣,圭瓒副焉。钦哉!敬敷训典,以服朕命,以勖相我国家,永终尔显烈。"〔三〕是岁,刘备帅军来伐,至巫山、秭归,使使诱导武陵蛮夷,假与印传,许之封赏。于是诸县及五溪①民皆反为蜀。权以陆逊为督。督朱然、潘璋等以拒之,遣都尉赵咨使魏。魏帝问曰:"吴王何等主也?"咨对曰:"聪明仁智,雄略之主也。"帝问其状,咨曰:"纳鲁肃于凡品,是其聪也;拔吕蒙于行陈,是其明也;获于禁而不害,是其仁也;取荆州而兵不血刃,是其智也;据三州虎视于天下,是其雄也;屈身于陛下,是其略也。"〔四〕帝欲封权子登,权以登年幼,上书辞封,重遣西曹掾沈珩陈谢,并献方物。〔五〕立登为王太子。〔六〕

〔一〕《魏略》曰:权闻魏文帝受禅而刘备称帝,乃呼问知星者,己分野中星气何如,遂有僭意。而以位次尚少,无以威众,又欲先卑而后踞之,为卑则可以假宠,后踞则必致讨,致讨然后可以怒众,众怒然后可以自大,故深绝蜀而专事魏。

〔二〕《禹贡》曰:沱、潜既道,注曰:"水自江出为沱,汉为潜。"

〔三〕《江表传》曰:权群臣议,以为宜称上将军九州伯,不应受魏封。权曰:"九州伯,于古未闻也。昔沛公亦受项羽拜为汉王,此盖时宜耳,复何损邪?"遂受之。

孙盛曰:"昔伯夷、叔齐不屈有周,鲁仲连不为秦民。夫以匹夫之志,犹义不辱,况列国之君三分天下,而可二三其节,或臣或否乎?余观吴、蜀,咸称奉汉,至于汉代,莫能固秉臣节,君子是以知其不能克昌厥后,卒见吞于大国也。向使权从群臣之议,终身称汉将,岂不义悲六合,仁感百世哉!"

〔四〕《吴书》曰:咨字德度,南阳人,博闻多识,应对辩捷,权为吴王,擢中大夫,使魏。魏文帝善之,嘲咨曰:"吴王颇知学乎?"咨曰:"吴王浮江万艘,带甲百万,任贤使

---

① 五溪指雄溪、樠溪、辰溪、酉溪、沅溪,都是湖南沅水的支流。古时所谓"五溪蛮",即散居于这一带。

能,志存经略,虽有余闲,博览书传历史,藉采奇异,不效诸生寻章摘句而已。"帝曰:"吴可征不?"咨对曰:"大国有征伐之兵,小国有备御之固。"又曰:"吴难魏不?"咨曰:"带甲百万,江、汉为池,何难之有?"又曰:"吴如大夫者几人?"咨曰:"聪明特达者八九十人,如臣之比,车载斗量,不可胜数。"咨频载使北,〔魏〕人敬异。权闻而嘉之,拜骑都尉。咨言曰:"观北方终不能守盟,今日之计,朝廷承汉四百之际,应东南之运,宜改年号,正服色,以应天顺民。"权纳之。

〔五〕《吴书》曰:珩字仲山,吴郡人,少综经艺,尤善《春秋》内、外传。权以珩有智谋,能专对,乃使至魏。魏文帝问曰:"吴嫌魏东向乎?"珩曰:"不嫌。"曰:"何以?"曰:"信恃旧盟,言归于好,是以不嫌。若魏渝盟,自有豫备。"又问:"闻太子当来,宁然乎?"珩曰:"臣在东朝,朝不坐,宴不与,若此之议,无所闻也。"文帝善之,乃引珩自近,谈语终日。珩随事响应,无所屈服。珩还言曰:"臣密参侍中刘晔,数为贼设奸计,终不久惫。臣闻兵家旧论,不恃敌之不我犯,恃我之不可犯,今为朝廷虑之。且当省息他役,惟务农桑以广军资;修缮舟车,增作战具,令皆兼盈,抚养兵民,使各得其所;揽延英俊,奖励将士,则天下可图矣。"以奉使有称,封永安乡侯,官至少府。

〔六〕《江表传》曰:是岁魏文帝遣使求雀头香、大贝、明珠、象牙、犀角、玳瑁、孔雀、翡翠、斗鸭、长鸣鸡。群臣奏曰:"荆、扬二州,贡有常典,魏所求珍玩之物非礼也,宜勿与。"权曰:"昔惠施尊齐为王,客难之曰:'公之学去尊,今王齐,何其倒也?'惠子曰:'有人于此,欲击其爱子之头,而石可以代之,子头所重而石所轻也,以轻代重,何为不可乎?'方有事于西北,江表元元,恃主为命,非我爱子邪?彼所求者,于我瓦石耳,孤何惜焉?彼在谅闇之中,而所求若此,宁可与言礼哉!"皆具以与之。

黄武元年春正月,陆逊部将(军)宋谦等攻蜀五屯,皆破之,斩其将。三月,鄱阳言黄龙见。蜀军分据险地,前后五十余营,逊随轻重以兵应拒,自正月至闰月,大破之,临陈所斩及投兵降首数万人。刘备奔走,仅以身免。〔一〕

〔一〕《吴历》曰:"权以使聘魏,具上破备获印绶及首级、所得土地,并表将吏功勤宜加爵赏之意。文帝报使,致鼲子裘、明光铠、騑马,又以素书所作《典论》及诗赋与权。

《魏书》载诏答曰:"老虏边窟,越险深入,旷日持久,内迫罢弊,外困智力,故见身于鸡头,分兵拟西陵,其计不过谓可转足前迹以摇动江东。根未著地,摧折其支,虽未剖备五脏,使身首分离,其所降诛,亦足使虏部众凶惧。昔吴汉先烧荆门,后发夷陵,而子阳无所逃其死;来歙始袭略阳,文叔喜之,而知隗嚣无所施其巧。今讨此虏,正似其事,将军勉建方略,务全独克。"

初,权外托事魏,而诚心不款。魏乃遣侍中辛毗、尚书桓阶往与盟誓,并征任子,①权辞让不受。秋九月,魏乃命曹休、张辽、臧霸出洞口,②曹仁出濡须,曹真、夏侯尚、张郃、徐晃围南郡。权遣吕范等督五军,以舟军拒休等,诸葛瑾、潘璋、杨粲救南郡,朱桓以濡须督拒仁。时扬、越蛮夷多未平集,内难未弭,故权卑辞上书,求自改厉;若罪在难除,必不见置,当奉还土地民人,乞寄命交州,以终余年。文帝报曰:"君生于扰攘之际,本有从横之志,降身奉国,以享兹祚。自君策名已来,贡献盈路。讨备之功,国朝仰成。埋而掘之,古人之所耻。〔一〕朕之与君,大义已定,岂乐劳师远临江汉?廊庙之议,王者所不得专;三公上君过失,皆有本末。朕以不明,虽有曾母投杼之疑,③犹冀言者不信,以为国福。故先遣使者犒劳,又遣尚书、侍中践修前言,以定任子。君遂设辞,不欲使进,议者怪之。〔二〕又前都尉浩周劝君遣子,乃实朝臣交谋,以此卜君,君果有辞,外引隗嚣遣子不终,内喻窦融守忠而已。④ 世殊时异,人各有心。浩周之还,口陈指麾,益令议者发明众嫌,终始之本,无所据仗,故遂俯仰从群臣议。今省上事,款诚深至,心用慨然,凄怆动容。即日下诏,

① 征任子,就是要孙权将他的太子孙登送到魏国作抵押品。
② 洞口,在今安徽和县西南临江。
③ 战国时,甘茂说过这样一个故事:鲁人有与曾参同姓名的杀了人。有人告诉曾参的母亲说:"曾参杀人。"他母亲正在织布,她相信自己儿子平日的为人,是不会杀人的,这一定是假话,于是照常织布。过了一会,又有人来告诉,曾参的母亲仍然照常织布。又过了一会,又有人来告诉,于是曾参的母亲有些相信了,投杼(杼是织布的梭子)下机,逾墙而走(《史记·甘茂传》)。
④ 隗嚣、窦融都是王莽末年的地方割据势力。隗嚣据陇右,窦融据河西。东汉光武帝进行统一战争时,隗嚣最初遣长子隗恂到洛阳,表面表示服从,但是后来终不肯降,光武帝杀了隗恂,并进兵灭隗嚣。窦融保守河西五郡,服从光武帝,后来入洛阳,封侯。

敕诸军但深沟高垒,不得妄进。若君必效忠节,以解疑议,登身朝到,夕召兵还。此言之诚,有如大江!"〔三〕权遂改年,临江拒守。冬十一月,大风,范等兵溺死者数千,余军还江南。曹休使臧霸以轻船五百,敢死万人,袭攻徐陵,①烧攻城车,杀略数千人。将军全琮、徐盛追斩魏将尹卢,杀获数百。十二月,权使太中大夫郑泉聘刘备于白帝,始复通也。〔四〕然犹与魏文帝相往来,至后年乃绝。是岁改夷陵为西陵。

〔一〕《国语》曰:狸埋之,狸掘之,是以无成功。

〔二〕《魏略》载魏三公奏曰:"臣闻枝大者披心,尾大者不掉,有国有家之所慎也。昔汉承秦弊,天下新定,大国之王,臣节未尽,以萧、张之谋不备录之,至使六王前后反叛,已而伐之,戎车不辍。又文、景守成,忘战戢役,骄纵吴、楚,养虺成蛇,既为社稷大忧,盖前事之不忘,后事之师也。吴王孙权,幼竖小子,无尺寸之功,遭遇兵乱,因父兄之绪,少蒙翼卵昫伏之恩,长含鸱枭反逆之性,背弃天施,罪恶积大。复与关羽更相觇伺,逐利见便,挟为卑辞。先帝知权奸以求用,时以于禁败于水灾,等当讨羽,因以委权。先帝委裘下席,权不尽心,诚在侧怛,欲因大丧,寡弱王室,希托董桃传先帝令,乘未得报许,擅取襄阳,及见驱逐,乃更折节。邪辟之态,巧言如流,虽重驿累使,发遣禁等,内包隗嚣顾望之奸,外欲缓诛,支仰蜀贼。圣朝含弘,既加不忍,优而赦之,兴之更始,狠乃割地王之,使南面称孤,兼官累位,礼备九命,名马百驷,以成其势,光宠显赫,古今无二。权为犬羊之姿,横被虎豹之文,不思靖力致死之节,以报无量不世之恩。臣每见所下权前后章表,又以愚意采察权旨,自以阻带江湖,负固不服,狃忕累世,诈伪成功,上有尉佗、英布之计,下诵伍被屈强之辞,终非不侵不叛之臣。以为晁错不发削弱王侯之谋,则七国同衡,祸久而大;蒯通不决袭历下之策,则田横自虑,罪深变重。臣谨考之《周礼》九伐之法,平权凶恶,逆节萌生,见罪十五。昔九黎乱德,黄帝加诛;项羽罪十,汉祖不舍。权所犯罪衅明白,非仁恩所养,宇宙所容。臣请免权官,鸿胪削爵土,捕治罪。敢有不从,移兵进讨,以明国典好恶之常,以静三州元元之苦。"其十五条,文多不载。

〔三〕《魏略》曰:浩周字孔异,上党人。建安中仕为萧令,至徐州刺史。后领护于禁

---

① 徐陵,在今安徽当涂县西南东梁山之北。

军,军没,为关羽所得。权袭羽,并得周,甚礼之。及文帝即王位,权乃遣周为笺魏王曰:“昔讨关羽,获于将军,即白先王,当发遣之。此乃奉款之心,不言而发。先王未深留意,而谓权中间复有异图,愚情楼楼,用未果决。遂值先王委离国祚,殿下承统,下情始通。公私契阔,未获备举,是令本誓未即昭显。梁寓传命,委曲周至,深知殿下以为意望。权之赤心,不敢有他,愿垂明恕,保权所执。谨遣浩周、东里衮,至情至实,皆周等所具。”又曰:“权本性空薄,文武不昭,昔承父兄成军之绪,得为先王所见奖饰,遂因国恩,抚绥东土。而中间寡虑,庶事不明,畏威忘德,以取重戾。先王恩仁,不忍遐弃,既释其宿罪,且开明信。虽致命虏廷,枭获关羽,功效浅薄,未报万一。事业未究,先王即世。殿下践阼,威仁流迈,私惧情愿未蒙昭察。梁寓来到,具知殿下不遂疏远,必欲抚录,追本先绪。权之得此,欣然踊跃,心开目明,不胜其庆。权世受宠遇,分义深笃,今日之事,永执一心,惟察楼楼,重垂含覆。”又曰:“先王以权推诚已验,军当引还,故除合肥之守,著南北之信,令权长驱不复后顾。近得守将周泰、全琮等白事,过月六日,有马步七百,径到横江,又督将马和复将四百人进到居巢,琮等闻有兵马渡江,视之,为兵马所击,临时交锋,大相杀伤。卒得此问,情用恐惧。权实在远,不豫闻知,约敕无素,敢谢其罪。又闻张征东、朱横海今复还合肥,先王盟要,由来未久,且权自度未获罪衅,不审今者何以发起,牵军远次?事业未讫,甫当为国讨除贼备,重闻斯问,深使失图。凡远人所恃,在于明信,愿殿下克卒前分,开示坦然,使权誓命,得卒本规。凡所愿言,周等所当传也。”初东里衮为于禁军司马,前与周俱没,又俱还到,有诏皆见之。帝问周等,周以为权必臣服,而东里衮谓其不可必服。帝悦周言,以为有以知之。是岁冬,魏王受汉禅,遣使以权为吴王,诏使周与使者俱往。周既致诏命,时与权私宴,谓权曰:“陛下未信王遣子入侍也,周以阖门百口明之。”权因字谓周曰:“浩孔异,卿乃以举家百口保我,我当何言邪?”遂流涕沾襟。及与周别,又指天为誓。周还之后,权不遣子而设辞,帝乃久留其使。到八月,权上书谢,又与周书曰:“自道路开通,不忘修意,既新奉国命,加知起居,假归河北,故使情问不获果至。望想之劳,曷云其已。孤以空阔,分信不昭,中间招罪,以取弃绝,幸蒙国恩,复见赦宥,喜乎与君克卒本图。传不云乎,虽不能始,善终可也。”又曰:“昔君之来,欲令遣子入侍,于时倾心欢以承命,徒以登年幼,欲假年岁之间耳。而赤情未蒙昭信,遂见讨责,常用惭怖。

自顷国恩,复加开导,忘其前愆,取其后效,喜得因此寻竟本誓。前已有表具说遣子之意,想君假还,已知之也。"又曰:"今子当入侍,而未有妃耦,昔君念之,以为可上连缀宗室,若夏侯氏,虽中间自弃,常奉戢在心。当垂宿念,为之先后,使获攀龙附骥,永自固定。其为分惠,岂有量哉!如是欲遣孙长绪与小儿俱入,奉行礼聘,成之在君。"又曰:"小儿年弱,加教训不足,念当与别,为之缅然,父子恩情,岂有已邪!又欲遣张子布追辅护之。孤性无余,凡所欲为,今尽宣露。惟恐赤心不先畅达,是以具为君说之,宜明所以。"于是诏曰:"权前对浩周,自陈不敢自远,乐委质长为外臣,又前后辞旨,头尾击地,此鼠子自知,不能保尔许地也。又今与周书,请以十二月遣子,复欲遣孙长绪、张子布随子俱来,彼二人皆权股肱心腹也。又欲为子于京师求妇,此权无异心之明效也。"帝既信权甘言,且谓周为得其真,而权但华伪,竟无遣子意。自是之后,帝既彰权罪,周亦见疏远,终身不用。

〔四〕《江表传》曰:权云:"近得玄德书,已深引咎,求复旧好。前所以名西为蜀者,以汉帝尚存故耳,今汉已废,自可名为汉中王也。"

《吴书》曰:郑泉字文渊,陈郡人。博学有奇志,而性嗜酒,其闲居每曰:"愿得美酒满五百斛船,以四时甘脆置两头,反覆没饮之,惫即住而啖肴膳。酒有斗升减,随即益之,不亦快乎!"权以为郎中。尝与之言:"卿好于众中面谏,或失礼敬,宁畏龙鳞乎?"对曰:"臣闻君明臣直,今值朝廷上下无讳,实恃洪恩,不畏龙鳞。"后侍谦,权乃怖之,使提出付有司促治罪。泉临出屡顾,权呼还,笑曰:"卿言不畏龙鳞,何以临出而顾乎?"对曰:"实恃恩覆,知无死忧,至当出阁,感惟威灵,不能不顾耳。"使蜀,刘备问曰:"吴王何以不答吾书,得无以吾正名不宜乎?"泉曰:"曹操父子陵轹汉室,终夺其位。殿下既为宗室,有维城之责,不荷戈执殳为海内率先,而于是自名,未合天下之议,是以寡君未复书耳。"备甚惭恧。泉临卒,谓同类曰:"必葬我陶家之侧,庶百岁之后化而成土,幸见取为酒壶,实获我心矣。"

二年春正月，曹真分军据江陵中州。①　是月，城江夏山。改四分，用乾象历。〔一〕②三月，曹仁遣将军常彫等，以兵五千，乘油船，③晨渡濡须中州。仁子泰因引军急攻朱桓，桓兵拒之，遣将军严圭等击破彫等。是月，魏军皆退。夏四月，权群臣劝即尊号，权不许。〔二〕刘备薨于白帝。〔三〕五月，曲阿言甘露降。先是戏口守将晋宗杀将王直，以众叛如魏，魏以为蕲春太守，数犯边境。六月，权令将军贺齐督糜芳、刘邵等袭蕲春，邵等生虏宗，冬十一月，蜀使中郎将邓芝来聘。〔四〕

〔一〕《江表传》曰：权推五德之运，以为土行用未祖辰腊。

《志林》曰：土行以辰腊，得其数矣。土盛于戊，而以未祖，其义非也。土生于未，故未为坤初。是以《月令》：建未之月，祖黄精于郊，祖用其盛。今祖用其始，岂应运乎？

〔二〕《江表传》曰：权辞让曰："汉家堙替，不能存救，亦何心而竞乎？"群臣称天命符瑞，固重以请。权未之许，而谓将相曰："往年孤以玄德方向西鄙，故先命陆逊选众以待之。闻北部分，欲以助孤，孤内嫌其有挟，若不受其拜，是相折辱而趣其速发，便当与西俱至，二处受敌，于孤为剧，故自抑按，就其封王。低屈之趣，诸君似未之尽，今故以此相解耳。"

〔三〕《吴书》曰：权遣立信都尉冯熙聘于蜀，吊备丧也。熙字子柔，颍川人，冯异之后也。权之为车骑，熙历东曹掾，使蜀还，为中大夫。后使于魏，文帝问曰："吴王若欲修宿好，宜当厉兵江关，县旍巴蜀，而闻复遣修好，必有变故。"熙曰："臣闻西使直报问，且以观衅，非有谋也。"又曰："闻吴国比年灾旱，人物凋损，以大夫之明，观之何如？"熙对曰："吴王体量聪明，善于任使，赋政施役，每事必咨，教养宾旅，亲贤爱士，赏不择怨仇，而罚必加有罪，臣下皆感恩怀德，惟忠与义。带甲百万，谷帛如山，稻田沃野，民无饥岁，所谓金城汤池，强富之国也。以臣观之，轻重之分，未可量也。"帝不悦，以陈群与熙同郡，使群诱之，啖以重利。熙不为

———————

① 中州，江中之洲。江陵中州指江陵附近的百里洲。

② 汉武帝太初元年（前一〇四年）施行太初历。东汉章帝元和二年（八五年），因为太初历不够精密，改用四分历。汉末刘洪发现四分历的缺点，又造乾象历，以后魏晋造历，都参考它。

③ 油船大概是用牛皮做的，外面涂油以防水。

回。送至摩陂,欲困苦之。后又召还,未至,熙惧见迫不从,必危身辱命,乃引刀自刺。御者觉之,不得死。权闻之,垂涕曰:"此与苏武何异?"竟死于魏。

〔四〕《吴历》曰:蜀致马二百匹,锦千端,及方物。自是之后,聘使往来以为常。吴亦致方土所出,以答其厚意焉。

三年夏,遣辅义中郎将张温聘于蜀。秋八月,赦死罪。九月,魏文帝出广陵,望大江,曰"彼有人焉,未可图也",乃还。〔一〕

〔一〕干宝《晋纪》曰:魏文帝之在广陵,吴人大骇,乃临江为疑城,自石头至于江乘,车以木桢,衣以苇席,加采饰焉,一夕而成。魏人自江西望,甚惮之,遂退军。权令赵达算之,曰:"曹丕走矣,虽然,吴衰庚子岁。"权曰:"几何?"达屈指而计之,曰:"五十八年。"权曰:"今日之忧,不暇及远,此子孙事也。"

《吴录》曰:是岁蜀主又遣邓芝来聘,重结盟好。权谓芝曰:"山民作乱,江边守兵多彻,虑曹丕乘空弄态,而反求和。议者以为内有不暇,幸来求和,于我有利,宜当与通,以自辨定。恐西州不能明孤赤心,用致嫌疑。孤土地边外,间隙万端,而长江巨海,皆当防守。丕观衅而动,惟不见便,宁得忘此,复有他图。"

四年夏五月,丞相孙邵卒。〔一〕六月,以太常顾雍为丞相。〔二〕皖口①言木连理。冬十二月,鄱阳贼彭绮自称将军,攻没诸县,众数万人。是岁地连震。〔三〕

〔一〕《吴录》曰:邵字长绪,北海人,长八尺。为孔融功曹,融称曰"廊庙才也"。从刘繇于江东。及权统事,数陈便宜,以为应纳贡聘,权即从之。拜庐江太守,迁车骑长史。黄武初为丞相,威远将军,封阳羡侯。张温、暨艳奏其事,邵辞位请罪,权释令复职,年六十三卒。

《志林》曰:吴之创基,邵为首相,史无其传,窃常怪之。尝问刘声叔。声叔,博物君子也,云:"推其名位,自应立传。项竣(吴孚)〔丁孚〕时已有注记,此云与张惠恕不能。后韦氏作史,盖惠恕之党,故不见书。"

〔二〕《吴书》曰:以尚书令陈化为太常。化字元耀,汝南人,博览众书,气干刚毅,长七尺九寸,雅有威容。为郎中令使魏,魏文帝因酒酣,嘲问曰:"吴、魏峙立,谁将平一海内者乎?"化对曰:"《易》称帝出乎震,加闻先哲知命,旧说紫盖黄旗,运在东

————————

① 皖水,今名长河,源出安徽潜山县西北天堂山,东南流,至安庆市十五里入长江,即是皖口。

南。"帝曰:"昔文王以西伯王天下,岂复在东乎?"化曰:"周之初基,太伯在东,是以文王能兴于西。"帝笑,无以难,心奇其辞。使毕当还,礼送甚厚。权以化奉命光国,拜犍为太守,置官属。顷之,迁太常,兼尚书令。正色立朝,敕子弟废田业,绝治产,仰官廪禄,不与百姓争利。妻早亡,化以古事为鉴,乃不复娶。权闻而贵之,以其年壮,敕宗正妻以宗室女,化固辞以疾,权不违其志。年出七十,乃上疏乞骸骨,遂爱居章安,卒于家。长子炽,字公熙,少有志操,能计算。卫将军全琮表称炽任大将军,赴召,道卒。

〔三〕《吴录》曰:是冬魏文帝至广陵,临江观兵,兵有十余万,旌旗弥数百里,有渡江之志。权严设固守。时大寒冰,舟不得入江。帝见波涛汹涌,叹曰:"嗟乎! 固天所以隔南北也!"遂归。孙韶又遣将高寿等率敢死之士五百人于径路夜要之,帝大惊,寿等获副车羽盖以还。

五年春,令曰:"军兴日久,民离农畔,父子夫妇,不能相恤,孤甚愍之。今北虏缩窜,方外无事,其下州郡,有以宽息。"是时陆逊以所在少谷,表令诸将增广农亩。权报曰:"甚善。今孤父子亲自受田,车中八牛以为四耦,虽未及古人,亦欲与众均等其劳也。"秋七月,权闻魏文帝崩,征江夏,围石阳,①不克而还。苍梧言凤皇见,分三郡恶地十县置东安郡。〔一〕②以全琮为太守,平讨山越。冬十月,陆逊陈便宜,劝以施德缓刑,宽赋息调。又云:"忠谠之言,不能③极陈,求容小臣,数以利闻。"权报曰:"夫法令之设,欲以遏恶防邪,儆戒未然也,焉得不有刑罚以威小人乎? 此为先令后诛,不欲使有犯者耳。君以为太重者,孤亦何利其然,但不得已而为之耳。今承来意,当重谘谋,务从其可。且近臣有尽规之谏,亲戚有补察之箴,所以匡君正主明忠信也。《书》载'予违汝弼,汝无面从',④孤当不乐忠言以自裨补邪? 而云'不敢极陈',何

---

① 石阳,在今湖北应城县东南。

② 本书《全琮传》:"丹杨、吴、会山民复为寇贼,攻没属县,权分三郡险地为东安郡,琮领太守。"所以此处所谓"三郡",即是指丹杨、吴、会稽三郡,所谓"恶地",指山险之区。东安郡治富春县,今浙江富阳县北十八里。

③ 钱大昭曰:"'不能'疑是'不敢',寻下文可见。"(《三国志辨疑》卷三)

④ 《尚书·皋陶谟》:"予违,女弼,女无面从,退有后言。"这是舜对禹说的话。违,僻,邪。弼,拂。

得为忠说哉？若小臣之中，有可纳用者，宁得以人废言而不采择乎？但谄媚取容，虽闇亦所明识也。至于发调者，徒以天下未定，事以众济。若徒守江东，修崇宽政，兵自足用，复用多为；顾坐自守可陋耳。若不豫调，恐临时未可便用也。又孤与君分义特异，荣戚实同，来表云不敢随众容身苟免，此实甘心所望于君也。"于是令有司尽写科条，使郎中褚逢赍以就逊及诸葛瑾，意所不安，令损益之。是岁，分交州置广州，俄复旧。〔二〕

〔一〕《吴录》曰：郡治富春也。

〔二〕《江表传》曰：权于武昌新装大船，名为长安，试泛之钓台圻。时风大盛，谷利令柂工取樊口。权曰："当张头取罗州。"利拔刀向柂工曰："不取樊口者斩。"工即转柂入樊口，风遂猛不可行，乃还。权曰："阿利畏水何怯也？"利跪曰："大王万乘之主，轻于不测之渊，戏于猛浪之中，船楼装高，邂逅颠危，奈社稷何？是以利辄敢以死争。"权于是贵重之，自此后不复名之，常呼曰谷。

六年春正月，诸将获彭绮。闰月，韩当子综以其众降魏。

七年春三月，封子虑为建昌侯，罢东安郡。夏五月，鄱阳太守周鲂伪叛，诱魏将曹休。秋八月，权至皖口，使将军陆逊督诸将大破休于石亭。① 大司马吕范卒。是岁，改合浦为珠官郡。〔一〕

〔一〕《江表传》曰：是岁将军翟丹叛如魏。权恐诸将畏罪而亡，乃下令曰："自今诸将有重罪三，然后议。"

黄龙元年春，公卿百司皆劝权正尊号。夏四月，夏口、武昌并言黄龙、凤凰见。丙申，南郊即皇帝位，〔一〕是日大赦，改年。追尊父破虏将军坚为武烈皇帝，母吴氏为武烈皇后，兄讨逆将军策为长沙桓王，吴王太子登为皇太子。将吏皆进爵加赏。初，兴平中，吴中童谣曰："黄金车，班兰耳，②闿③昌门，出天子。"〔二〕五月，使校尉张刚、管笃之辽东。六月，蜀遣卫尉陈震庆权践位。权乃参分天下，豫、青、徐、幽属吴，兖、冀、并、凉属蜀。其司州之土，以函谷

① 石亭，在今安徽潜山县东北。
② 古时车两旁的屏蔽叫做"车耳"。班兰同斑斓，文采貌。
③ 闿，开。《宋书·符瑞志》作"开"。

关为界,造为盟曰:"天降丧乱,皇纲失叙,逆臣乘衅,劫夺国柄,始于董卓,终于曹操,穷凶极恶,以覆四海,至令九州幅裂,普天无统,民神痛怨,靡所戾止。及操子丕,桀逆遗丑,荐作奸回,偷取天位。而叡么麽,寻丕凶迹,阻兵盗土,未伏厥诛。昔共工乱象而高辛行师,①三苗干度而虞舜征焉。② 今日灭叡,③禽其徒党,非汉与吴,将复谁任?夫讨恶翦暴,必声其罪,宜先分裂,夺其土地,使士民之心,各知所归。是以《春秋》晋侯伐卫,先分其田以畀宋人,④斯其义也。且古建大事,必先盟誓,故《周礼》有司盟之官,⑤《尚书》有告誓之文,汉之与吴,虽信由中,然分土裂境,宜有盟约。诸葛丞相德威远著,翼戴本国,典戎在外,信感阴阳,诚动天地,重复结盟,广诚约誓,使东西士民咸共闻知。故立坛杀牲,昭告神明,再歃加书,副之天府。天高听下,灵威棐谌,⑥司慎司盟,群神群祀,莫不临之。⑦ 自今日汉、吴既盟之后,戮力一心,同讨魏贼,救危恤患,分灾共庆,好恶齐之,无或携贰。若有害汉,则吴伐之;若有害吴,则汉伐之。各守分土,无相侵犯。传之后叶,克终若始。凡百之约,皆如载书。⑧ 信言不艳,⑨实居于好。有渝此盟,创祸先乱,违贰不协,慆慢天命,明神上帝是讨是督,山川百神是纠是殛,俾坠其师,无克祚国。于

---

① 古代传说,共工与高辛氏争帝,为高辛氏所灭。

② 古代传说,舜窜三苗于三危。三苗,国名。三危,西方边徼之地。

③ 叡,魏明帝名。

④ 《左传》僖公二十八年,晋楚城濮之战时,曹、卫两国是与楚国亲近的,宋国是与晋国亲近的,楚兵围宋,晋兵伐曹,分曹、卫之田以与宋人。

⑤ 《周礼》:《秋官》司盟掌盟载之法。郑注:"载,盟辞也。"

⑥ "棐谌"二字见《尚书》。《大诰》:"越天棐忱。"《君奭》:"若天棐忱。"谌同忱。棐,辅。谌,诚。

⑦ 《左传》襄公十一年,晋与诸侯盟于亳,载书曰:"或间兹命,司慎司盟,名山名川,先王先公,七姓十二国之祖,明神殛之,俾失其民,队命亡氏,踣其国家。"此处略仿其语。司慎司盟,据杜预注,是两个天神。

⑧ 载书即是盟辞。《周礼》司盟郑注:"盟者书其辞于策,杀牲取血,坎其牲,加书于上而埋之,谓之载书。"

⑨ 不艳,即是不为浮美之辞。

尔大神,其明鉴之。"秋九月,权迁都建业,因故府①不改馆,征上大将军陆逊辅太子登,掌武昌留事。

〔一〕《吴录》载权告天文曰:"皇帝臣权敢用玄牡昭告于皇皇后帝:汉享国二十有四世,历年四百三十有四,行气数终,禄祚运尽,普天弛绝,率土分崩。孽臣曹丕遂夺神器,丕子叡继世作慝,淫名乱制。权生于东南,遭值期运,承乾秉戎,志在平世,奉辞行罚,举足为民。群臣将相,州郡百城,执事之人,咸以为天意已去于汉,汉氏已绝祀于天,皇帝位虚,郊祀无主。休征嘉瑞,前后杂沓,历数在躬,不得不受。权畏天命,不敢不从,谨择元日,登坛燎祭,即皇帝位。惟尔有神飨之,左右有吴,永终天禄。"

〔二〕昌门,吴西郭门,夫差所作。

二年春正月,魏作合肥新城。② 诏立都讲祭酒,以教学诸子。遣将军卫温、诸葛直将甲士万人浮海求夷洲及亶洲。亶洲在海中,长老传言秦始皇帝遣方士徐福将童男童女数千人入海,求蓬莱神山及仙药,止此洲不还。世相承有数万家,其上人民,时有至会稽货布,会稽东县人海行,亦有遭风流移至亶洲者。所在绝远,卒不可得至,但得夷洲数千人还。③

三年春二月,遣太常潘濬率众五万讨武陵蛮夷。卫温、诸葛直皆以违诏无功,下狱诛。夏,有野蚕成茧,大如卵。由拳野稻自生,改为禾兴县。中郎将孙布诈降以诱魏将王凌,凌以军迎布。冬十月,权以大兵潜伏于阜陵④俟之,凌觉而走。会稽南始平言嘉禾生。十二月丁卯,大赦,改明年元也。

嘉禾元年春正月,建昌侯虑卒。三月,遣将军周贺、校尉裴潜乘海之辽东。秋九月,魏将田豫要击,斩贺于成山。⑤ 冬十月,魏辽东太守公孙渊遣校尉宿舒、阆中令孙综称藩于权,并献貂马。权大悦,加渊爵位。〔一〕

---

① 故府盖指建安十六年(二一一年),孙权徙治建业时所居之府第。
② 合肥新城在今安徽合肥市西北三十里。
③ 夷洲即是台湾。据《太平御览》卷七百八十引吴沈莹《临海水土志》,其中所记夷洲的地理方位、气候、地形、物产以及居民的生活习俗等,都与台湾的自然环境及高山族的社会生活发展情况相吻合。
④ 阜陵,在今安徽全椒县东十五里。
⑤ 成山,在今山东文登县东北百五十里。

〔一〕《江表传》曰：是冬，群臣以权未郊祀，奏议曰："顷者嘉瑞屡臻，远国慕义，天意人事，前后备集，宜修郊祀，以承天意。"权曰："郊祀当于土中，今非其所，于何施此？"重奏曰："普天之下，莫非王土；王者以天下为家。昔周文、武郊于酆、镐，非必土中。"权曰："武王伐纣，即阼于镐京，而郊其所也。文王未为天子，立郊于酆，见何经典？"复书曰："伏见《汉书·郊祀志》，匡衡奏徙甘泉河东，郊于长安，言文王郊于酆。"权曰："文王性谦让，处诸侯之位，明未郊也。经传无明文，匡衡俗儒意说，非典籍正义，不可用也。"

《志林》曰：吴王纠驳郊祀之奏，追贬匡衡，谓之俗儒。凡在见者，莫不慨然以为统尽物理，达于事宜。至于稽之典籍，乃更不通。毛氏之说云："尧见天因邰而生后稷，故国之于邰，命使事天。"故《诗》曰："后稷肇祀，庶无罪悔，以迄于今。"言自后稷以来皆得祭天，犹鲁人郊祀也。是以《械朴》之作，有积燎之薪。文王郊酆，经有明文，匡衡岂俗，而枉之哉？文王虽未为天子，然三分天下而有其二，伐崇戡黎，祖伊奔告。天既弃殷，乃眷西顾，太伯三让，以有天下。文王为王，于义何疑？然则匡衡之奏，有所未尽。按世宗立甘泉、汾阴之祠，皆出方士之言，非据经典者也。方士以甘泉、汾阴黄帝祭天地之处，故孝武因之，遂立二畤。汉治长安，而甘泉在北，谓就乾位，而衡云"武帝居甘泉，祭于南宫"，此既误矣。祭汾阴在水之脽，呼为泽中，而衡云"东之少阳"，失其本意。此自吴事，于传无非，恨无辨正之辞，故矫之云。脽，音谁，见《汉书音义》。

二年春正月，诏曰："朕以不德，肇受元命，夙夜兢兢，不遑假寝。思平世难，救济黎庶，上答神祇，下慰民望。是以眷眷，勤求俊杰，将与戮力，共定海内。苟在同心，与之偕老。今使持节督幽州领青州牧辽东太守燕王，久胁贼虏，隔在一方，虽乃心于国，其路靡缘。今因天命，远遣二使，款诚显露，章表殷勤，朕之得此，何喜如之！虽汤遇伊尹，周获吕望，世祖未定而得河右，①方之今日，岂复是过？普天一统，于是定矣。《书》不云乎，'一人有庆，兆民赖之'。② 其大赦天下，与之更始，其明下州郡，咸使闻知。特下燕国，奉宣诏

---

① 世祖，东汉光武帝的庙号。河右即河西，今甘肃河西走廊。建武五年（二九年），光武帝尚未统一中国，窦融即以河西五郡归附。
② "一人有庆，兆民赖之。"《尚书·吕刑》篇文。庆，善。赖，利。

恩,令普天率土备闻斯庆。"三月,遣舒、综还,使太常张弥、执金吾许晏、将军贺达等将兵万人,金宝珍货,九锡备物,乘海授渊。〔一〕举朝大臣,自丞相雍已下皆谏,以为渊未可信,而宠待太厚,但可遣吏兵数百护送舒、综,权终不听。〔二〕渊果斩弥等,送其首于魏,没其兵资。权大怒,欲自征渊,〔三〕尚书仆射薛综等切谏乃止。是岁,权向合肥新城,遣将军全琮征六安,①皆不克还。〔四〕

〔一〕《江表传》载权诏曰:"故魏使持节车骑将军辽东太守平乐侯:天地失序,皇极不建,元恶大憝,作害于民,海内分崩,群生堙灭,虽周余黎民,靡有孑遗,方之今日,乱有甚焉。朕受历数,君临万国,夙夜战战,念在弭难,若涉渊水,罔知攸济。是以把旄仗钺,翦除凶虐,自东徂西,靡遑宁处,苟力所及,民无灾害。虽贼虏遗种,未伏辜诛,犹系囚枯木,待时而毙。惟将军天姿特达,兼包文武,观时睹变,审于去就,逾越险阻,显致赤心,肇建大计,为天下先,元勋巨绩,侔于古人。虽昔窦融北弃陇右,卒占河西,以定光武,休名美实,岂复是过?钦嘉雅尚,朕实欣之。自古圣帝明王,建化垂统,以爵褒德,以禄报功;功大者禄厚,德盛者礼崇。故周公有夹辅之劳,太师有鹰扬之功,并启土宇,兼受备物。今将军规万年之计,建不世之略,绝僭逆之虏,顺天人之肃,济成洪业,功无与比,齐鲁之事,奚足言哉!《诗》不云乎,'无言不雠,无德不报'。今以幽、青二州十七郡〔百〕七十县,封君为燕王,使持节守太常张弥授君玺绶策书,金虎符第一至第五、竹使符第一至第十。锡君玄土,苴以白茅,爰契尔龟,用锡冢社。方有戎事,典统兵马,以大将军曲盖麾幢,督幽州、青州牧,辽东太守如故。今加君九锡,其敬听后命。以君三世相承,保绥一方,宁集四郡,训及异俗,民夷安业,无或携贰,是用锡君大辂、戎辂、玄牡二驷。君务在劝农,啬人成功,仓库盈积,官民俱丰,是用锡君衮冕之服,赤舄副焉。君正化以德,敬下以礼,敦义崇谦,内外咸和,是用锡君轩县之乐。君宣导休风,怀保边远,远人回面,莫不影附,是用锡君朱户以居。君运其才略,官方任贤,显直错枉,群善必举,是用锡君虎贲之士百人。君戎马整齐,威震遐方,纠虔天刑,彰厥有罪,是用锡君钺钺各一。君文和于内,武信于外,禽讨逆节,折冲掩难,是用锡君彤弓一、彤矢百、旅弓十、旅矢千。君忠勤有效,温恭为德,明允笃诚,感于朕心,是用锡君秬鬯一卣,珪瓒副焉。钦哉!敬兹

---

① 六安,在今安徽六安县北。

训典,寅亮天工,相我国家,永终尔休。"

〔二〕臣松之以为权愎谏违众,信渊意了,非有攻伐之规,重复之虑。宣达锡命,乃用
万人,是何不爱其民,昏虐之甚乎? 此役也,非惟阔塞,实为无道。

〔三〕《江表传》载权怒曰:"朕年六十,世事难易,靡所不尝,近为鼠子所前却,令人气
涌如山。不自截鼠子头以掷于海,无颜复临万国。就令颠沛,不以为恨。"

〔四〕《吴书》曰:初,张弥、许晏等俱到襄平,官属从者四百许人。渊欲图弥、晏,先分
其人众,置辽东诸县,以中使秦旦、张群、杜德、黄疆等及吏兵六十人,置玄菟郡。
玄菟郡在辽东北,相去二百里,太守王赞领户二百,兼重可三四百人。旦等皆舍
于民家,仰其饮食。积四十许日,旦与疆等议曰:"吾人远辱国命,自弃于此,与
死亡何异? 今观此郡,形势甚弱。若一旦同心,焚烧城郭,杀其长吏,为国报耻,
然后伏死,足以无恨。孰与偷生苟活长为囚虏乎?"疆等然之。于是阴相约结,
当用八月十九日夜发。其日中时,为部中张松所告,赞便会士众闭城门。旦、
群、德、疆等皆逾城得走。时群病疽创著膝,不及辈旅,德常扶接与俱,崎岖山
谷。行六七百里,创益困,不复能前,卧草中,相守悲泣。群曰:"吾不幸创甚,死
亡无日,卿诸人宜速进道,冀有所达。空相守,俱死于穷谷之中,何益也?"德曰:
"万里流离,死生共之,不忍相委。"于是推旦、疆使前,德独留守群,采菜果食之。
旦、疆别数日,得达句骊(王宫),因宣诏于句骊王宫及其主簿,诏言有赐为辽东所
攻夺。宫等大喜,即受诏,命使人随旦还迎群、德。其年,宫遣皂衣二十五人送
旦等还,奉表称臣,贡貂皮千枚,鹖鸡皮十具。旦等见权,悲喜不能自胜。权义
之,皆拜校尉。间一年,遣使者谢宏、中书陈恂拜宫为单于,加赐衣物珍宝。恂
等到安平口,先遣校尉陈奉前见宫,而宫受魏幽州刺史讽旨,令以吴使自效。奉
闻之,倒还。宫遣主簿笮咨、带固等出安平,与宏相见。宏即缚得三十余人质
之,宫于是谢罪,上马数百匹。宏乃遣咨、固奉诏书赐物与宫。是时宏船小,载
马八十匹而还。

三年春正月,诏曰:"兵久不辍,民困于役,岁或不登。其宽诸逋,①勿复

──────────

① 逋,欠。指所欠租税。

督课。"夏五月，权遣陆逊、诸葛瑾等屯江夏、沔口，①孙韶、张承等向广陵、淮阳，②权率大众围合肥新城。是时蜀相诸葛亮出武功，权谓魏明帝不能远出，而帝遣兵助司马宣王拒亮，自率水军东征。未至寿春，权退还，孙韶亦罢。秋八月，以诸葛恪为丹杨太守，讨山越。九月朔，陨霜伤谷。冬十一月，太常潘濬平武陵蛮夷，事毕，还武昌。诏复曲阿为云阳，丹徒为武进。庐陵贼李桓、罗厉等为乱。

四年夏，遣吕岱讨桓等。秋七月，有雹。魏使以马求易珠玑、翡翠、玳瑁，权曰："此皆孤所不用，而可得马，何苦而不听其交易？"

五年春，铸大钱，一当五百。诏使吏民输铜，计铜畀直。设盗铸之科。二月，武昌言甘露降于礼宾殿。辅吴将军张昭卒。中郎将吾粲获李桓，将军唐咨获罗厉等。自十月不雨，至于夏。冬十月，彗星见于东方。鄱阳贼彭旦等为乱。

六年春正月，诏曰："夫三年之丧，天下之达制，人情之极痛也；贤者割哀以从礼，不肖者勉而致之。世治道泰，上下无事，君子不夺人情，故三年不逮孝子之门。至于有事，则杀礼以从宜，要经③而处事。故圣人制法，有礼无时则不行。遭丧不奔非古也，盖随时之宜，以义断恩也。前故设科，长吏在官，当须交代，而故犯之，虽随纠坐，犹已废旷。方事之殷，国家多难，凡在官司，宜各尽节，先公后私，而不恭承，甚非谓也。中外群僚，其更平议，务令得中，详为节度。"顾谭议，以为"奔丧立科，轻则不足以禁孝子之情，重则本非应死之罪，虽严刑益设，违夺必少；若偶有犯者，加其刑则恩所不忍，有减则法废不行。愚以为长吏在远，苟不告语，势不得知。比选代之间，若有传者，必加大辟，④则长吏无废职之负，孝子无犯重之刑。"将军胡综议，以为"丧纪之礼，

---

① 沔口即夏口，汉水入江处。汉水古称沔水。
② 淮阳，赵一清认为是"淮阴"之误（《通鉴》即作淮阴）。淮阳在今河南淮阳县，离广陵甚远，淮阴是魏广陵郡的治所，在今江苏淮安县西北四十里。
③ 要，腰的本字。经，音迭，丧服所用麻带。要经即是把麻带系在腰间。
④ 大辟，死刑。

虽有典制,苟无其时,所不得行。方今戎事军国异容,而长吏遭丧,知有科禁,公敢干突,苟念闻忧不奔之耻,不计为臣犯禁之罪,此由科防本轻所致。忠节在国,孝道立家,出身为臣,焉得兼之?故为忠臣不得为孝子。宜定科文,示以大辟,若故违犯,有罪无赦。以杀止杀,行之一人,其后必绝。"丞相雍奏从大辟。其后吴令孟宗丧母奔赴,已而自拘于武昌以听刑。陆逊陈其素行,因为之请,权乃减宗一等,后不得以为比,因此遂绝。二月,陆逊讨彭旦等,其年,皆破之。冬十月,遣卫将军全琮袭六安,不克。诸葛恪平山越事毕,北屯庐江。

赤乌元年春,铸当千大钱。夏,吕岱讨庐陵贼,毕,还陆口。秋八月,武昌言麒麟见。有司奏言麒麟者太平之应,宜改年号。诏曰:"间者赤乌集于殿前,朕所亲见,若神灵以为嘉祥者,改年宜以赤乌为元。"群臣奏曰:"昔武王伐纣,有赤乌之祥,君臣观之,遂有天下,圣人书策载述最详者,以为近事既嘉,亲见又明也。"于是改年。步夫人卒,追赠皇后。初,权信任校事吕壹,壹性苛惨,用法深刻。太子登数谏,权不纳,大臣由是莫敢言。后壹奸罪发露伏诛,权引咎责躬,乃使中书郎袁礼告谢诸大将,因问时事所当损益。礼还,复有诏责数诸葛瑾、步骘、朱然、吕岱等曰:"袁礼还,云与子瑜、子山、义封、定公相见,①并以时事当有所先后,各自以不掌民事,不肯便有所陈,悉推之伯言、承明。② 伯言、承明见礼,泣涕恳恻,辞旨辛苦,至乃怀执危怖,有不自安之心。闻此怅然,深自刻怪。何者?夫惟圣人能无过行,明者能自见耳。人之举措,何能悉中,独当己有以伤拒众意,③忽不自觉,故诸君有嫌难耳;不尔,何缘乃至于此乎?自孤兴军五十年,所役赋凡百皆出于民。天下未定,孽类犹存,士民勤苦,诚所贯知。然劳百姓,事不得已耳。与诸君从事,自少至长,发有二色,以谓表里足以明露,公私分计,足用相保,尽言直

---

① 诸葛瑾,字子瑜;步骘,字子山;朱然,字义封;吕岱,字定公。

② 陆逊,字伯言;潘濬,字承明。

③ "独当己有以伤拒众意",就是自以为是而拒绝旁人的意见。

谏,所望诸君,拾遗补阙,孤亦望之。昔卫武公年过志壮,勤求辅弼,①每独叹责。〔一〕且布衣韦带,相与交结,分成好合,尚污垢不异。今日诸君与孤从事,虽君臣义存,犹谓骨肉不复是过。荣福喜戚,相与共之。忠不匿情,智无遗计,事统是非,②诸君岂得从容而已哉!同船济水,将谁与易?齐桓诸侯之霸者耳,有善管子未尝不叹,有过未尝不谏,谏而不得,终谏不止。今孤自省无桓公之德,而诸君谏诤未出于口,仍执嫌难。以此言之,孤于齐桓良优,未知诸君于管子何如耳?久不相见,因事当笑。共定大业,整齐天下,当复有谁?凡百事要所当损益,乐闻异计,匡所不逮。”

〔一〕《江表传》曰:权又云“天下无粹白之狐,而有粹白之裘,众之所积也。夫能以驳
　　　致纯,不惟积乎?故能用众力,则无敌于天下矣;能用众智,则无畏于圣人矣。”

二年春〔一〕三月,遣使者羊衜、郑胄、将军孙怡之辽东,击魏守将张持、高虑等,虏得男女。〔二〕零陵言甘露降。夏五月,城沙羡。冬十月,将军蒋秘南讨夷贼。秘所领都督廖式杀临贺③太守严纲等,自称平南将军,与弟潜共攻零陵、桂阳,及摇动交州苍梧、郁林诸郡,④众数万人。遣将军吕岱、唐咨讨之,岁余皆破。

〔一〕《江表传》载权正月诏曰:“郎吏者,宿卫之臣,古之命士也。间者所用颇非其人。
　　　自今选三署皆依四科,不得以虚辞相饰。”

〔二〕《文士传》曰:胄字敬先,沛国人。父札,才学博达,权为骠骑将军,以札为从事中
　　　郎,与张昭、孙邵共定朝仪。胄其少子,有文武姿局,少知名,举贤良,稍迁建安
　　　太守。吕壹宾客于郡犯法,胄收付狱,考竟。壹怀恨,后密潜胄。权大怒,召胄
　　　还,潘濬、陈表并为请,得释。后拜宣信校尉,往救公孙渊,已为魏所破还,迁执
　　　金吾。子丰,字曼季,有文学操行,与陆云善,与云诗相往反。司空张华辟,未

---

① 卫武公是西周末年卫国的君主。他九十五岁时,还对臣下说:“自卿以下至于师长
　　士,苟在朝者,无谓我老耄而舍我,必恭恪于朝,朝夕以交戒我,闻一二之言,必诵志
　　而纳之,以训导我。”(《国语·楚语》)
② “事统是非”句,意思是说:所行的是,则君臣同其是;所行的非,则君臣同其非。
③ 孙权分苍梧郡立临贺郡,治临贺县,今广西贺县。
④ 苍梧郡治广信,今广西梧州市;郁林郡治布山,今广西贵县。二郡均属交州。

就，卒。

臣松之闻孙怡者，东州人，非权之宗也。

三年春正月，诏曰："盖君非民不立，民非谷不生。顷者以来，民多征役，岁又水旱，年谷有损，而吏或不良，侵夺民时，以致饥困。自今以来，督军郡守，其谨察非法，当农桑时，以役事扰民者，举正以闻。"夏四月，大赦，诏诸郡县治城郭，起谯楼，穿堑发渠，以备盗贼。冬十一月，民饥，诏开仓廪以赈贫穷。

四年春正月，大雪，平地深三尺，鸟兽死者大半。夏四月，遣卫将军全琮略淮南，决芍陂，烧安城邸阁，①收其人民。威北将军诸葛恪攻六安。琮与魏将王凌战于芍陂，中郎将秦晃等十余人战死。车骑将军朱然围樊，大将军诸葛瑾取柤中。〔一〕②五月，太子登卒。是月，魏太傅司马宣王救樊。六月，军还。闰月，大将军瑾卒。秋八月，陆逊城邾。③

〔一〕《汉晋春秋》曰：零陵太守殷礼言于权曰："今天弃曹氏，丧诛累见，虎争之际而幼童莅事。陛下身自御戎，取乱侮亡，宜涤荆、扬之地，举强赢之数，使强者执戟，赢者转运，西命益州军于陇右，授诸葛瑾、朱然大众指事襄阳，陆逊、朱桓别征寿春，大驾入淮阳，历青、徐。襄阳、寿春困于受敌，长安以西务对蜀军，许、洛之众势必分离；掎角瓦解，民必内应，将帅对向，或失便宜；一军败绩，则三军离心，便当秣马脂车，陵蹈城邑，乘胜逐北，以定华夏。若不悉军动众，循前轻举，则不足大用，易于屡退。民疲威消，时往力竭，非出兵之策也。"权弗能用之。

五年春正月，立子和为太子，大赦，改禾兴为嘉兴。百官奏立皇后及四王，诏曰："今天下未定，民物劳瘁，且有功者或未录，饥寒者尚未恤，猥割土壤以丰子弟，崇爵位以宠妃妾，孤甚不取。其释此议。"三月，海盐县言黄龙

---

① 魏淮南郡治寿春，今安徽寿县。芍陂、安城均在寿春附近。邸阁是储藏粮食的地方。胡三省《通鉴》注："邸，至也，言所归至也；阁，庋置也。邸阁，谓转输之归至而庋置之也。"

② 柤音租。襄阳南一百五十里沮水左右地区，吉称"柤中"。"柤"大概是沮的误写。

③ 邾县故城址在今湖北黄冈县。

见。夏四月，禁进献御，减太官①膳。秋七月，遣将军聂友、校尉陆凯以兵三万讨珠崖、儋耳。② 是岁大疫，有司又奏立后及诸王。八月，立子霸为鲁王。

六年春正月，新都言白虎见。诸葛恪征六安，破魏将谢顺营，收其民人。冬十一月，丞相顾雍卒。十二月，扶南③王范旃遣使献乐人及方物。是岁，司马宣王率军入舒，诸葛恪自皖迁于柴桑。

七年春正月，以上大将军陆逊为丞相。秋，宛陵言嘉禾生。是岁，步骘、朱然等各上疏云：“自蜀还者，咸言欲背盟与魏交通，多作舟船，缮治城郭。又蒋琬守汉中，闻司马懿南向，不出兵乘虚以掎角④之，反委汉中，还近成都。事已彰灼，无所复疑，宜为之备。”权揆其不然，曰：“吾待蜀不薄，聘享盟誓，无所负之，何以致此？ 又司马懿前来入舒，旬日便退，蜀在万里，何知缓急而便出兵乎？ 昔魏欲入汉川，此间始严，⑤亦未举动，会闻魏还而止，蜀宁可复以此有疑邪？ 又人家治国，舟船城郭，何得不护？ 今此间治军，宁复欲以御蜀邪？ 人言苦不可信，朕为诸君破家保之。”蜀竟自无谋，如权所筹。〔一〕

〔一〕《江表传》载权诏曰：“督将亡叛而杀其妻子，是使妻去夫，子弃父，甚伤义教，自今勿杀也。”

八年春二月，丞相陆逊卒。夏，雷霆犯宫门柱，又击南津大桥⑥楹。茶陵县鸿水溢出，流漂居民二百余家。秋七月，将军马茂等图逆，夷三族。〔一〕八月，大赦。遣校尉陈勋将屯田及作士三万人凿句容中道，自小其至云阳西城，⑦通会市，作邸阁。

----

① 太官令，官名，掌管皇帝的饮食。
② 珠崖、儋耳两郡皆在今广东海南岛。
③ 扶南国当今柬埔寨。
④ 掎音羁，偏引一足。《左传》襄公十四年：“譬如捕鹿，晋人角之，诸戎掎之。”角之就是执其角，掎之就是引其足。
⑤ 严就是戒严之意。
⑥ 南津大桥是一种浮桥，在孙吴建业宫城朱雀门南，跨秦淮水上，东晋咸康后改称朱雀航，故址在今南京市镇淮桥稍东。
⑦ 句容，今江苏句容县；云阳，今江苏丹阳县。陈勋凿茅山之麓以通运道，即是后来所谓破冈渎，为六朝时著名的运河。

〔一〕《吴历》曰：茂本淮南钟离长，而为王凌所失，叛归吴，吴以为征西将军、九江太
　　守、外部督，封侯，领千兵。权数出苑中，与公卿诸将射。茂与兼符节令朱贞、无
　　难督虞钦、牙门将朱志等合计，伺权在苑中，公卿诸将在门未入，令贞持节称诏，
　　悉收缚之；茂引兵入苑击权，分据宫中及石头坞，遣人报魏。事觉，皆族之。

　　九年春二月，车骑将军朱然征魏柤中，斩获千余。夏四月，武昌言甘露
降。秋九月，以骠骑〔将军〕步骘为丞相，车骑〔将军〕朱然为左大司马，卫将
军全琮为右大司马，镇南〔将军〕吕岱为上大将军，威北将军诸葛恪为大
将军。〔一〕

〔一〕《江表传》曰：是岁，权诏曰：“谢宏往日陈铸大钱，云以广货，故听之。今闻民意
　　不以为便，其省息之，铸为器物，官勿复出也。私家有者，敕以输藏，计畀其直，
　　勿有所枉也。”

　　十年春正月，右大司马全琮卒。〔一〕二月，权适南宫。三月，改作太初宫，
诸将及州郡皆义作。〔二〕①夏五月，丞相步骘卒。冬十月，赦死罪。

〔一〕《江表传》曰：是岁权遣诸葛壹伪叛以诱诸葛诞，诞以步骑一万迎壹于高山。权
　　出涂中，遂至高山，潜军以持之。诞觉而退。

〔二〕《江表传》载权诏曰：“建业宫乃朕从京来所作将军府寺耳，材柱率细，皆以腐朽，
　　常恐损坏。今未复西，可徙武昌宫材瓦，更缮治之。”有司奏言曰：“武昌宫已二
　　十八岁，恐不堪用，宜下所在通更伐致。”权曰：“大禹以卑宫为美，今军事未已，
　　所在多赋，若更通伐，妨损农桑。徙武昌材瓦，自可用也。”

　　十一年春正月，朱然城江陵。二月，地仍震。〔一〕三月，宫成。夏四月，雨
雹，云阳言黄龙见。五月，鄱阳言白虎仁。〔二〕诏曰：“古者圣王积行累善，修身
行道，以有天下，故符瑞应之，所以表德也。朕以不明，何以臻兹？《书》云
‘虽休勿休’，②公卿百司，其勉修所职，以匡不逮。”

〔一〕《江表传》载权诏曰：“朕以寡德，过奉先祀，莅事不聪，获谴灵祇，夙夜祇戒，若不
　　终日。群僚其各厉精，思朕过失，勿有所违。”

────────

① 　以下奉上，义当助作宫室，故曰“义作”。
② 　“虽休勿休”，《尚书·吕刑》篇文。休，美也。这句话的意思是说：虽然已经很不错
　　了，但是自己不要满足，自以为美。

〔二〕《瑞应图》曰：白虎仁者，王者不暴虐，则仁虎不害也。

　　十二年春三月，左大司马朱然卒。四月，有两乌衔鹊堕东馆。丙寅，骠骑将军朱据领丞相，燎鹊以祭。〔一〕

　　〔一〕《吴录》曰：六月戊戌，宝鼎出临平湖。八月癸丑，白鸠见于章安。

　　十三年夏五月，日至，荧惑入南斗，秋七月，犯魁第二星而东。八月，丹杨、句容及故鄣、宁国诸山崩，鸿水溢。诏原逋责，给贷种食。废太子和，处故鄣。鲁王霸赐死。冬十月，魏将文钦伪叛以诱朱异，权遣吕据就异以迎钦。异等持重，钦不敢进。十一月，立子亮为太子。遣军十万，作堂邑涂塘以淹北道。① 十二月，魏大将军王昶围南郡，荆州刺史王基攻西陵，遣将军戴烈、陆凯往拒之，皆引还。〔一〕是岁，神人授书，告以改年、立后。

　　〔一〕庾阐《扬都赋》注曰：烽火以炬置孤山头，皆缘江相望，或百里，或五十、三十里，
　　　　寇至则举以相告，一夕可行万里。孙权时合暮举火于西陵，鼓三竟，达吴郡
　　　　南沙。

　　太元元年夏五月，立皇后潘氏，大赦，改年。初临海罗阳县有神，自称王表。〔一〕周旋民间，语言饮食，与人无异，然不见其形。又有一婢，名纺绩。是月，遣中书郎李崇赍辅国将军罗阳王印绶迎表。表随崇俱出，与崇及所在郡守令长谈论，崇等无以易。所历山川，辄遣婢与其神相闻。秋七月，崇与表至，权于苍龙门外为立第舍，数使近臣赍酒食往。表说水旱小事，往往有验。〔二〕秋八月朔，大风，江海涌溢，平地深八尺，吴高陵②松柏斯拔，郡城南门飞落。冬十一月，大赦。权祭南郊还，寝疾。〔三〕十二月，驿征大将军恪，拜为太子太傅。诏省徭役，减征赋，除民所患苦。

　　〔一〕《吴录》曰：罗阳今安固县。

　　〔二〕孙盛曰：盛闻国将兴，听于民；国将亡，听于神。权年老志衰，谗臣在侧，废適立
　　　　庶，以妾为妻，可谓多凉德矣。而伪设符命，求福妖邪，将亡之兆，不亦显乎！

---

① 堂邑故城在今江苏六合县北。三国时为吴与魏分界处。涂读滁。今六合县西五
　十五里有瓦梁堰，即三国时的涂塘。孙权断涂水作堰，以淹北道，杜绝魏兵窥伺建业。
② 高陵，孙坚的坟。

〔三〕《吴录》曰:权得风疾。

二年春正月,立故太子和为南阳王,居长沙;子奋为齐王,居武昌;子休为琅邪王,居虎林。二月,大赦,改元为神凤。皇后潘氏薨。诸将吏数诣王表请福,表亡去。夏四月,权薨,时年七十一,谥曰大皇帝。秋七月,葬蒋陵。〔一〕①

〔一〕《傅子》曰:孙策为人明果独断,勇盖天下,以父坚战死,少而合其兵将以报仇,转斗千里,尽有江南之地,诛其名豪,威行邻国。及权继其业,有张子布以为腹心,有陆议、诸葛瑾、步骘以为股肱,有吕范、朱然以为爪牙,分任授职,乘间伺隙,兵不妄动,故战少败而江南安。

评曰:孙权屈身忍辱,任才尚计,有句践之奇,英人之杰矣。故能自擅江表,成鼎峙之业。然性多嫌忌,果于杀戮,暨臻末年,弥以滋甚。至于谗说殄行,②胤嗣废毙,〔一〕岂所谓“贻厥孙谋以燕翼子”③者哉?其后叶陵迟,遂致覆国,未必不由此也。〔二〕

〔一〕马融注《尚书》曰:殄,绝也,绝君子之行。

〔二〕臣松之以为孙权横废无罪之子,虽为兆乱,然国之倾覆,自由暴皓。若权不废和,皓为世适,终至灭亡,有何异哉?此则丧国由于昏虐,不在于废黜也。设使亮保国祚,休不早死,则皓不得立。皓不得立,则吴不亡矣。

——《吴书》二《吴主传》

---

① 蒋陵,在今南京市钟山南麓。
② “谗说殄行”,《尚书·尧典》文。殄,病,败。殄行就是败行,坏的行为。
③ 《诗经·大雅·文王有声》:“诒厥孙谋,以燕翼子。”诒,传也。(引文作“贻”,与“诒”通。)孙,音逊,顺。燕,安。翼,敬。这两句诗是说,周武王能传其所以顺天下之谋,以安其敬事之子孙。

周瑜传

　　周瑜字公瑾,庐江舒人也。从祖父景,景子忠,皆为汉太尉。〔一〕父异,洛阳令。

　　〔一〕谢承《后汉书》曰:景字仲向,少以廉能见称,以明学察孝廉,辟公府。后为豫州刺史,辟汝南陈蕃为别驾,颍川李膺、荀绲、杜密、沛国朱寓为从事,皆天下英俊之士也。稍迁至尚书令,遂登太尉。

　　张璠《汉纪》曰:景父荣,章、和世为尚书令。初景历位牧守,好善爱士,每岁举孝廉,延请入,上后堂,与家人宴会,如此者数四。及赠送既备,又选用其子弟,常称曰:"移臣作子,于政何有?"先是,司徒韩缜为河内太守,在公无私,所举一辞而已,后亦不及其门户,曰:"我举若可矣,不令恩偏称一家也。"当时论者,或两讥焉。

　　瑜长壮有姿貌。初,孙坚兴义兵讨董卓,徙家于舒。坚子策与瑜同年,独相友善,瑜推道南大宅以舍策,升堂拜母,有无通共。瑜从父尚为丹杨太守,瑜往省之。会策将东渡,到历阳,①驰书报瑜,瑜将兵迎策。策大喜曰:"吾得卿,谐也。"遂从攻横江、当利,②皆拔之。乃渡③击秣陵,破笮融、薛礼,转下湖孰、江乘,进入曲阿,④刘繇奔走,而策之众已数万矣。因谓瑜曰:"吾以此众取吴会平山越已足。卿还镇丹杨。"瑜还。顷之,袁术遣从弟胤代尚为太守,而瑜与尚俱还寿春。术欲以瑜为将,瑜观术终无所成,故求为居巢

----

① 历阳在今安徽和县。
② 横江渡在今和县东南二十六里,正对江南的采石,即今之杨林渡口。当利浦在和县东十二里。
③ 卢弼谓:"渡"下应有"江"字。
④ 湖孰故城址在今南京市东南。江乘故城址在今江苏句容县北六十里。曲阿,吴改名曰云阳,见《吴主传》注。

长,欲假涂东归,术听之。遂自居巢还吴。是岁,建安三年也。策亲自迎瑜,授建威中郎将,即与兵二千人,骑五十匹。〔一〕瑜时年二十四,吴中皆呼为周郎。以瑜恩信著于庐江,出备牛渚,①后领春谷②长。顷之,策欲取荆州,以瑜为中护军,领江夏太守,从攻皖,拔之。时得桥公两女,皆国色也。策自纳大桥,瑜纳小桥。〔二〕复进寻阳,③破刘勋,讨江夏,还定豫章、庐陵,留镇巴丘。〔三〕④

〔一〕《江表传》曰:策又给瑜鼓吹,为治馆舍,赠赐莫与为比。策令曰:"周公瑾英俊异才,与孤有总角之好,骨肉之分。如前在丹杨,发众及船粮以济大事,论德酬功,此未足以报者也。"

〔二〕《江表传》曰:策从容戏瑜曰:"桥公二女虽流离,得吾二人作婿,亦足为欢。"

〔三〕臣松之案:孙策于时始得豫章、庐陵,尚未能得定江夏。瑜之所镇,应在今巴丘县也,与后所(平)〔卒〕巴丘处不同。

五年,策薨,权统事。瑜将兵赴丧,遂留吴,以中护军与长史张昭共掌众事。〔一〕十一年,督孙瑜等讨麻、保二屯,⑤枭其渠帅,囚俘万余口,还备(官亭)〔宫亭〕。⑥ 江夏太守黄祖遣将邓龙将兵数千人入柴桑,瑜追讨击,生虏龙送吴。十三年春,权讨江夏,瑜为前部大督。

〔一〕《江表传》曰:曹公新破袁绍,兵威日盛,建安七年,下书责权质任子。权召群臣会议,张昭、秦松等犹豫不能决,权意不欲遣质,乃独将瑜诣母前定议,瑜曰:"昔楚国初封于荆山之侧,不满百里之地,继嗣贤能,广土开境,立基于郢,遂据荆、扬,至于南海,传业延祚,九百余年。今将军承父兄余资,兼六郡之众,兵精粮多,将士用命,铸山为铜,煮海为盐,境内富饶,人不思乱,泛舟举帆,朝发夕到,

① 牛渚山在安徽当涂县西北二十里,山下有牛渚矶,与横江渡相对,一名采石,是长江下游紧要的渡口。
② 春谷在今安徽繁昌县西南。
③ 寻阳在今湖北黄梅县北。
④ 巴丘在今江西峡江县北,与下文"瑜还江陵,为行装,而道于巴丘病卒"之巴丘(今湖南岳阳),名同地异。
⑤ 麻屯在今湖北旧嘉鱼县境,保屯与麻屯相近。
⑥ 宫亭即宫亭湖,江西鄱阳湖的南部。

士风劲勇，所向无敌，有何逼迫，而欲送质？质一人，不得不与曹氏相首尾，与相首尾，则命召不得不住，便见制于人也。极不过一侯印，仆从十余人，车数乘，马数匹，岂与南面称孤同哉？不如勿遣，徐观其变。若曹氏能率义以正天下，将军事之未晚。若图为暴乱，兵犹火也，不戢将自焚。将军韬勇抗威，以待天命，何送质之有！"权母曰："公瑾议是也。公瑾与伯符同年，小一月耳，我视之如子也，汝其兄事之。"遂不送质。

其年九月，曹公入荆州，刘琮举众降，曹公得其水军，船步兵数十万，将士闻之皆恐。权延见群下，问以计策。议者咸曰："曹公豺虎也，然托名汉相，挟天子以征四方，动以朝廷为辞，今日拒之，事更不顺。且将军大势，可以拒操者，长江也。今操得荆州，奄有其地，刘表治水军，蒙冲斗舰，①乃以千数，操悉浮以沿江，兼有步兵，水陆俱下，此为长江之险，已与我共之矣。而势力众寡，又不可论。愚谓大计不如迎之。"瑜曰："不然。操虽托名汉相，其实汉贼也。将军以神武雄才，兼仗父兄之烈，割据江东，地方数千里，兵精足用，英雄乐业，尚当横行天下，为汉家除残去秽。况操自送死，而可迎之邪？请为将军筹之：今使北土已安，操无内忧，能旷日持久，来争疆场，②又能与我校胜负于船楫（可）〔间〕乎？今北土既未平安，加马超、韩遂尚在关西，为操后患。且舍鞍马，仗舟楫，与吴越争衡，本非中国所长。又今盛寒，马无藁草，驱中国士众远涉江湖之间，不习水土，必生疾病。此数四者，用兵之患也，而操皆冒行之。将军禽操，宜在今日。瑜请得精兵三万人，进住夏口，保为将军破之。"权曰："老贼欲废汉自立久矣，徒忌二袁、吕布、刘表与孤耳。今数雄已灭，惟孤尚存，孤与老贼，势不两立。君言当击，甚与孤合，此天以君授孤也。"〔一〕

〔一〕《江表传》曰：权拔刀斫前奏案曰："诸将吏敢复有言当迎操者，与此案同！"及会罢之夜，瑜请见曰："诸人徒见操书，言水步八十万，而各恐慑，不复料其虚实，便

① 蒙冲与斗舰都是兵船。蒙冲狭而长，以生牛皮蒙船覆背，两厢开掣棹孔，左右有弩窗矛穴，敌不得近，矢石不能伤损，便于侵袭敌人。斗舰上设女墙，约高三尺，墙下开掣棹孔，船内五尺又建棚，与女墙齐，棚上又建女墙，前后左右树旗帜，置金鼓。
② 疆场即是疆界。场音易。大界曰疆，小界曰场。

开此议,甚无谓也。今以实校之,彼所将中国人,不过十五六万,且军已久疲,所得表众,亦极七八万耳,尚怀狐疑。夫以疲病之卒,御狐疑之众,众数虽多,甚未足畏。得精兵五万,自足制之,愿将军勿虑。"权抚背曰:"公瑾,卿言至此,甚合孤心。子布、文表诸人,各顾妻子,挟持私虑,深失所望,独卿与子敬与孤同耳,此天以卿二人赞孤也。五万兵难卒合,已选三万人,船粮战具俱办,卿与子敬、程公便在前发,孤当续发人众,多载资粮,为卿后援。卿能办之者诚决,邂逅不如意,便还就孤,孤当与孟德决之。"

臣松之以为建计拒曹公,实始鲁肃。于时周瑜使鄱阳,肃劝权呼瑜,瑜使鄱阳还,但与肃阖同,故能共成大勋。本传直云,权延见群下,问以计策,瑜摆拨众人之议,独言抗拒之计,了不云肃先有谋,殆为攘肃之善也。

时刘备为曹公所破,欲引南渡江,与鲁肃遇于当阳,遂共图计,因进住夏口,遣诸葛亮诣权。权遂遣瑜及程普等与备并力逆曹公,遇于赤壁。时曹公军众已有疾病,初一交战,公军败退,引次江北。瑜等在南岸。瑜部将黄盖曰:"今寇众我寡,难与持久。然观操军船舰首尾相接,可烧而走也。"乃取蒙冲斗舰数十艘,实以薪草,膏油灌其中,裹以帷幕,上建牙旗,先书报曹公,欺以欲降。〔一〕又豫备走舸,①各系大船后,因引次俱前。曹公军吏士皆延颈观望,指言盖降。盖放诸船,同时发火。时风盛猛,悉延烧岸上营落。顷之,烟炎张天,人马烧溺死者甚众,军遂败退,还保南郡。〔二〕备与瑜等复共追。曹公留曹仁等守江陵城,径自北归。

〔一〕《江表传》载盖书曰:"盖受孙氏厚恩,常为将帅,见遇不薄。然顾天下事有大势,用江东六郡山越之人,以当中国百万之众,众寡不敌,海内所共见也。东方将吏,无有愚智,皆知其不可,惟周瑜、鲁肃偏怀浅戆,意未解耳。今日归命,是其实计。瑜所督领,自易摧破。交锋之日,盖为前部,当因事变化,效命在近。"曹公特见行人,密问之,口敕曰:"但恐汝诈耳。盖若信实,当授爵赏,超于前后也。"

〔二〕《江表传》曰:至战日,盖先取轻利舰十舫,载燥荻枯柴积其中,灌以鱼膏,赤幔覆之,建旌旗龙幡于舰上。时东南风急,因以十舰最著前,中江举帆,盖举火白诸

─────────

① 走舸也是一种兵船,舷上立女墙,置棹夫多,战卒少,往返迅速,船上亦有金鼓旗帜。

校，使众兵齐声大叫曰："降焉！"操军人皆出营立观。去北军二里余，同时发火，火烈风猛，往船如箭，飞埃绝烂，烧尽北船，延及岸边营柴。瑜等率轻锐寻继其后，雷鼓大进，北军大坏，曹公退走。

瑜与程普又进南郡，与仁相对，各隔大江。兵未交锋，〔一〕瑜即遣甘宁前据夷陵。仁分兵骑别攻围宁。宁告急于瑜。瑜用吕蒙计，留凌统以守其后，身与蒙上救宁。宁围既解，乃渡屯北岸，克期大战。瑜亲跨马抵陈，①会流矢中右胁，疮甚，便还。后仁闻瑜卧未起，勒兵就陈。瑜乃自兴，案行军营，激扬吏士，仁由是遂退。

〔一〕《吴录》曰：备谓瑜云："仁守江陵城，城中粮多，足为疾害。使张益德将千人随卿，卿分二千人追我，相为从夏水入截仁后，仁闻吾人必走。"瑜以二千人益之。

权拜瑜偏将军，领南郡太守。以下隽、汉昌、刘阳、州陵为奉邑，②屯据江陵。刘备以左将军领荆州牧，治公安。备诣京见权，瑜上疏曰："刘备以枭雄之姿，而有关羽、张飞熊虎之将，必非久屈为人用者。愚谓大计宜徙备置吴，盛为筑宫室，多其美女玩好，以娱其耳目，分此二人，各置一方，使如瑜者得挟与攻战，大事可定也。今猥割土地以资业之，聚此三人，俱在疆埸，恐蛟龙得云雨，终非池中物也。"权以曹公在北方，当广擥英雄，又恐备难卒制，故不纳。

是时刘璋为益州牧，外有张鲁寇侵，瑜乃诣京见权曰："今曹操新折衄，方忧在腹心，未能与将军连兵相事也。乞与奋威③俱进取蜀，得蜀而并张鲁，因留奋威固守其地，好与马超结援。瑜还与将军据襄阳以蹙操，北方可图也。"权许之。瑜还江陵，为行装，而道于巴丘病卒，〔一〕时年三十六。权素服举哀，感动左右。丧当还吴，又迎之芜湖，④众事费度，一为供给。后著令曰：

---

①　抵与掠通，抵陈就是到战阵中督战之意。

②　下隽在今湖北旧通城县西，汉昌已见《吴主传》注，刘阳在今湖南浏阳县东。州陵在今湖北沔阳县东南。奉邑与封邑相似而不尽同。封邑是将某县封某人为侯国，奉邑则是将某县的租税归某人享用。

③　奋威指孙瑜，孙瑜是孙策季弟孙静之子，这时为奋威将军。

④　芜湖故城址在今安徽芜湖市东。

"故将军周瑜、程普,其有人客,皆不得问。"①初瑜见友于策,太妃又使权以兄奉之。是时权位为将军,诸将宾客为礼尚简,而瑜独先尽敬,便执臣节。性度恢廓,大率为得人,惟与程普不睦。〔二〕

〔一〕臣松之案,瑜欲取蜀,还江陵治严,所卒之处,应在今之巴陵,与前所镇巴丘,名同处异也。

〔二〕《江表传》曰:普颇以年长,数陵侮瑜。瑜折节容下,终不与校。普后自敬服而亲重之,乃告人曰:"与周公瑾交,若饮醇醪,不觉自醉。"时人以其谦让服人如此。初曹公闻瑜年少有美才,谓可游说动也,乃密下扬州,遣九江蒋干往见瑜。干有仪容,以才辩见称,独步江、淮之间,莫与为对。乃布衣葛巾,自托私行诣瑜。瑜出迎之,立谓干曰:"子翼良苦,远涉江湖为曹氏作说客邪?"干曰:"吾与足下州里,中间别隔,遥闻芳烈,故来叙阔,并观雅规,而云说客,无乃逆诈乎?"瑜曰:"吾虽不及夔、旷,闻弦赏音,足知雅曲也。"因延干入,为设酒食。毕,遣之曰:"适吾有密事,且出就馆,事了,别自相请。"后三日,瑜请干与周观营中,行视仓库军资器仗讫,还宴饮,示之侍者服饰珍玩之物,因谓干曰:"丈夫处世,遇知己之主,外托君臣之义,内结骨肉之恩,言行计从,祸福共之,假使苏、张更生,郦叟复出,犹抚其背而折其辞,岂足下幼生所能移乎?"干但笑,终无所言。干还,称瑜雅量高致,非言辞所间。中州之士,亦以此多之。刘备之自京还也,权乘飞云大船,与张昭、秦松、鲁肃等十余人共追送之,大宴会叙别。昭、肃等先出,权独与备留语,因言次,叹瑜曰:"公瑾文武筹略,万人之英,顾其器量广大,恐不久为人臣耳。"瑜之破魏军也,曹公曰:"孤不羞走。"后书与权曰:"赤壁之役,值有疾病,孤烧船自退,横使周瑜虚获此名。"瑜威声远著,故曹公、刘备咸欲疑谮之。及卒,权流涕曰:"公瑾有王佐之资,今忽短命,孤何赖哉!"后权称尊号,谓公卿曰:"孤非周公瑾,不帝矣。"

瑜少精意于音乐,虽三爵之后,其有阙误,瑜必知之,知之必顾,故时人谣曰:"曲有误,周郎顾。"

———————————

① "客"是田客,即是豪强大地主的农奴。孙吴优待豪强大族,有"复客"制度,承认豪强大族的田客是他们的领民,不再要求这些田客向政府负担赋税徭役。"其有人客,皆不得问",就是这个意思。

　　瑜两男一女。女配太子登。男循尚公主,拜骑都尉,有瑜风,早卒。循弟胤,初拜兴业都尉,妻以宗女,授兵千人,屯公安。黄龙元年,封都乡侯,后以罪徙庐陵郡。赤乌二年,诸葛瑾、步骘连名上疏曰:"故将军周瑜子胤,昔蒙粉饰,受封为将,不能养之以福,思立功效,至纵情欲,招速罪辟。臣窃以瑜昔见宠任,入作心膂,出为爪牙,衔命出征,身当矢石,尽节用命,视死如归,故能摧曹操于乌林,①走曹仁于郢都,②扬国威德,华夏是震,蠢尔蛮荆,莫不宾服,虽周之方叔,③汉之信、布,④诚无以尚也。夫折冲扞难之臣,自古帝王莫不贵重,故汉高帝封爵之誓曰'使黄河如带,太山如砺,国以永存,爰及苗裔';⑤申以丹书,重以盟诅,⑥藏于宗庙,传于无穷,欲使功臣之后,世世相踵,非徒子孙,乃关苗裔,报德明功,勤勤恳恳,如此之至,欲以劝戒后人,用命之臣,死而无悔也。况于瑜身没未久,而其子胤降为匹夫,益可悼伤。窃惟陛下钦明稽古,隆于兴继,⑦为胤归诉,乞匄余罪,还兵复爵,使失旦之鸡,复得一鸣,抱罪之臣,展其后效。"权答曰:"腹心旧勋,与孤协事,公瑾有之,诚所不忘。昔胤年少,初无功劳,横受精兵,爵以侯将,⑧盖念公瑾以及于胤也。而胤恃此,酗淫自恣,前后告喻,曾无悛改。孤于公瑾,义犹二君,⑨乐胤成就,岂有已哉? 迫胤罪恶,未宜便还,且欲苦之,使自知耳。今二君勤勤

---

①　乌林隔江与赤壁相对,赤壁在江南,乌林在江北。

②　楚都郢,即江陵。

③　《诗经·小雅·采芑》:"蠢尔蛮荆,大邦为雠。方叔元老,克壮其犹。"咏方叔征蛮荆事。

④　信、布,指韩信、英布。

⑤　所引汉高帝封爵誓词见《汉书·高惠高后文功臣表》。应劭注曰:"封爵之誓,国家欲使功臣传祚无穷也。带,衣带也。厉,砥厉石也。河当何时如衣带,山当何时如厉石,言如带厉,国犹永存,以及后世之子孙也。"

⑥　《汉书·高惠高后文功臣表》:"于是申以丹书之信,重以白马之盟。"古时颁赐功臣得以传世免罪的文书,以丹(朱砂)写,故称"丹书"。白马之盟,是杀白马,歃其血以为盟。

⑦　兴继,即是兴灭国,继绝世。

⑧　横受谓无功而受。爵以侯将,谓既受侯爵,又将兵。

⑨　"二君",指诸葛瑾与步骘。

援引汉高河山之誓,孤用恻然。虽德非其畴,犹欲庶几,事亦如尔,故未顺旨。以公瑾之子,而二君在中间,苟使能改,亦何患乎!"瑾、騭表比上,朱然及全琮亦俱陈乞,权乃许之。会胤病死。

瑜兄子峻,亦以瑜元功为偏将军,领吏士千人。峻卒,全琮表峻子护为将。权曰:"昔走曹操,拓有荆州,皆是公瑾,常不忘之。初闻峻亡,仍欲用护,闻护性行危险,用之适为作祸,故便止之。孤念公瑾,岂有已乎?"

——《吴书》九《周瑜传》

吕蒙传

吕蒙字子明,汝南富陂①人也。少南渡,依姊夫邓当。当为孙策将,数讨山越。蒙年十五六,窃随当击贼,当顾见大惊,呵叱不能禁止。归以告蒙母,母恚欲罚之,蒙曰:"贫贱难可居,脱误有功,富贵可致。且不探虎穴,安得虎子?"母哀而舍之。时当职吏以蒙年小轻之,曰:"彼竖子何能为?此欲以肉喂虎耳。"他日与蒙会,又蚩辱之。蒙大怒,引刀杀吏,出走,逃邑子郑长家。出因校尉袁雄自首,承间为言,策召见奇之,引置左右。

数岁,邓当死,张昭荐蒙代当,拜别部司马。权统事,料诸小将兵少而用薄者,欲并合之。蒙阴赊贳,为兵作绛衣行縢,②及简日,陈列赫然,兵人练习,权见之大悦,增其兵。从讨丹杨,所向有功,拜平北都尉,领广德③长。

从征黄祖,祖令都督陈就逆以水军出战。蒙勒前锋,亲枭就首,将士乘胜,进攻其城。祖闻就死,委城走,兵追禽之。权曰:"事之克,由陈就先获也。"以蒙为横野中郎将,赐钱千万。

是岁,又与周瑜、程普等西破曹公于乌林,围曹仁于南郡。益州将袭肃举军来附,瑜表以肃兵益蒙,蒙盛称肃有胆用,且慕化远来,于义宜益不宜夺也。权善其言,还肃兵。瑜使甘宁前据夷陵,曹仁分众攻宁,宁困急,使使请救。诸将以兵少不足分,蒙谓瑜、普曰:"留凌公绩,④蒙与君行,解围释急,势亦不久,蒙保公绩能十日守也。"又说瑜分遣三百人柴断险道,贼走可得其马。瑜从之。军到夷陵,即日交战,所杀过半。敌夜遁去,行遇柴道,骑皆舍

---

① 富陂,在今河南新蔡县东北。
② 行縢,如今之裹腿。
③ 广德,在今安徽广德县。
④ 凌统,字公绩。

马步走。兵追蹙击,获马三百匹,方船①载还。于是将士形势自倍,乃渡江立屯,与相攻击,曹仁退走,遂据南郡,抚定荆州。还,拜偏将军,领寻阳令。

鲁肃代周瑜,当之陆口,过蒙屯下。肃意尚轻蒙,或说肃曰:"吕将军功名日显,不可以故意待也,君宜顾之。"遂往诣蒙。酒酣,蒙问肃曰:"君受重任,与关羽为邻,将何计略,以备不虞?"肃造次应曰:"临时施宜。"蒙曰:"今东西虽为一家,而关羽实熊虎也,计安可不豫定?"因为肃画五策。肃于是越席就之,拊其背曰:"吕子明,吾不知卿才略所及乃至于此也。"遂拜蒙母,结友而别。〔一〕

〔一〕《江表传》曰:初,权谓蒙及蒋钦曰:"卿今并当涂掌事,宜学问以自开益。"蒙曰:"在军中常苦多务,恐不容复读书。"权曰:"孤岂欲卿治经为博士邪?但当令涉猎见往事耳。卿言多务孰若孤,孤少时历《诗》、《书》、《礼记》、《左传》、《国语》,惟不读《易》。至统事以来,省三史、诸家兵书,自以为大有所益。如卿二人,意性朗悟,学必得之,宁当不为乎? 宜急读《孙子》、《六韬》、《左传》、《国语》及三史。孔子言'终日不食,终夜不寝以思,无益,不如学也'。光武当兵马之务,手不释卷。孟德亦自谓老而好学。卿何独不自勉勖邪?"蒙始就学,笃志不倦,其所览见,旧儒不胜。后鲁肃上代周瑜,过蒙言议,常欲受屈。肃拊蒙背曰:"吾谓大弟但有武略耳,至于今者,学识英博,非复吴下阿蒙。"蒙曰:"士别三日,即更刮目相待。大兄今论,何一称穰侯乎? 兄今代公瑾,既难为继,且与关羽为邻。斯人长而好学,读《左传》略皆上口,梗亮有雄气,然性颇自负,好陵人。今与为对,当有单复以(卿)〔乡〕待之。"密为肃陈三策,肃敬受之,秘而不宣。权常叹曰:"人长而进益,如吕蒙、蒋钦,盖不可及也。富贵荣显,更能折节好学,耽悦书传,轻财尚义,所行可迹,并作国士,不亦休乎!"

时蒙与成当、宋定、徐顾屯次比近,三将死,子弟幼弱,权悉以兵并蒙。蒙固辞,陈启顾等皆勤劳国事,子弟虽小,不可废也。书三上,权乃听。蒙于是又为择师,使辅导之,其操心率如此。

魏使庐江谢奇为蕲春典农,屯皖田乡,数为边寇。蒙使人诱之,不从,则

---

① 方船,两船相并。

伺隙袭击，奇遂缩退，其部伍孙子才、宋豪等，皆携负老弱，诣蒙降。后从权拒曹公于濡须，数进奇计，又劝权夹水口立坞，所以备御甚精，〔一〕曹公不能下而退。

〔一〕《吴录》曰：权欲作坞，诸将皆曰："上岸击贼，洗足入船，何用坞为？"吕蒙曰："兵有利钝，战无百胜，如有邂逅，敌步骑蹙人，不暇及水，其得入船乎！"权曰："善。"遂作之。

曹公遣朱光为庐江太守，屯皖，大开稻田，又令间人招诱鄱阳贼帅，使作内应。蒙曰："皖田肥美，若一收孰，①彼众必增，如是数岁，操态见矣，宜早除之。"乃具陈其状。于是权亲征皖，引见诸将，问以计策。〔一〕蒙乃荐甘宁为升城督，督攻在前，蒙以精锐继之。侵晨进攻，蒙手执枹②鼓，士卒皆腾踊自升，食时破之。既而张辽至夹石，③闻城已拔，乃退。权嘉其功，即拜庐江太守，所得人马皆分与之，别赐寻阳屯田六百人，官属三十人。蒙还寻阳，未期而庐陵贼起，诸将讨击不能禽，权曰："鸷鸟累百，不如一鹗。"④复令蒙讨之。蒙至，诛其首恶，余皆释放，复为平民。

〔一〕《吴书》曰：诸将皆劝作土山，添攻具，蒙趋进曰："治攻具及土山，必历日乃成，城备既修，外救必至，不可图也。且乘水雨以入，若留经日，水必向尽，还道艰难，蒙窃危之。今观此城，不能甚固，以三军锐气，四面并攻，不移时可拔，及水以归，全胜之道也。"权从之。

是时刘备令关羽镇守，专有荆土，权命蒙西取长沙、零、桂三郡。蒙移书二郡，望风归服，惟零陵太守郝普城守不降。而备自蜀亲至公安，遣羽争三郡。权时住陆口，使鲁肃将万人屯益阳拒羽，而飞书召蒙，使舍零陵，急还助肃。初，蒙既定长沙，当之零陵，过酃，⑤载南阳邓玄之，玄之者，郝普之旧也，欲令诱普。及被书当还，蒙秘之，夜召诸将，授以方略，晨当攻城，顾谓玄之

---

①　孰，古同熟。

②　枹，音孚，击鼓杖。

③　夹石，在今安徽桐城县北四十七里。

④　"鸷鸟累百，不如一鹗"二语见《汉书·邹阳传》邹阳《谏吴王书》。

⑤　酃县故城址在今湖南衡阳县东十二里。

曰："郝子太①闻世间有忠义事,亦欲为之,而不知时也。左将军在汉中,为夏侯渊所围,关羽在南郡,今至尊身自临之。近者破樊本屯,救酅,逆为孙规所破,②此皆目前之事,君所亲见也。彼方首尾倒悬,救死不给,岂有余力复营此哉?今吾士卒精锐,人思致命,至尊遣兵,相继于道。今子太以旦夕之命,待不可望之救,犹牛蹄中鱼,冀赖江汉,其不可恃亦明矣。若子太必能一士卒之心,保孤城之守,尚能稽延旦夕,以待所归者,可也。今吾计力度虑,而以攻此,曾不移日,而城必破,城破之后,身死何益于事,而令百岁老母,戴白受诛,岂不痛哉?度此家③不得外问,谓援可恃,故至于此耳。君可见之,为陈祸福。"玄之见普,具宣蒙意,普惧而听之。玄之先出报蒙,普寻后当至。蒙豫敕四将,各选百人,普出,便入守城门。须臾普出,蒙迎执其手,与俱下船。语毕,出书示之,因拊手大笑。普见书,知备在公安,而羽在益阳,惭恨入地。蒙留(孙河)〔孙皎〕,委以后事,即日引军赴益阳。刘备请盟,权乃归普等,④割湘水,以零陵还之。以寻阳、阳新⑤为蒙奉邑。

师还,遂征合肥,既徹兵,为张辽等所袭,蒙与凌统以死扞卫。后曹公又大出濡须,权以蒙为督,据前所立坞,置强弩万张于其上,以拒曹公。曹公前锋屯未就,蒙攻破之,曹公引退。拜蒙左护军、虎威将军。

鲁肃卒,蒙西屯陆口,肃军人马万余尽以属蒙。又拜汉昌太守,食下隽、刘阳、汉昌、州陵。与关羽分土接境,知羽骁雄,有并兼心,且居国上流,其势难久。初,鲁肃等以为曹公尚存,祸难始构,宜相辅协,与之同仇,不可失也,蒙乃密陈计策曰:"今征虏守南郡,潘璋住白帝,蒋钦将游兵万人,循江上下,

---

① 郝普,字子太。
② 或曰:"此语不可解,疑有脱误。"
③ "此家"犹言"这个人",指郝普。
④ 赵一清曰:"郝普入吴,仕至廷尉,以隐蓄事见责,自杀,见《胡综传》,而《杨戏传》以麋芳、士仁、郝普、潘濬四叛同赞,其不归蜀可知矣。此云'权归普等',恐未实也。"(《三国志旁证》卷二十九引)
⑤ 阳新故城址在今湖北阳新县西南六十里。

应敌所在,蒙为国家前据襄阳,①如此,何忧于操,何赖于羽?且羽君臣,矜其诈力,所在反复,不可以腹心待也。今羽所以未便东向者,以至尊圣明,蒙等尚存也。今不于强壮时图之,一旦僵仆,欲复陈力,其可得邪?"权深纳其策,又聊复与论取徐州意,蒙对曰:"今操远在河北,新破诸袁,抚集幽、冀,未暇东顾。② 徐土守兵,闻不足言,往自可克。然地势陆通,骁骑所骋,至尊今日得徐州,操后旬必来争,虽以七八万人守之,犹当怀忧。不如取羽,全据长江,形势益张。"权尤以此言为当。及蒙代肃,初至陆口,外倍修恩厚,与羽结好。

后羽讨樊,留兵将备公安、南郡。蒙上疏曰:"羽讨樊而多留备兵,必恐蒙图其后故也。蒙常有病,乞分士众还建业,以治疾为名。羽闻之,必撤备兵,尽赴襄阳。大军浮江,昼夜驰上,袭其空虚,则南郡可下,而羽可禽也。"遂称病笃,权乃露檄召蒙还,阴与图计。羽果信之,稍撤兵以赴樊。魏使于禁救樊,羽尽禽禁等人马数万。托以粮乏,擅取湘关③米。权闻之,遂行,先遣蒙在前。蒙至寻阳,尽伏其精兵艚舳④中,使白衣摇橹,作商贾人服,昼夜兼行,至羽所置江边屯候,尽收缚之,是故羽不闻知。遂到南郡,士仁、糜芳皆降。[一]蒙入据城,尽得羽及将士家属,皆抚慰,约令军中不得干历人家,有所求取。蒙麾下士,是汝南人,取民家一笠,以覆官铠,官铠虽公,蒙犹以为犯军令,不可以乡里故而废法,遂垂涕斩之。于是军中震栗,道不拾遗。蒙旦暮使亲近存恤耆老,问所不足,疾病者给医药,饥寒者赐衣粮。羽府藏⑤财

---

① 孙皎时为征虏将军。"今征虏守南郡"至"蒙为国家前据襄阳"数语,是吕蒙的设想,并非当日事实。"今"字可能是"令"字之误,"令"有假设之意。

② 按孙权与吕蒙讨论取徐州事,《吕蒙传》中没有说明在什么时候,吕蒙的答对中提到"不如取羽,全据长江,形势益张",则大约在关羽镇守荆州时,亦即是在建安十六年(二一一年)刘备入益州留关羽守荆州之后,而曹操破诸袁、定河北,乃建安九、十(二〇四、二〇五年)两年中事,相隔已六、七年,吕蒙说:"今操远在河北,新破诸袁"云云,情事不合。

③ 吴与蜀分荆州,以湘水为界,置关水上,以通商旅,谓之湘关。

④ 艚舳,音沟鹿,船。

⑤ 藏,读去声,作名词用,藏物之所。

宝,皆封闭以待权至。羽还,在道路,数使人与蒙相闻,蒙辄厚遇其使,周游城中,家家致问,或手书示信。羽人还,私相参讯,咸知家门无恙,见待过于平时,故羽吏士无斗心。会权寻至,羽自知孤穷,乃走麦城,西至漳乡,众皆委羽而降。权使朱然、潘璋断其径路,即父子俱获,荆州遂定。

〔一〕《吴书》曰:将军士仁在公安拒守,蒙令虞翻说之。翻至城门,谓守者曰:"吾欲与汝将军语。"仁不肯相见。乃为书曰:"明者防祸于未萌,智者图患于将来,知得知失,可与为人,知存知亡,足别吉凶。大军之行,斥候不及施,烽火不及举,此非天命,必有内应。将军不先见时,时至又不应之,独守萦带之城而不降,死战则毁宗灭祀,为天下讥笑。吕虎威欲径到南郡,断绝陆道,生路一塞,案其地形,将军为在箕舌上耳,奔走不得免,降则失义,窃为将军不安,幸熟思焉。"仁得书,流涕而降。翻谓蒙曰:"此谲兵也,当将仁行,留兵备城。"遂将仁至南郡。南郡太守麋芳城守,蒙以仁示之,遂降。

《吴录》曰:初,南郡城中失火,颇焚烧军器。羽以责芳,芳内畏惧,权闻而诱之,芳潜相和。及蒙攻之,乃以牛酒出降。

　以蒙为南郡太守,封孱陵①侯,〔一〕赐钱一亿,黄金五百斤。蒙固辞金钱,权不许。封爵未下,会蒙疾发,权时在公安,迎置内殿,所以治护者万方,募封内有能愈蒙疾者,赐千金。时有针加,②权为之惨戚,欲数见其颜色,又恐劳动,常穿壁瞻之,见小能下食则喜,顾左右言笑,不然则咄唶,③夜不能寐。病中瘳,为下赦令,群臣毕贺。后更增笃,权自临视,命道士于星辰下为之请命。年四十二,遂卒于内殿。时权哀痛甚,为之降损。蒙未死时,所得金宝诸赐尽付府藏,敕主者命绝之日皆上还,丧事务约。权闻之,益以悲感。

〔一〕《江表传》曰:权于公安大会,吕蒙以疾辞,权笑曰:"禽羽之功,子明谋也,今大功已捷,庆赏未行,岂邑邑邪?"乃增给步骑鼓吹,敕选虎威将军官属,并南郡、庐江二郡威仪。拜毕还营,兵马导从,前后鼓吹,光耀于路。

---

① 孱陵,在今湖北公安县南。

② "针加",《通鉴》作"加针"。或谓:针加者,言病势若针线之加。

③ 咄唶,音夺乍,叹息。

　　蒙少不修书传，每陈大事，常口占为笺疏。常以部曲事为江夏太守蔡遗所白，蒙无恨意。及豫章太守顾邵卒，权问所用，蒙因荐遗奉职佳吏，权笑曰：“君欲为祁奚①耶？”于是用之。甘宁粗暴好杀，既常失蒙意，又时违权令，权怒之，蒙辄陈请：“天下未定，斗将如宁难得，宜容忍之。”权遂厚宁，卒得其用。

　　蒙子霸袭爵，与守冢三百家，复②田五十顷。霸卒，兄琮袭侯。琮卒，弟睦嗣。

　　孙权与陆逊论周瑜、鲁肃及蒙曰：“公瑾雄烈，胆略兼人，遂破孟德，开拓荆州，邈焉难继，君今继之。公瑾昔要子敬③来东，致达于孤，孤与宴语，便及大略帝王之业，此一快也。后孟德因获刘琮之势，张言④方率数十万众水步俱下。孤普请诸将，咨问所宜，无适⑤先对，至子布、文表，⑥俱言宜遣使修檄迎之，子敬即驳⑦言不可，劝孤急呼公瑾，付任以众，逆而击之，此二快也。且其决计策，意出张、苏⑧远矣；后虽劝吾借玄德地，是其一短，不足以损其二长也。周公不求备于一人，⑨故孤忘其短而贵其长，常以比方邓禹也。⑩又子明少时，孤谓不辞剧易，果敢有胆而已；及身长大，学问开益，筹略奇至，可以次于公瑾，但言议英发不及之耳。图取关羽，胜于子敬。子敬答孤书云：‘帝

---

① 祁奚是春秋时晋国的大夫，当他年老请求退休时，晋侯问谁可以承继他的职位，他举荐解狐。解狐是祁奚的仇人。

② 免去租税曰复。

③ 鲁肃，字子敬。

④ 张言，夸大而言之。

⑤ 适，音的。

⑥ 张昭，字子布；秦松，字文表。

⑦ 驳，与驳通，立异议以纠驳。

⑧ 张、苏指张仪、苏秦。

⑨ 《论语·微子》篇：“周公谓鲁公曰：‘无求备于一人。’”

⑩ 邓禹能向汉光武帝献计策，劝他建立政权，夺取天下，但是邓禹在入关中镇压赤眉起义军时，大败而归。他为封建统治者服务，是有所长，亦有所短，所以孙权将他比鲁肃。

王之起，皆有驱除，羽不足忌。'①此子敬内不能办，外为大言耳，孤亦恕之，不苟责也。然其作军，屯营不失，令行禁止，部界无废负，②路无拾遗，其法亦美也。"

——《吴书》九《吕蒙传》

---

①　《史记·秦楚之际月表序》：" 乡（同向）秦之禁，适足以资贤者为驱除难耳。""驱除"二字本此。鲁肃的意思是说，关羽虽强，适足以为吴之驱除，不一定急于把他消灭。

②　"部界无废负"是说部界之内无有因废职而得罪过的。

陆逊传(节录)

陆逊字伯言,吴郡吴人也。本名议,世江东大族。〔一〕逊少孤,随从祖庐江太守康在官。袁术与康有隙,将攻康,康遣逊及亲戚还吴。逊年长于康子绩数岁,为之纲纪门户。

〔一〕《陆氏世颂》曰:逊祖纡,字叔盘,敏淑有思学,守城门校尉,父骏,字季才,淳懿信厚,为邦族所怀,官至九江都尉。

孙权为将军,逊年二十一,始仕幕府,历东西曹令史,出为海昌屯田都尉,①并领县事。〔一〕县连年亢旱,逊开仓谷以振贫民,劝督农桑,百姓蒙赖。时吴会稽、丹杨多有伏匿,逊陈便宜,乞与募焉。会稽山贼大帅潘临,旧为所在毒害,历年不禽,逊以手下召兵,讨治深险,所向皆服,部曲已有二千余人。鄱阳贼帅尤突作乱,复往讨之,拜定威校尉,军屯利浦。②

〔一〕《陆氏祠堂像赞》曰:海昌,今盐官县也。

权以兄策女配逊,数访世务,逊建议曰:"方今英雄棋跱,豺狼窥望,克敌宁乱,非众不济。而山寇旧恶,依阻深地。夫腹心未平,难以图远,可大部伍,取其精锐。"权纳其策,以为帐下右部督,会丹杨贼帅费栈受曹公印绶,扇动山越,为作内应,权遣逊讨栈。栈支党多而往兵少,逊乃益施牙幢,分布鼓角,夜潜山谷间,鼓噪而前,应时破散。遂部伍东三郡,③强者为兵,赢④者补户,得精卒数万人,宿恶荡除,所过肃清,还屯芜湖。

会稽太守淳于式表逊枉取民人,愁扰所在。逊后诣都,言次,称式佳吏,

---

① 海昌在今浙江海盐县南二十里。孙吴亦施行民屯,所以亦设立屯田都尉等官职。

② 利浦即当利浦,见《周瑜传》注。

③ 东三郡指丹杨、新都、会稽三郡,此三郡的山区是山越聚居之地。

④ 赢,音累,疲弱。

权曰:"式白君而君荐之,何也?"逊对曰:"式意欲养民,是以白逊。若逊复毁式以乱圣听,不可长也。"权曰:"此诚长者之事,顾人不能为耳。"

吕蒙称疾诣建业,逊往见之,谓曰:"关羽接境,如何远下,后不当可忧也?"蒙曰:"诚如来言,然我病笃。"逊曰:"羽矜其骁气,陵轹于人。始有大功,意骄志逸,但务北进,未嫌于我,有相闻病,必益无备。今出其不意,自可禽制。下见至尊,宜好为计。"蒙曰:"羽素勇猛,既难为敌,且已据荆州,恩信大行,兼始有功,胆势益盛,未易图也。"①蒙至都,权问:"谁可代卿者?"蒙对曰:"陆逊意思深长,才堪负重,观其规虑,终可大任。而未有远名,非羽所忌,无复是过。若用之,当令外自韬隐,内察形便,然后可克。"权乃召逊,拜偏将军右部督代蒙。

逊至陆口,书与羽曰:"前承观衅而动,以律行师②,小举大克,一何巍巍!敌国败绩,利在同盟,闻庆拊节,想遂席卷,共奖王纲。近以不敏,受任来西,延慕光尘,思禀良规。"又曰:"于禁等见获,遐迩欣叹,以为将军之勋足以长世,虽昔晋文城濮之师,③淮阴拔赵之略,④蔑以尚兹。闻徐晃等少骑驻旌,窥望麾葆。操猾虏也,忿不思难,恐潜增众,以逞其心,虽云师老,犹有骁悍。且战捷之后,常苦轻敌,古人杖术,军胜弥警,愿将军广为方计,以全独克。仆书生疏迟,忝所不堪,喜邻威德,乐自倾尽,虽未合策,犹可怀也。傥明注仰,有以察之。"羽览逊书,有谦下自托之意,意大安,无复所嫌。逊具启形状,陈其可禽之要。权乃潜军而上,使逊与吕蒙为前部,至即克公安、南郡。逊径进,领宜都太守,拜抚边将军,封华亭⑤侯。备宜都太守樊友委郡走,诸城长吏及蛮夷君长皆降,逊请金银铜印,以假授初附。是岁建安二十四年十

----

① 胡三省曰:"兵事尚密,逊之言虽当蒙之心,蒙未敢容易为逊言之。"

② 《周易·师卦》初六爻辞:"师出以律,否臧凶。"

③ 晋文公时,晋与楚战于城濮,楚师败绩。

④ 淮阴指韩信,韩信曾被封为淮阴侯。韩信率兵东下井陉击赵,选骑兵二千人,每人持一赤帜,从间道登山望赵军,并且对他们说:"我军与赵军接战,赵见我军退,必空营来追,你们乘机进入赵营拔赵帜,立汉赤帜。"结果,赵兵大败,韩信遂取赵地。

⑤ 华亭在今上海市松江县西三十五里,陆逊家居于此,所以孙权封他为华亭侯。

一月也。

逊遣将军李异、谢旌等将三千人，攻蜀将詹晏、陈凤。异将水军，旌将步兵，断绝险要，即破晏等，生降得凤。又攻房陵太守邓辅、南乡太守郭睦，大破之。① 秭归大姓文布、邓凯等合夷兵数千人，首尾西方。逊复部旌讨破布、凯。布、凯脱走，蜀以为将。逊令人诱之，布帅众还降。前后斩获招纳，凡数万计。权以逊为右护军、镇西将军，进封娄侯。〔一〕②

〔一〕《吴书》曰：权嘉逊功德，欲殊显之，虽属上将军列侯，犹欲令历本州举命，乃使扬州牧吕范就辟别驾从事，举茂才。

时荆州士人新还，仕进或未得所，逊上疏曰："昔汉高受命，招延英异，光武中兴，群俊毕至，苟可以熙隆道教者，未必远近。今荆州始定，人物未达，臣愚偻偻，乞普加覆载抽拔之恩，令并获自进，然后四海延颈，思归大化。"权敬纳其言。

黄武元年，刘备率大众来向西界，权命逊为大都督、假节，督朱然、潘璋、宋谦、韩当、徐盛、鲜于丹、孙桓等五万人拒之，备从巫峡、建平连围至夷陵界，③立数十屯，以金锦爵赏诱动诸夷，使将军冯习为大督，张南为前部，辅匡、赵融、廖淳、傅肜等各为别督，先遣吴班将数千人于平地立营，欲以挑战。诸将皆欲击之，逊曰："此必有谲，且观之。"〔一〕备知其计不可，乃引伏兵八千，从谷中出。逊曰："所以不听诸君击班者，揣之必有巧故也。"逊上疏曰："夷陵要害，国之关限，④虽为易得，亦复易失。失之非徒损一郡之地，荆州可忧。今日争之，当令必谐。备干天常，不守窟穴，而敢自送。臣虽不材，凭奉威

---

① 房陵郡治房陵县，今湖北房县。南乡郡治酇县，今湖北光化县北。此二郡太守皆蜀汉所置。

② 娄县故城址在今江苏昆山县东北三里。

③ 巫峡首尾一百六十里，在巫县境中，巫县属建平郡，至夷陵则为宜都郡界。吴孙休永安三年（二六〇年）始分宜都立建平郡，治巫县，此时未有建平郡，大概是修史者追书。也可能是这样的：陈寿原文本作"备从巫峡连围至夷陵界"，后人读《三国志》，在"巫峡"下旁注"建平"二字，传钞者误将"建平"二字混入正文。

④ 长江三峡最东边的是西陵峡，夷陵正当西陵峡东口，以下则江流入于平地，所以说是"国之关限"。

灵,以顺讨逆,破坏在近。寻备前后行军,多败少成,推此论之,不足为戚。臣初嫌之,水陆俱进,今反舍船就步,处处结营,察其布置,必无他变。伏愿至尊高枕,不以为念也。"诸将并曰:"攻备当在初,今乃令入五六百里,相衔持经七八月,其诸要害皆以固守,击之必无利矣。"逊曰:"备是猾虏,更尝事多,其军始集,思虑精专,未可干也。今住已久,不得我便,兵疲意沮,计不复生,掎角此寇,正在今日。"乃先攻一营,不利。诸将皆曰:"空杀兵耳。"逊曰:"已晓破之之术。"乃敕各持一把茅,以火攻拔之。一尔①势成,通率诸军同时俱攻,斩张南、冯习及胡王沙摩柯等首,破其四十余营。备将杜路、刘宁等穷逼请降。备升马鞍山,②陈兵自绕。逊督促诸军四面蹙之,土崩瓦解,死者万数。备因夜遁,驿人自担,烧铙铠断后,仅得入白帝城。③ 其舟船器械,水步军资,一时略尽,尸骸漂流,塞江而下。备大惭恚,曰:"吾乃为逊所折辱,岂非天邪!"

〔一〕《吴书》曰:诸将并欲迎击备,逊以为不可,曰:"备与军东下,锐气始盛,且乘高守险,难可卒攻,攻之纵下,犹难尽克,若有不利,损我大势,非小故也。今但且奖厉将士,广施方略,以观其变。若此间是平原旷野,当恐有颠沛交驰之忧,今缘山行军,势不得展,自当罢于木石之间,徐制其弊耳。"诸将不解,以为逊畏之,各怀愤恨。

初,孙桓别讨备前锋于夷道,为备所围,求救于逊。逊曰:"未可。"诸将曰:"孙安东公族,④见围已困,奈何不救?"逊曰:"安东得士众心,城牢粮足,无可忧也。待吾计展,欲不救安东,安东自解。"及方略大施,备果奔溃。桓后见逊曰:"前实怨不见救,定至今日,乃知调度自有方耳。"

当御备时,诸将军或是孙策时旧将,或公室贵戚,各自矜恃,不相听从。

---

① 一尔,犹言一如此。
② 马鞍山在今湖北宜昌市西北二十里。
③ 白帝城在今四川奉节县东。东汉初公孙述据蜀时所筑,公孙述自号白帝,故名白帝城。
④ 孙桓为安东中郎将,故称为"孙安东"。孙桓为孙河之子,河本姓俞,孙策爱之,赐姓为孙,列之属籍,故曰"公族"。

逊案剑曰:"刘备天下知名,曹操所惮,今在境界,此强对也。诸君并荷国恩,当相辑睦,共翦此虏,上报所受,而不相顺,非所谓也。仆虽书生,受命主上。国家所以屈诸君使相承望者,以仆有尺寸可称,能忍辱负重故也。各在其事,岂复得辞! 军令有常,不可犯矣。"及至破备,计多出逊,诸将乃服。权闻之,曰:"君何以初不启诸将违节度者邪?"逊对曰:"受恩深重,任过其才。又此诸将或任腹心,或堪爪牙,或是功臣,皆国家所当与共克定大事者。臣虽驽懦,窃慕相如、寇恂相下之义,①以济国事。"权大笑称善,加拜逊辅国将军,领荆州牧,即改封江陵侯。

　　(以下删节)

　　　　　　　　　　　　　　　　　——《吴书》十三《陆逊传》

----

① 蔺相如,战国时人,在赵国作官。赵王以蔺相如功大,拜为上卿,位在名将廉颇之上。廉颇自恃战功,不服蔺相如,宣言说:"我见相如,必辱之。"相如听到之后,常是躲避廉颇,不和他相争,并且说:"强秦之所以不敢加兵于赵者,徒以吾两人在也。今两虎共斗,其势不俱生,吾所以为此者,以先国家之急而后私仇也。"廉颇听到蔺相如的话,很受感动,于是登门谢罪,二人成为很好的朋友(《史记·廉颇蔺相如列传》)。寇恂,东汉初人,为颍川太守。执金吾贾复在汝南,他的部将在颍川杀了人,寇恂把这个部将逮捕斩了。贾复以为耻辱,很气愤,当他过颍川时,对左右说:"我见到寇恂,一定把他杀死。"寇恂躲避贾复,不与相见。后来光武帝为他们二人和解(《后汉书·寇恂传》)。

诸葛恪传（节录）

诸葛恪字元逊，瑾长子也。少知名。〔一〕弱冠拜骑都尉，与顾谭、张休等侍太子登讲论道艺，并为宾友。从中庶子①转为左辅都尉。

〔一〕《江表传》曰：恪少有才名，发藻岐嶷，辩论应机，莫与为对。权见而奇之，谓瑾曰："蓝田生玉，真不虚也。"

《吴录》曰：恪长七尺六寸，少须眉，折頞广额，大口高声。

恪父瑾面长似驴，孙权大会群臣，使人牵一驴入，长检其面，题曰诸葛子瑜。恪跪曰："乞请笔益两字。"因听与笔。恪续其下曰"之驴"。举坐欢笑，乃以驴赐恪。他日复见，权问恪曰："卿父与叔父孰贤？"对曰："臣父为优。"权问其故，对曰："臣父知所事，叔父不知，以是为优。"权又大噱。命恪行酒，至张昭前，昭先有酒色，不肯饮，曰："此非养老之礼也。"权曰："卿其能令张公辞屈，乃当饮之耳。"恪难昭曰："昔师尚父九十，乘轝仗钺，犹未告老也。② 今军旅之事，将军在后，酒食之事，将军在先，何谓不养老也？"昭卒无辞，遂为尽爵。后蜀使至，群臣并会，权谓使曰："此诸葛恪雅好骑乘，还告丞相，为致好马。"恪因下谢，权曰："马未至而谢何也？"恪对曰："夫蜀者陛下之外厩，今有恩诏，马必至也，安敢不谢？"恪之才捷，皆此类也。〔一〕权甚异之，欲试以事，令守节度。节度掌军粮谷，文书繁猥，非其好也。〔二〕

〔一〕恪《别传》曰：权尝飨蜀使费祎，先逆敕群臣："使至，伏食勿起。"祎至，权为辍食，

---

① 中庶子是太子的官属，掌辅导太子。

② 师尚父即是吕尚，周武王尊之曰"师尚父"。（《史记集解》引刘向《别录》："师之，尚之，父之，故曰'师尚父'，父亦男子之美号也。"）武王伐纣时，师尚父左杖黄钺，右把白旄以誓师。

而群下不起。祎啁之曰："凤皇来翔，骐骥吐哺，驴骡无知，伏食如故。"恪答曰："爰植梧桐，以待凤皇，有何燕雀，自称来翔？何不弹射，使还故乡！"祎停食饼，索笔作《麦赋》，恪亦请笔作《磨赋》，咸称善焉。权尝问恪："顷何以自娱，而更肥泽？"恪对曰："臣闻富润屋，德润身，臣非敢自娱，修己而已。"又问："卿何如滕胤？"恪答曰："登阶蹑履，臣不如胤；回筹转策，胤不如臣。"恪尝献权马，先钅䒷其耳。范慎时在坐，嘲恪曰："马虽大畜，禀气于天，今残其耳，岂不伤仁？"恪答曰："母之于女，恩爱至矣，穿耳附珠，何伤于仁？"太子尝嘲恪："诸葛元逊可食马矢。"恪曰："愿太子食鸡卵。"权曰："人令卿食马矢，卿使人食鸡卵何也？"恪曰："所出同耳。"权大笑。

《江表传》：曾有白头鸟集殿前，权曰："此何鸟也？"恪曰"白头翁也。"张昭自以坐中最老，疑恪以鸟戏之，因曰："恪欺陛下，未尝闻鸟名白头翁者，试使恪复求白头母。"恪曰："鸟名鹦母，未必有对，试使辅吴复求鹦父。"昭不能答，坐中皆欢笑。

〔二〕《江表传》曰：权为吴王，初置节度官，使典掌军粮，非汉制也。初用侍中偏将军徐详，详死，将用恪。诸葛亮闻恪代详，书与陆逊曰："家兄年老，而恪性疏，今使典主粮谷，粮谷军之要最，仆虽在远，窃用不安。足下特为启至尊转之。"逊以白权，即转恪领兵。

恪以丹杨山险，民多果劲，虽前发兵，徒得外县平民而已，其余深远，莫能禽尽，屡自求乞为官出之，三年可得甲士四万。众议咸以丹杨地势险阻，与吴郡、会稽、新都、鄱阳四郡邻接，周旋数千里，山谷万重，其幽邃民人，未尝入城邑，对长吏，皆仗兵野逸，白首于林莽。逋亡宿恶，咸共逃窜。山出铜铁，自铸甲兵。俗好武习战，高尚气力，其升山赴险，抵突丛棘，若鱼之走渊，猿狖①之腾木也。时观间隙，出为寇盗，每致兵征伐，寻其窟藏。其战则蜂至，败则鸟窜，自前世以来，不能羁也。皆以为难。恪父瑾闻之，亦以事终不逮，②叹曰："恪不大兴吾家，将大赤吾族也。"恪盛陈其必捷。权拜恪抚越将

① 狖，音柚，兽名，猴类。
② 逮，音代，及。"事终不逮"即是事情终不能成功之意。

军,领丹扬太守,授棨①戟武骑三百。拜毕,命恪备威仪,作鼓吹,导引归家,时年三十二。

恪到府,乃移书四郡②属城长吏,令各保其疆界,明立部伍,其从化平民,悉令屯居。乃分内诸将,罗兵幽阻,③但缮藩篱,不与交锋,候其谷稼将熟,辄纵兵芟刈,使无遗种。旧谷既尽,新田不收,平民屯居,略无所入,于是山民饥穷,渐出降首。恪乃复敕下曰:"山民去恶从化,皆当抚慰,徙出外县,不得嫌疑,有所执拘。"臼阳④长胡伉得降民周遗,遗旧恶民,困迫暂出,内图叛逆,伉缚送(言)〔诸〕府。恪以伉违教,遂斩以徇,以状表上。民闻伉坐执人被戮,知官惟欲出之而已,于是老幼相携而出,岁期,人数皆如本规。恪自领万人,余分给诸将。

权嘉其功,遣尚书仆射薛综劳军。综先移恪等曰:"山越恃阻,不宾历世,缓则首鼠,⑤急则狼顾。⑥ 皇帝赫然,命将西征,神策内授,武师外震。兵不染锷,⑦甲不沾汗。元恶既枭,种党归义,荡涤山薮,献戎十万,野无遗寇,邑罔残奸。既扫凶慝,又充军用。藜蓧稂莠,化为善草。魑魅魍魉,更成虎士。虽实国家威灵之所加,亦信元帅临履之所致也。虽《诗》美执讯,⑧《易》嘉折首,⑨周之方、召,汉之卫、霍,岂足以谈?功轶古人,勋超前世。主上欢

---

① 有衣之戟曰棨。汉制:假棨戟以当斧钺。
② 四郡指吴、会稽、新都、鄱阳四郡,此四郡均与丹杨郡接境。
③ 内读曰纳。"分内诸将,罗兵幽阻",即是令诸将分别入扼幽阻之地。
④ 臼阳既置长,应当是丹杨郡的一个县名,但是汉代丹杨郡中并无有臼阳县,可能是孙吴增设的,其地望不可考。或谓"臼阳"是"丹阳"之误。丹杨郡中有丹杨县,在今安徽当涂县东。
⑤ 首鼠,一进一退。
⑥ 狼行常回顾以虑患,此处用"狼顾",表示急则反抗之意。
⑦ 锷,音鄂,刀刃。
⑧ 《诗经·小雅·采芑》:"方叔率止,执讯获丑。"《采芑》是歌咏方叔南征蛮荆之诗。讯,其魁首赏讯问者。丑是徒众。
⑨ 《周易·离卦》上九爻辞:"王用出征,有嘉折首。"这两句的意思是说,王出兵征伐,有嘉美之功,能断敌人之首。

然,遥用叹息。感《四牡》①之遗典,思饮至②之旧章。故遣中台近官,③迎致犒赐,以旌茂功,以慰劬劳。"拜恪威北将军,封都乡侯。

(以下删节)

——《吴书》十九《诸葛恪传》

---

① 《四牡》,《诗经·小雅》篇名。毛序曰:"《四牡》,劳使臣之来也。有功而见知则说(同悦)矣。"
② 《左传》隐公五年:"三年而治兵,入而振旅,归而饮至。"饮至即是饮酒于庙以慰劳其归来。
③ 汉称尚书为中台。薛综任尚书仆射,所以说"中台近官"。

校记（据中华书局版《三国志》转录）

武帝纪

曹瞒传曰	何焯据太平御览增
真	何焯据资治通鉴改
追	何焯据太平御览增
子远	从翁同书说
遣	从何焯钱大昕说增
孟玉	据后汉书徐璆传改
勒书	何焯据书苑菁华改
子桓	从何焯沈家本说
箄于	据文选三五李善注改
王	从何焯陈景云赵一清说删
允	从赵一清说改
而	意改
衍	据文馆词林六九五改
不	据钱仪吉说删
袖	从文馆词林六九五改（下同）
东里衮	据三少帝纪及通鉴六八改
崔钧	从陈景云说

任峻传

募百姓……田官	何焯据太平御览增

郑浑传

解后	从吴承仕绳斋读书记说

陈思王植传

以	据殿本考证
固	据文选三七五臣注删
岂能兴难	据三国志辨误上增

王粲传

加	从何焯说增
五官将	从李慈铭说改

杜夔传

然后	从潘眉说
左騏	据三国志辨误上

乌丸鲜卑传

漠南	据殿本考证（下同）
难	从沈家本说删
抑	据殿本考证
阿罗槃	据毌丘俭传改
由	据殿本考证删
百	据后汉书鲜卑传增
曼栢	据后汉书鲜卑传改
平	据后汉书鲜卑传增
东	据后汉书鲜卑传改
濊	据后汉书鲜卑传改
熹平	据后汉书鲜卑传

诸葛亮传

猖蹶	据资治通鉴六五
若无兴德之言则	钱仪吉据董允传增
东伐	据殿本考证
忿	据资治通鉴七一改

六年	从何焯说
二	从何焯说删

张嶷传

安上	从钱大昕说
姊	从潘眉说删
民夷	据太平御览二四〇改

姜维传

巨复	从何焯说
河关	从何焯说
如升	从胡三省顾炎武说

吴主传

会稽	据资治通鉴六四注删
魏	从朱邦衡说增
军	从何焯说删
丁孚	从赵一清说
百	从潘眉说增
王宫	据资治通鉴七二删
将军	从钱大昭说增

周瑜传

卒	据殿本考证改
宫亭	从赵一清说
间	从李光地说改

吕蒙传

乡	从卢弼说改
孙皎	从朱邦衡说改

诸葛恪传 (节录)

诸	据郝经续后汉书六三